我和上影演员剧团

上 影 演 员 剧 团　编

上影演员剧团 1953-2023

学林出版社

‖ 编委会

主　　编：王健儿

副 主 编：王　隽

策　　划：佟瑞欣

顾　　问：牛　犇　达式常　向　梅　梁波罗

执行编委：何　麟　崔　杰　严　峻　徐　文

文字整理：严　琳　朱木乔

书名题签：牛　犇

▲《向经典致敬——上影演员剧团成立65周年》致敬辞

▲2018年，剧团参加央视《向经典致敬——上影演员剧团成立65周年》专题节目录制

初心不朽，正道长虹

——献给上影演员剧团七十华诞

　　总有一种精神，日征月迈，历久弥新；总有一份积淀，经时风雨，更臻醇厚。上影演员剧团作为上影瑰宝，启昔日之梦，汇今人之感，行而不辍、青蓝相继、履践致远。

　　1953 年，上影演员剧团在中国电影的发祥地上海诞生。七十载栉风沐雨，她见证了新中国电影史壮丽的篇章；七十载春华秋实，她创造了几代观众难忘的集体记忆，成为上海文艺之路的灯塔。这七十年，赵丹、金焰、张瑞芳、孙道临、白杨、刘琼、秦怡等一代代艺术家，在中国的银幕星河上瑞彩流光，以卓越超群的技艺才能和高尚劲直的艺术品格铸就了无数属于上影的辉煌勋章。

　　上影演员剧团的七十年，是矢志践行初心使命的七十年，是砥砺耕耘奠基立业的七十年，是屡创新高开创未来的七十年。这本书，细数着剧团一路走来的坎坷艰辛，记录着剧团从萌芽到盛放的起承转合，歌颂着剧团孜孜以求、精益求精的心路历程。翻开这本书，凝心聆听历史的回声，仿佛能感受到这份深情炽热的温度，触摸到这段传承涌动的脉搏……

　　今天的上影演员剧团，光芒依旧、生生不息。每当我与剧团的老艺术家们娓娓而谈时，总会被他们赤心不渝的艺术情怀和无私无畏的奉献精神所打动。老艺术家们永远那样深切地热爱着中国电影、上海电影，关注着电影行业每一步的发展，期许着上影不断出俊才、出好戏，为时代留下艺术佳篇。希望这本书能带各位重走剧团老艺术家们的光辉之路，重温上影演员剧团的锦绣历史，体会上影文化的独特魅力，感受上影精神的深厚底蕴。

这七十年，也是上影成长壮大的七十年，是上影昂扬腾飞的七十年。国家从计划经济步入市场经济的快车道，上影则从电影事业步入电影产业的飞速发展期。"坚持为人民创作"一直是上影人不懈的追求，《庐山恋》《城南旧事》《芙蓉镇》《大闹天宫》《葫芦兄弟》等一部部经典影视作品都在诉说着我们的承诺。写百姓、讲生活、话时代，上影人致力于用心讲好中国故事、塑好中国形象、绘好中国画卷，这是上影人的执着，更是上影人的担当。

传承弘扬上影演员剧团德艺双馨、创造卓越的艺术精神，是新时代上影人的光荣使命。在习近平新时代中国特色社会主义思想的指引下，上影正步入高质量发展的黄金时期。"十四五"开局以来，上影提出"精品内容、大 IP 开发、数字化转型"三大核心战略。新时代上影人团结共进、精打细造，先后创作出《1921》《爱情神话》《大城大楼》《中国奇谭》《望道》等一批新作，受到了广大观众的喜爱与好评。上海影城焕新出发，上海影视乐园加速转型，吴浦 studio 完成收购，无不展现着上影各项事业如日方升、欣欣向荣。作为新时代、新征程的见证者与践行者，上影不仅要从历史中汲取养分，传承前辈的精神，更要不断寻求、开创突破。新一代上影人必能做好上影产业转型突破的先行者和示范者，不负时代、再展宏图！

初心不朽，正道长虹。愿"以初心担使命，以匠心求卓越，以开放促合作，以创新谋未来"的上影精神永远激励着盎然蓬勃的上影演员剧团；愿剧团永远在中国电影的广阔舞台上葳蕤生光，再塑新经典，再创新佳绩，再铸新辉煌！

王健儿

上影集团党委书记、董事长

路漫漫其修远兮

——写在上影演员剧团成立 70 周年之际

"因为热爱，所以坚持"，"今生没演够，来世再享受"，"剧团演员的历史，就是上影演员剧团的历史"，"剧团是我表演的土壤，培养了我，造就了我"……这些话都来自为庆祝上影演员剧团成立70周年录制的《我和上影演员剧团》中的演员们。1953 年至 2023年，上影演员剧团成立已 70 周年，这 70 年波澜起伏且星光熠熠。赵丹、张瑞芳、孙道临、秦怡等许多前辈演员已经故去，但他们所成就的上影演员剧团的辉煌如灯塔一般，照耀着剧团一代又一代人在创作的道路上前行、求索。这次我们在访谈中选出了部分谈话进行梳理，并选取 9 位剧团已故表演艺术家的文章汇编成书，我相信是非常有价值、有意义的。

1953 年成立的上影演员剧团经历了 70 年风雨和光辉历程，为中国电影事业发展书写了浓墨重彩的篇章。剧团老团长张瑞芳曾殷切嘱托："即使中国电影的发展遇到再大的困难，演员剧团也不能散。"70 年沧海桑田，中国现存的电影演员剧团现状不容乐观，但上影演员剧团依然活跃在中国电影的广阔舞台上，以对电影表演事业的挚诚和一个个或被关注，或被忽略的银幕形象及作品书写着新的历史篇章。

上海是中国电影的发祥地，上海电影为中国电影的初创和发展建立了卓越的功勋。上影演员剧团在中国电影发展的各个历史时期都发挥了巨大的作用。星光熠熠，艺脉绵延。我们在剧团成立 70 周年之际出版《我和上影演员剧团》，不单单是追忆剧团历史，更是期冀未来。期待更多璀璨的新星从剧团升起，希望他们的名字也能和众多前辈一样，书写在中国电影的苍穹之上。

1962 年，赵丹、白杨、张瑞芳、上官云珠、孙道临、秦怡、王丹凤 7 位上影演员剧团的演员与兄弟电影制片厂的 15 位演员，被定名为"新中国人民演员"，即"二十二大电影明星"。

事实上，《家》《林则徐》《武训传》《渡江侦察记》《李双双》《护士日记》《女篮 5 号》《羊城暗哨》《老兵新传》《年青的一代》《南征北战》《铁道游击队》《难忘的战斗》《红日》《51 号兵站》《今天我休息》《蓝色档案》《大桥下面》《庐山恋》《牧马人》《日出》《城南旧事》《巴山夜雨》《生死抉择》《邹碧华》等，也是上影演员剧团的演员们创作的代表性作品。

上影演员剧团历经了 10 位剧团团长，前面 9 位是张望、金焰、白杨、张瑞芳、铁牛、向梅、吴鲁生、何麟、崔杰；2016 年，我受命担任上影演员剧团第十任团长。剧团团址从铜仁路，到武定西路、瑞金一路、大木桥路、武康路，再到虹桥路广播大厦，2018 年金秋十月，在暌违 15 年后，上影演员剧团重新回到了位于武康路 395 号的这幢四层小白楼。当时《解放日报》用《他们"回家"了！武康路 395 号，留下过白杨、赵丹、孙道临、张瑞芳、王丹凤的笑声》为标题报道了剧团回归的情形。这幢梧桐树掩映的小白楼，安静优雅，承载了无数上海电影人的记忆。1953 年 9 月 4 日，上影演员剧团正式成立。从电影《大路》的金焰、刘琼、张翼，到《马路天使》的赵丹、魏鹤龄，《一江春水向东流》的白杨、陶金、舒绣文、上官云珠、吴茵等，上海电影人铸就了上影演员剧团伟大的起点。上影演员剧团最初团址在南京西路铜仁路，经过 7 次搬迁，直至 1982 年迁入武康路 395 号。众多经典电影作品也从这幢小楼里的排练厅走上大银幕，为全国观众带来艺术与美的享受。2003 年，上影演员剧团迁至虹桥路广播大厦。这一别，就是 15 年。回迁当天恰逢剧团老团长张瑞芳诞辰 100 周年，被安置在小院竹林中的张瑞芳半身铜像，也正式落成。剧团在院内新铺设了清水砖，上面刻着"上影演员剧团，1953—2018"的字样，记录着剧团的发展印记。2019 年至 2022 年，剧团又相继为著名的电影表演艺术家上影演员剧团前辈赵丹、孙道临落成了铜像。

我们修建了健身房、化妆室、摄影棚和录音棚，配置了商务车接送老演员。同时专门邀请剧团的秦怡、王丹凤、黄宗英、牛犇、向梅、杨在葆、达式常、梁波罗、陈冲、张瑜、龚雪、郭凯敏、王诗槐，赵静、吴海燕、王景春、陈龙、唐嫣等几代演员留下手印和签名，为中国电影史留下印记。现在，这些手印都镶嵌在挨着武康路的青石板小道上，这里已然成为一条上海电影的艺术长廊，也成为上海电影的新地标。

回到武康路 395 号的上影演员剧团以更加努力的态度耕耘续写着历史。2018 年开始策划，2019 年中华人民共和国成立 70 周年，也是上海电影制片厂成立 70 周年之际，由上影演员剧团自己的演员导演、编剧，集中了剧团老中青演员达式常、牛犇、向梅、马冠英、赵静、韦国春、周国宾的第一部原创话剧《日出东方》首演于上海大剧院。

2018 年 5 月 31 日，经中共上海电影（集团）有限公司演员剧团支部委员会同意，吸收上影演员剧团演员牛犇为中共预备党员。中共中央总书记、国家主席、中央军委主席习近平于同年 6 月 25 日给新近入党的电影表演艺术家牛犇写信，勉励他发挥好党员先锋模范作用，继续在从艺做人上为广大文艺工作者作表率。习近平总书记在信中说，"得知你在耄耋之年加入了中国共产党，实现了自己的夙愿，我为此感到高兴"。总书记指出，"你把党当作母亲，把入党当成神圣的事情，60多年矢志不渝追求进步，决心一辈子跟党走，这份执着的坚守令人感动"。

2019年在庆祝中华人民共和国成立70周年之际，上影演员剧团著名表演艺术家98岁的秦怡被授予"人民艺术家"国家荣誉称号。

在庆祝中国共产党成立100周年宣传系统"两优一先"表彰会上，剧团演员达式常获得"上海市宣传系统优秀共产党员"称号。

剧团优秀演员王景春在获得第26届东京国际电影节最佳男演员奖后，于2019年，凭借电影《地久天长》中的表演，获得第69届柏林国际电影节和中国金鸡奖最佳男演员奖。

师者如光，微以致远。在上影演员剧团的年轻演员的心目中，前辈们就如一座座灯塔，照亮着他们在艺术上前行的道路。

2021年初，剧团"台词进修班"开课。老演员达式常义务担任导演和班主任，录制经典作品《牛虻》。随着《牛虻》录制开展，参与人员由最初的几个人发展到20多人，逐渐形成了一个"台词进修班"。在这里，整整一年的时间，演员们每个人都是学生，又都是老师，大家互相学习，共同探讨，精益求精，完成了《牛虻》的录制。上影演员剧团为"台词进修班"举办了结业证书颁发仪式，为演员们颁发了结业证书。

2021年是中国共产党成立100周年，2021年1月，上影演员剧团获得了"全国新闻出版广播影视系统先进集体"的荣誉称号。这是上影演员剧团自建团以来首次获得由人力资源社会保障部、国家广播电视总局、国家新闻出版署共同颁发的证书。

2021年12月31日，以上影演员剧团盟员为基础的民盟上影总支集体获得了民盟中央的表彰。上影人持之以恒的努力、奋斗、付出，得到了广泛的认可。

重阳敬老活动在上影演员剧团已经坚持了近 20 年，2016 年的敬老活动中，上影演员剧团携手上海市慈善基金会、上海星时代文化公益中心共同举办名为"爱动光影，让爱成林"的启动仪式。活动宗旨为关怀在文体各个领域的杰出老人，感谢他们为中国电影表演事业做出的历史贡献。活动发起的爱心扶助计划为老人定制一对一的家政服务和电动轮椅服务，为老人送上最贴心的敬意和实实在在的服务，把关怀和温暖做到实处。重阳节时，为当年退休的演员举办隆重的仪式，包括呈现演员的作品视频，颁发荣誉证书，表彰他们为中国电影和上影演员剧团做出的贡献。还为每年跨入 80 岁高龄的演员颁发荣誉证书和制作有特别意义的礼物，如刻上老演员名字的手杖、发热的鹅绒背心等。

上海公益微电影节更是上影演员剧团演员们积极参加的一个慈善公益舞台，发起之初我邀请秦怡老师参加，我始终记得秦怡老师对我说的话："佟瑞欣，我永远做你的顾问，支持公益电影节，支持演员剧团。"秦怡、牛犇、达式常、梁波罗、龚雪、王诗槐、崔杰、于慧、张晓林等剧团演员与来自四面八方的爱心，支撑了上海公益微电影节的诞生和成长。

2016 年剧团打造了诵读品牌"声·影"，7 年来从上海戏剧学院的剧场到巴金故居、宋庆龄故居，受到了广泛的关注和赞誉，新冠疫情期间剧团演员线上不断通过"声·影"推出诵读，传递力量，传递祝福，传递好声音。同时剧团以影视剧创作为抓手、充分调动剧团演职人员的积极性，努力推动电影、电视剧、话剧等各类创作项目，全力拓展剧团主业发展，为上影集团创作生产贡献力量，同年先后参与摄制国家重点影片《邹碧华》，以及创排纪念中国工农红军长征胜利 80 周年话剧《吁地》和启动原创话剧

《日出东方》创作。通过全团的努力，为剧团的业务人员打开了一扇窗，话剧《大世界》、电影《龙井》等作品就是合作共赢的成果。

2023年初，由剧团几代演员主演，献礼剧团成立70周年的影片《父亲在远方》业已杀青，即将奉献给广大观众。

我们为能将自己的电影艺术人生与赵丹、金焰、孙道临、白杨、张瑞芳、上官云珠、王丹凤、秦怡等上海电影前辈们有所关联而倍感荣耀，我们为能将个人的生命过程与上影演员剧团有所关联而感到无限幸福。在剧团成立70周年之际，我们请剧团老中青电影人回到武康路团址共话《我和上影演员剧团》，梳理上影演员剧团70年的光辉历程，上影演员剧团演员将不负使命，不忘初心，守护好上影演员剧团这个中国电影之根，路漫漫其修远兮，吾将上下而求索。

上影演员剧团团长，中国电影表演艺术学会副会长

目 录

永不褪色的光影

忆往昔，峥嵘岁月

我们的好时代

星光熠熠，艺脉绵延

携手共进，情长谊深

永不褪色的光影

1953—2023

▲《上影画报》1959 年第 10 期，封面封底为金焰、白杨、秦怡、孙道临、魏鹤龄、王丹凤、黄宗英、冯笑、王蓓、宏霞与新疆演员欢庆国庆 10 周年合影

上影画报

SHANG-YING HUABAO

10
1959
总27期

▲ 赵丹国画作品

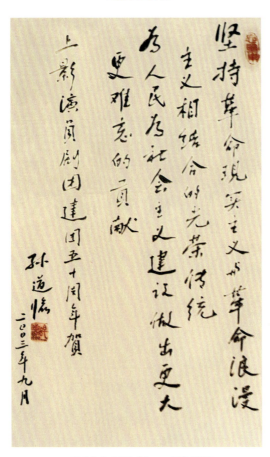

▲ 孙道临为剧团成立 50 周年题词

▲ 20 世纪 70 年代，赵丹、白杨、秦怡、黄宗英、王丹凤在张瑞芳家聚会

我的演戏经过（节选）

◎ 赵丹

赵丹（1915—1980）。主要作品：电影《马路天使》《十字街头》《乌鸦与麻雀》《武训传》《李时珍》《海魂》《林则徐》《聂耳》。

做一个演员，是一件最痛苦的事情，尤其是话剧演员。这里需要说的是——怎样去学习以及从哪儿学习起的技术（演技）问题。

我开始演剧生活已经很久了。在小学里，大约6岁光景，学校里每星期六都开一次游艺会，而我是被派做游艺会的股长，所以除了编排上演的节目以外，我自己每星期都得上台一次。每逢星期一早操课的时候，我就怀着一颗战战兢兢的心，等待着星期六下午的到来了。星期六上午最末一课先生讲的是什么，简直没有当回事，下课铃一响，总是我第一个挤出课堂，一股劲儿地跑回家。那时不问是什么菜，冷的饭也行，吃了一碗，偷了妈妈用的鸭蛋粉和砚台、松烟墨（作为化妆品），又一股劲儿地跑回学校里来了……那时演的总是双簧、独角戏之类的玩意儿，动

作也都是采取京剧的多。唯一的化装
的方法，穷人（包括工人、农民等）
的脸谱总是黑的多，白的少；有钱的
人总是鸭蛋粉多，松烟墨少。

▲ 1980 年，赵丹在上影演员剧团春晚表演节目

有一次，学校 10 周年纪念，由教
师们发起举行一个规模较大的游艺会，
选定一个剧本（后来听说是《孔雀东
南飞》），预备让全校的同学联合演出。
角色的分配方面也相当有趣，由每班
推出两人作为代表参加。我被派为代
表之一，说实话，心中也不止尽是喜
欢，还带着一副畏惧的心情过着日子。
因为自己也觉得代表所负的责任重大，
的的确确有几夜没有睡过好觉。

▲ 赵丹、黄宗英夫妇

日子也就这样偷偷地过去了，在我将这畏惧的心绪渐渐地习惯了的时候，
游艺会的日子也就来到了。直到开幕的前一小时，我还不知道我所饰的是怎
样的一个角色，因为他们绝对没有将我放在眼里，或者可以说，将我忘掉了，
从来没有通知过我排戏的时间，也没有给我一份剧本，剧中几个重要的角色
全给高年级的人饰去了。眼见就要开幕，我才追在先生的后面："顾先生，顾
先生！（永远不会记错的，他是姓顾）我扮的是哪个角色？"

"哎？"他也忙乱得很，"你自己怎么不知道？剧本上不是说明白了吗？"

"请等等走，先生！我根本没见过剧本是什么样儿的。"

"剧本都没有？该死！那……你就做个工人好了！"

▲ 电影《林则徐》剧照

▲ 电影《马路天使》剧照

"工人"……工人应该穿什么样的衣服呢？现在鸭蛋粉和松烟墨倒是现成的，老早就准备好了……哦，对了，工人是"穷人"……"穷人"。于是我就将松烟墨往脸上涂。手，脖子，一股劲儿地通通涂黑，为的是求化装上逼真。

我做这些可是藏在另一间小屋里，为的是很想出众（那是出出风头的意思）。偶然被那位顾先生撞进来看见，他带着惊奇的声调问，"你一个人在这里干什么？"他一定又把我忘了。"我是在化装一个工人。""什么？"顾先生一下子把我拉起来就往台上推，边推边说："哪儿像个工人，简直是个小贼……快快！幕倒要闭了，快快！"他话还没完，我一镇定眼神——眼前五颜六色的，原来我已经站在台上了。不知是被谁一推，我又到了后台了，这时幕已经下了半天了。

以上是每个干戏剧的人必经的萌芽时期，完全是为了兴致，在这里，使用"风头"两字最恰当了。

到我进中学后，那也可以说是我刚开始懂得戏而且干得最起劲和兴奋的时期，当然也多亏了我们的中学校长和我爸爸的帮助，因为在学校里组织剧社演戏遭教务主任和各教员的极力反对并禁止，幸而校长允许我们在校外组织剧社演戏，于是才有新民和小小剧社的组织。那时所有的舞台工作完全都

▲ 上影演员剧团在青岛演出《雷雨》《上海屋檐下》剧组合影（第一排左起：王丹凤、李明、张瑞芳、沙莉、凤凰、汪漪、狄梵、上官云珠；第二排左起：任申、赵丹、夏天、凌之浩、高博、冯笑；第三排左起：康泰、徐俊杰、舒适、李农、阳华）

由我一手包办。自任职员、编剧、导演，甚而至于兼干舞台装置，拿了马粪纸钉钉子做布景。那时有个戏园子是我父亲开的，不收我们任何费用，因此我们的剧社凭了我们的苦干，居然可以每月演出一次。正在这时候，汪优游带了他的班子到南通来演出，我从此便深深地受了他的影响。汪走了后，别人都说我的表演入神，简直活像汪优游，我也常常引为得意。记得第一次我在演剧的时候，不慎把夹鼻胡子掉了下来，过两天就有人写信来问我，为什么用那样的胡子，我便马上写了一篇文章在报上答复他说：汪优游也是用的这种胡子，而且我的的确确在汪优游的后台看见他是用这种胡子的。虽然那时候的表演是"文明戏化"，但在当时已算是难能可贵的了。

现在我应该怎样地惋惜，当年的只凭着自己的兴致和热情去任意地上演每一个角色啊！现在如果要我扮演一个角色，是一件怎样沉重的事啊！首先我必须理解原作者的立场和精神，作者所要求演员表现出来的几点，以及要合观众的印象，角色本身是被否定还是肯定的，然后才能取得角色在故事发

▲ 赵丹作画，黄宗英与女儿在身旁陪伴

▲ 坐落在武康路剧团小院的赵丹铜像

展中的情感的转变。既要把角色的个性特质把握住，还得顾到是否与整个戏的部分的调和，犹如画中的被作为题材的树或石头，有了物质以外，画家还得看它与整个画幅的调整。最后，也即最难能可贵的一点，是气魄的混合了，如果达到了这境地，趣味也油然而生了。

——这是一件怎样沉重的事情啊，而且是要如何刻苦用功方能做到的事情啊！

原载《青年之夜》第 1 卷第 7 期

我的演戏生涯（节选）

◎ 刘琼

刘琼（1913—2002）。曾任上影演员剧团副团长。主要作品：电影《金银世界》《国魂》《海魂》《女篮 5 号》《牧马人》，电视剧《上海沧桑》。

在上海法学院上学期间，学校有剧团，我演话剧，后来在春秋剧社和舒绣文、魏鹤龄在一起。老一辈的电影演员都是从舞台来的，我也不例外。

中国电影演员，我吸收两个人，这两个人是金焰和田方，我认为他们是真正的电影演员。老金是舞台过来的，田方舞台戏演得很少。他们的表演很生活。

我学表演，嘴上不说跟你学，我偷偷地学。石挥的舞台戏演得好，是个好演员，我也看他的戏。张伐演戏，我也常常看。再要我说哪个是好演员，很多。可能他们都比我好，但我和他们不一样。要说我是什么派，什么路子，我没有，说不出来。人们说，《女

▲电影《女篮 5 号》剧照

篮5号》给他们的印象深，我心里就懒，好像我这一辈子就是《女篮5号》了。人家问我最满意的是哪个角色，我觉得满意的不多，喜欢的倒有。我喜欢自己的三部戏。一是《神·鬼·人》中的"鬼"，我演的是洗衣工人出身的赌鬼。开始，白沉不要我演，我拼命要演。演完了，不能说很满意，可能别人演得比我好，但我喜欢。二是《海魂》中的国民党舰长，这个角色是徐韬、赵丹、崔嵬来找我演的。赵丹还开玩笑说："你在里面是个配角，将来上映时，你的名字摆在第一位。"我说这怎么可以呢？过去我争名次，现在不争。这个角色后来受到了批判，因为我没有"批判地"来演他，而把他当好人来演了。我以为不能把自己当反面人物来演，才能演好。他是从英国学海军回来的，应有英国味道。三是我在《牧马人》中演百万富翁，我那时没有去过外国，我也不是百万富翁。百万富翁一定要怎么样，那也不一定。

▲ 电影《牧马人》剧照

▲ 电影《海魂》剧照

有一次到新加坡，有两个影迷给了我两盒录像带，一盒是《国魂》，一盒是《春残梦断》。后一部，拍完了还没看过。这次看，害怕，不要看了。《国魂》有些地方不行，我喜欢在监牢里念《正气歌》的那段，一个镜头下来，很长很长。导演当时要换镜头，我要他别换。他问我能背下来吗？我说能。当时我不能完全理解《正气歌》，不懂怎么念得出来，我很痛苦。我找周贻白，他对古典文学有研究，他给我一句一句地讲解，才弄懂。香港那时候还没有磁录音，我跟顾而已借钢丝录音机，自己念一遍，录下来，再放出来听一遍，看合适不合适。这个方法很好。我要导演不要排戏，戏是排不出来的，这不是话剧，电影

▲ 刘琼、狄梵夫妇

排戏没有用。我自己排自己的戏。我拿到剧本后，先看对白，看是不是该我说的，我相不相信这句话，这句话又是对谁说的，这是人物关系，是最重要的。近年来，话剧看得少，电影看多了，人物关系都是不大对的。夫妻见面，父子见面，朋友见面，说的话都不像生活中那样随便。一见面就叫妈妈、爸爸，每说一句话再叫一遍，我不相信生活中是这样的。人物关系不对，说话就不对。

我不是体验派，我是拿角色来凑我的，而不去凑角色。这是不是违反了一般的创作规律？我记得劳伦斯·奥立佛讲过："我要角色来符合我。"我很同意。我有我的条件。要使自己千变万化，必须拿角色变成我，然后再变成角色。

我特别喜欢京剧，吸收京剧的东西很多，身上无形中有这方面的东西。现在许多人不喜欢京剧，我叫他们去看看人家是怎么走路的，是怎么站和坐的。京剧演员在台上都是侧立的，正面对观众就显得傻了。所以我常对青年演员说，在镜头前，千万不要整个儿地亮相，而要"三分侧"。这样，有线条，也漂亮。

我的演戏生涯又分几个阶段。20世纪40年代，我戏演得最多，我这七八十部片子，都是在40年代演的。从香港回来到现在，我只演了6部片

子，导演的片子好像比演的还多些。关于表演，我好像现在才摸着门，应该怎么演，我不是谦虚。我要感谢林洪桐，他找我演《死神和少女》时，正是我情绪非常不好的时候，头发全掉了，我没答应演。

过了一段时间，他又来找我，说他找了很多很多人，看来还是我合适。我说，那就这样，不过我就是这头，不戴头套，你们同意不？他说好，就是要你这个头。一部片子的好坏，导演负很大责任，演员也要有经验和本钱。一个再好的演员，导演不用你，或者不给你东西，也没辙。年轻导演找我演戏，他们相信我，这使我害怕。我在江海洋导演的《最后的太阳》里，还有郭凯敏导演的电视剧里，我怎么演，他们觉得怎么合适。我对他们说，这不行，导演是这部戏的第一个最重要的观众，你们要说话。导演不提出问题，我很害怕，我心很虚呀！在镜头面前，我并不是很胆怯，好像也很随便，太随便了，这也不好。这是不是就是我的路子，我也搞不清楚。有人说，老刘，你演了那么多戏，是不是写点东西。我也想写，但不知从何下手，因为我不是科班出身，没有受过正规训练。

原载《电影艺术》1989 年第 8 期

第一次拍电影

◎张瑞芳

张瑞芳（1918—2012）。上影演员剧团第五任团长。主要作品：电影《松花江上》《南征北战》《家》《万紫千红总是春》《聂耳》《李双双》《泉水叮咚》。

1940 年的春天，我刚从北方来到重庆一年多，在话剧舞台上只参加演出过三四个不太重要的角色，名导演孙瑜竟亲自来找我，让我担任他新编写的影片《火的洗礼》的女主角。我感到非常意外。

全民族抗日战争前，在我的学生时期，我非常喜欢看孙瑜导演的影片《野玫瑰》《大路》《体育皇后》

▲ 电影《李双双》剧照

《小玩意》等，与他合作的演员，阮玲玉、金焰、王人美、黎莉莉、张翼，也都是我衷心热爱的明星。今天我即将和他们一样，在孙瑜导演的影片中出现，真感到兴奋又新鲜，并且充满了神秘感。

孙瑜编导的《火的洗礼》，是

根据当时日机轰炸重庆的实际情况
编写的。影片中整条街道燃烧的镜
头，也是在大轰炸的现场抢拍的。
我扮演的角色——阿瑛，是汪精卫
伪政权派来的女间谍，她先以交际
花身份打进重庆上层社会，但在这
些花天酒地的人中毫无收获。于是

▲ 电影《家》剧照

日本特务机关让她改扮成难民，潜入兵工厂住宅区。她看见由魏鹤龄、黄田、
钱千里扮演的工人下班走来，假装饿得昏倒。他们将她救回家中，又介绍她
进厂当女工。她给特务机关提供情况，引来敌机狂炸兵工厂。她眼见自己最
疼爱的邻居4岁小女孩（陶白莉饰）被炸死，终于良心发现，便向与她恋爱
的工人老魏吐露真情。在破获特务机关时，特务头子（石羽扮演）向她开枪，
她感到自己已经得到重生，含笑死在老魏的怀里。

　　在拍《火的洗礼》之前，我连摄影棚也没见过，送给我的电影剧本，我
也看不懂分镜头是怎么回事，除把自己很少的台词记熟，就再也不知道该做
些什么准备，只紧张地等待通知。那时发拍戏通告，一般只写日期和要拍的
场景，接到通知的各个部门，按自己认为合适的时间进厂。内行的人都知
道，第一天开拍，摄影棚里千头万绪，布置灯光道具就得花一整天，真正开
拍总要拖到半夜，演员吃过晚饭来也不迟。而我那天在早晨8点就进厂，只
见化妆间里静悄悄，年轻的化妆助手正在整理着化妆用品，他惊讶地对我
说："啊呀！张小姐你来得真早！"那天开拍的戏是我扮演的交际花在盛大宴
会中出现，场面布置很复杂。我陌生地坐在化妆室的角落，看着各部门的人
出出进进。傍晚时候化妆大师辛汉文来为我化妆，他精心为我造型，一丝不

▲电影《万紫千红总是春》女演员合影

苟，足足花了好几个钟头。陆续来到的演员，很快自己化好妆就进摄影棚去了，并且等得很不耐烦。这时剧务三番两次跑来站在化妆台旁，明是来催妆，但不敢开口，因为化妆大师脾气很大，催急了他要掼纱帽的。结果是，第一天拍戏我来得最早却进棚最迟，还没有上镜头已经感到疲惫不堪了。

不久，我逐渐熟悉了摄影棚的生活，导演孙瑜和摄影师吴蔚云是那么耐心细致并且和蔼可亲，完全消解了我的紧张情绪，和魏鹤龄的合作更是非常愉快。我们刚在老舍、宋之的编写的话剧《国家至上》里演过父女，这次又演一对恋人。他处处照顾我这个新手，我不习惯熬夜，往往在天快亮时，便会靠在什么地方睡着，他总轻轻将棉大衣盖在我的身上。更重要的，他带动我的表演，帮助我适应镜头。我渐渐觉得拍电影好像没啥难的，镜头一分切，演员的任务很简单，只要按导演的要求在镜头前做到松弛自然就行了。谁知在拍到情绪激动的时候，我"卡壳"了。

▲ 1998 年，张瑞芳表演艺术研讨会与会嘉宾合影

　　这天，正巧魏鹤龄不在，镜头要求我已经是被他推倒在地，我良心发现后，无上悔恨地向他喊："我是汉奸，我是汉奸……"并流下泪来。在嘈杂的摄影棚里，要我立时进入情绪并流泪，我简直做不到。导演要化妆师为我滴眼药水，我摇头拒绝了。我自认在舞台上是善于调动真感情的，怎么能在镜头前弄虚作假？我心烦意乱地坐在地板上，摄影棚里倒安静下来，许多双眼睛望着我，镜头很近地逼在我的眼前。大家越眼睁睁地等待我，我的杂念越重，使我不能进戏，我又窘迫又感到受罪，终于为我自己哭了起来。导演马上喊："开拍！"我不知道怎么就稀里糊涂地把镜头拍完了。

　　当时拍电影不能像今天一样，全组可以看到每个阶段的样片，我是等全片完成后才看到银幕上的自己。我顾不上欣赏导演对全片的艺术处理，也看不见其他演员的表演成就，只盯着自己看，越看心里越别扭，在我想象中，我应当比电影中的表现要好得多。

▲2018 年，张瑞芳铜像落成仪式上，四任团长向梅、何麟、崔杰、佟瑞欣
在老团长张瑞芳铜像前合影

灯亮以后大家向孙瑜表示祝贺，当孙瑜导演微笑着鼓励我的时候，我哭了。我觉得对不起他，他一心想培养新人，我却辜负了他。影片要求我演一个真间谍假工人，而我却演得像一个假间谍真工人。

当时，我没认识到电影和舞台表演有不同的特点和技巧，对生活体验的深浅会直接影响人物的塑造。我只笼统地认为，我不是做电影演员的材料。那时真没有想到，新中国成立后，我成了一个专业的电影演员。

原载《上影画报》1982 年第 1 期

第一次演戏

◎白杨

白杨（1920—1996）。上影演员剧团第三任团长。主要作品：电影《十字街头》《一江春水向东流》《八千里路云和月》《祝福》，电视剧《洒向人间都是爱》。

55 年，"弹指一挥间"。然而，我第一次上银幕，第一次上舞台，情景历历，仿佛就在眼前。

我是湖南汨罗人，本姓杨，姐妹三个，大姐杨成业（后改名杨沫），二姐杨成亮，我名杨成芳。从小生长在北平。1931 年，先父母谢世，我们这个家就散了。恰巧这个时候，上海联华影业公司准备在北平办一个联华五厂，并且为此开办了一个演员养成所，公开招生。我二姐是个文艺积极分子，爱唱戏，爱演戏，尤其喜欢京戏，一听到

▲ 白杨、张瑞芳、秦怡、柏李、李明等合影

▲电影《八千里路云和月》剧照

这个消息，就带我去报了名。谁知道考试那天，二姐被人家拉去"票戏"，把我扔下不管了。那时我仅11岁，什么也不懂，可是拍电影的心却挺坚决，我一个人就跑到东城王爷府去应考。参加考试的大多是大学生，只有我最小。大概也需要小演员吧，居然让我考上了。同学中有蓝马（原名董世雄）、王斌（电影《白毛女》导演之一，后改名王滨）、陆露明、刘莉影、施超、吕班。演员养成所负责人是著名导演侯曜（美国留学生，专攻导演，一个爱国者），教师王瑞麟（电影《故都春梦》男主角，北平艺术学院戏剧系毕业生）。

大概只进行了3个月课堂教学，1932年，全体学员被拉出去拍了一部无声片《故宫新怨》（一部时装恋爱剧）。导演侯曜原来看中我二姐，想让她演女主角，可她没来应考，就让刘莉影演了。男主角是王斌。我只在里面扮演一个小丫头，没有几个镜头。整部电影，内景、外景都在颐和园里拍，直到今天，我还记得自己的第一个镜头：躲在园里大殿前面的那只大铜缸后面，探出头来偷偷张望。

《故宫新怨》拍完，联华五厂和演员养成所都解散了，我就跟着一些大哥哥、大姐姐一起参加了"苞莉芭剧团"（俄语，意谓"斗争"）。这时，正当九一八、一·二八之后，抗日热情高涨。"苞莉芭"是个左翼剧社，其中有于伶、邸力（已是中共党员）、宋之的、聂耳等，进步力量强大，经常演出进步戏剧，自然遭到国民党反动政府的压迫，几乎每次演出都要经过一番斗争。我的第一次舞台演出，就是一次斗争的经历。

那天，我们应清华大学东北学生自治会之请，到清华园演出《战友》《乱钟》《SOS》等独幕剧。事先讲定：开幕前由聂耳演奏《国际歌》。可临时东北学生会的主席却出来干涉，不准演奏《国际歌》。台下的一些右派学生，也乱轰乱闹，把钢琴伴奏吓

▲ 电影《十字街头》剧照

跑了。但我们的聂耳同志真勇敢，真沉得住气，居然伫立不动，坚定地拉完了《国际歌》，赢得了热烈掌声。演出过程中，警察又想来捣乱，也被我们顶了回去。这几个戏，我都参加了。12岁自然不可能演好，但是心情激动，演得很认真。

演完戏，到外面一看，墙壁上贴了不少"打倒普罗剧社"（普罗列塔利亚，俄语意谓"无产阶级"）的标语。我们剧社的同志就同右派学生争论，左派学生就帮我们扯标语，整整闹了一夜。天亮以后，在等车的时候，大家又要聂耳同志跳非洲舞，领导大家唱歌。他就指挥同志们大唱进步歌曲，特别是《国际歌》，唱了一遍又一遍。车子来了，大家还一直唱进北平城里，真是大长了中国人的志气！

选自《白杨演艺谈》上海文艺出版社 1995 年版

演员生活十年

◎上官云珠

上官云珠（1920—1968）。主要作品：电影《太太万岁》《一江春水向东流》《万家灯火》《乌鸦与麻雀》《早春二月》《舞台姐妹》。

在舞台和摄影机前，不知不觉已经整整地生活了10年。因为已整整10年了，所以近来自己常常独个儿在心里举行了几次"纪念"——检讨和总结一下过去，同时也计划了未来。

不用讳言，我开始从事戏剧工作的最基本的原因，不过是为了"爱好"，说得明白些，就是觉得演戏是我最喜欢的工作。至于问我为什么会有这种"爱好"，那说句老实话，当初的所谓"明星"的种种，实在是大大地吸引了我。我向往着"明星"头衔的光荣，我羡慕着"明星"生活的舒适。所以我初进戏剧圈的几年里，我的生活作风、思想意识，的确曾经"明星"化了的：讲究享受，骄傲虚荣，自由散漫……把那些当时成名的"大明星"们当作目标，一心一意想做得不落人后，出人头地，因此演戏时希望当主角，当漂亮的突出的动人的主角。后来改变了一些，当主角固然高兴，做反派也很愿意，年轻的更好，年老的也喜欢，为什么呢？一句话，无非是为了显本领，要不同凡俗。

▲ 电影《乌鸦与麻雀》剧照

我还曾想，我得趁年轻，在30 岁以前要好好地干，快快地干。"这玩意儿先决条件就是年轻漂亮，尤其是女人。"这思想时常存在我心上，唯恐 30 岁一过，就往下坡路走，没有观众要看我的戏了。

不过，我因为自幼受学校教育和家庭环境的影响，也有一

▲ 电影《一江春水向东流》剧照

些优点。这优点就是能够辨别是非，看重气节，换句话说，就是我有正义感。也正因为如此，我能够渐渐懂得了：演戏工作不应当只是为了个人的出风头。因此，我的思想和作风也就逐渐地振作起来，逐渐地严肃起来。于是当我要参加某一次演出的时候，就绝不在金条和钞票的多少上着想，而一定根据剧本和导演以及合作同仁的好坏来决定我的取舍。虽然，我因此在经济上一直受到相当大的影响，在 1949 年以前的一个时期，我的生活常常陷于"过了今天，不知明天怎么过"的困境里，可是我没有动摇，没有屈服，因为我明白了：我不应当是一个虚荣的"明星"，而应当做一个有贡献的艺人。

▲电影《舞台姐妹》剧照

可是，谈到"贡献"两字，说起来也非常惭愧。因为我在 1949 年以前，仅仅做到了对反动派和恶势力的不妥协、不屈服，没有也实在不懂怎样对革命献出我的力量。所以当在报纸上看到了反动派镇压爱国运动、残害爱国人士的消息时，我只会伤心、愤恨，最多只能和人们一起痛骂几声。当反动派强迫我去"劳军"时，我也只会把自己反锁在衣橱里躲避他们。痛骂完了，躲避完了，也就过去了，对革命从未有过积极的贡献。

等到人民解放军渡过了长江，解放了上海，我就被这革命的巨浪大大地冲洗了一下，明白了要做一个有贡献于革命的人，单单有"正义感"是不够的。因仅靠"正义感"，只能一时地激发，时过境迁，也就完了，而在进行实际工作的时候，犯错误出偏差，那还是家常老毛病。细究根源，过去所以会有那些错误，无非是因为没有懂得，甚而是没有想到演戏的动机应该是什么，目的是什么，因此也就不知道演戏的态度应该是怎样，希望应该是怎样了。

整整 10 年，也就在这样"没有懂得"和"没有想到"之中过去了，想起来真有不寒而栗之感。那么，现在我是不是已经"懂得"，已经"想到"，已经"知道"了呢？不，没有。我现在还仅仅有些"懂"而未曾"得"，还仅仅会"想"而没有"到"，还仅仅约略"知"而不能"道"。所以，今后的我，决心在这懂而能得、想而能到、知而能道上面来下功夫。

原载《大众电影》1951 年 1 月 16 日

没有失去的记忆（节选）

◎孙道临

孙道临（1921—2007）。曾任上影演员剧团副团长。主要作品：电影《乌鸦与麻雀》《渡江侦察记》《家》《不夜城》《永不消逝的电波》《早春二月》，译制片《王子复仇记》。

一双淳朴、真挚得近乎拙讷的眼睛，那是属于一位演员朋友的。

1949年后，上海电影制片厂刚刚建立，演员们来自四面八方，聚集在建国西路一座小洋房内学习。其中有原在上海的影剧演员，有从1937年开始就参加演剧队的，也有来自老解放区文工团的。大家虽然素不相识，但新中国刚成立时那种激情和理想把大家拴在一起，感到出奇得和谐。对我这长期待在沦陷区和国民党统治区的人，革命干部是何等光荣的称号。穿上中山装也感到兴奋极了。看到老区来的演员朋友，更有一种特殊的亲切感。当然，从部队文工团调来的许多同志，也确以他们的朴实和谦诚赢得了我们的心。范正刚就是其中的一个。初见面，他哪里像个演

▲ 1952年，上影13位赴朝慰问演出的演员合影（前排左起：叶小珠、铁牛、孙永平、史原、穆宏；后排左起：冯喆、金乃华、仲星火、潘文展、王琪、孙道临、凌之浩、范正刚）

员！光头，已经有些谢顶了，看人时眼睛定定的，朴实得近乎拙讷，就像刚放下镢头从地头上走来的庄稼汉。1950年上海拍《农家乐》，他演一个老农民；汤晓丹导演的《胜利重逢》中，他演了部队炊事员。完全不用化妆，换上一套服装便行了。1951年"三反"运动，剧团准备排一个反映铁路员工反腐蚀的活报剧，安排我去导演。正面主角是个老扳道工，就打算请他来演。他曾骑着那破自行车和我们一起去访问，可惜戏没排成，但我觉得他演那个角色是再合适没有了。

1952年文艺整风运动后，我们许多新区的演员都痛感自己身上旧意识旧情趣太多，要锐意表现新社会新人物，避免顽强地表现那陈旧的自我，就要给自己的思想感情来一番改造。为此，演员们纷纷下工厂参加民主改革，下农村参加土改。到1952年底，上影演员剧团组织了13个演员到抗美援朝前线去深入生活。战火是不长眼睛的，流血牺牲，在所不惜。这13个人是：范正刚（队长）、金乃华、潘文展、冯喆、穆宏、史原、凌之浩、铁牛、仲星火、叶小珠、孙永平、王琪和我。有的演员因为没有得到机会，还闹了情绪，狠狠向领导提了意见。出发前的告别会，就在万航渡路当时厂艺委会的小洋房内举行，气氛几乎是悲壮的，颇有些"风萧萧兮"的味道。

在北京等待出发的时候，我们住在北池子中国电影发行公司的集体宿舍里。每人发了志愿军的棉衣和皮靴。为了能适应到朝鲜后的艰苦环境，我们每个清早穿着棉衣和皮靴跑步，下雪天也照样坚持不误。初到朝鲜，住在志愿军政治部附近的山洞里。从洞口到睡觉的地方，有二三百米之遥。洞身很狭窄，只够放一张单人床，这样，13张床便头尾相接，在这里摆开了一字长蛇阵。洞里没有灯，只能用手电。好处是，睡觉时满眼漆漆黑，不知不觉便进入梦乡。如果当天晚上有敌机光临这山头进行轰炸，也得到第二天早上出洞后听人说起才知道。当然，不方便的是半夜解小便。大家谁也没有想到去找个便桶，只知道打着颤爬出温暖的被窝，嗵嗵嗵地一直跑到洞口外去解决问题。

一天下午，政治部的文艺处长给我们介绍情况。他讲了一些志愿军英雄

▲ 电影《家》剧照

事迹后说："你们文艺工作者来这里，大都是事后来访。当我们的战士在坑道内饮尿吃雪，准备出击的时候，你们不在；当他们和敌人刺刀见红的时候，你们不在，当他们壮烈地倒下或欢呼胜利的时候，你们也不在。仅凭事后采访，你们能得到多少东西，能体验多少战士们的真情实感呢？！"说这话时，这位处长神情严肃，声调激昂，我们都低下了头，感到羞愧难当。附近，敌机在投弹，山谷中引起震人心肺的绵长回响。然而，在我们这小木屋中，却凝结着极为难耐的沉默。我们的心上，似有一块块巨石，沉甸甸地压着、压着……

那时，我们已搬到山坡上一个小洞中去了，周围积雪没膝，劈些松枝取暖，洞里便满是烟。这夜，我们开会了。第二天就准备分头下连队去了，我们团团围坐在用树枝扎成的大炕上，棉大衣裹着脚，谈着听那位处长讲话后的心情。范正刚也发表了他的意见。飘忽的烛光映着他方方的脸，他的眼神仍是那样定定的，朴实得近乎拙讷。但显然是由于激动，他的山东口音更浓了。他说：这次领导派我当队长，我将尽力去做，如果能让大家都有收获，我就是牺牲了也情愿。

一语竟成谶。

在那以后，我们13个人分头到一个团的几个连队中去。每连两个人。听说老范和金乃华是准备一起下到八连去的，金乃华临时腿上生了个大疖子，无法走动，老范便独自下到八连去了。当时，全团已准备向西海岸开拔，我和冯喆下到二连，没几天便和连队一起行军了。大雪纷飞，我们背着行李，在连队中步行经过一个又一个城市。实际上哪里还有城市的痕迹！到处一个弹坑连着一个弹坑，偶见几个儿童在大弹坑中溜冰玩耍。平壤也是一片瓦砾。我们走过平壤城郊，地面上仅有几根孤零零的木杆，上面缚着高音喇叭，对

▲ 电影《永不消逝的电波》剧照

着荒野放送雄壮的进行曲。除此之外，就只有零零落落地通到地面上来的短小烟囱，因为人们都在地下穴居了。……行军的第二晚，我们二连在一些依山的窑洞里住下。夜半，我们被轰炸声和窗棂的震动声惊醒了。睁开眼，窗上不停闪动着炫目的白光，远处传来的轰炸声像泼水一样，持续了很久很久。第二天清晨，指导员告诉我们，昨夜八连在一个小镇上宿营，遭到了敌机的轰炸，牺牲是惨重的！

那正是老范的连队！匆匆吃过早饭，我和冯喆转过几重山岭，向八连赶去。即将进入那小镇时，在烟烬中，几个朝鲜老人正在埋葬死尸，他们转头望着我们，脸上是木然的，毫无表情。镇内街道两旁，只余断墙残垣，还可以看见一个门槛上挂着一丝红绸，显然，那是一个妇女在逃出家门时被钩住扯碎的……我们终于来到陈放牺牲者尸体的现场。芦席卷住了他们的身体和头部，脚大都露在外面，已经冻成青紫色的了。一个高大的军官静默地站在那里，人们告诉我们他就是营教导员。他转过身来，脸色异常严峻，声音喑

▲ 舞台上的孙道临

哑。他说：昨夜山后有特务打信号枪，不久敌机就赶来了，轰炸是地毯式的，连队都住在民房里，几乎无一幸免。当然，范正刚也遭遇了不幸。在四连的凌之浩和仲星火来得早一些，已把老范的尸体认领去了。他的遗物，只有一只手表。

范正刚同志的遗体，后来由铁牛护送到丹东，就在烈士陵园安葬了。团部为牺牲的烈士们举行了隆重的追悼会。团政委说：在战斗之后，我们部队不能沉湎于悲哀，要迅速打扫好战场，继续前进，为死难者复仇。我们余下的 12 人决定立即从这里转赴三八线最前沿去……

范正刚家在农村，他父母早亡，大哥在抗战中牺牲，寡嫂把他抚养成人。参加部队后，他当过机枪手，后来才转入文工团。牺牲时 32 岁，未婚。能派人去交给他寡嫂的，只有那只手表和留在上海的几件衣服了。

"如果大家能有所收获，我就是牺牲了也情愿。" 37 年过去了，他这句话，却时常在我心头盘旋不去。当然，与此同时，我也总似看见他那双淳朴、真挚得近乎拙讷的眼睛。

在我记忆中，还闪现过许多许多双眼睛。近年来，我越来越耽于回顾了。生活的道路那样漫长，真像是一条情感的河流，缓缓地前流。有时经过暗无天日的峡谷，有时经过阳光辉映的平原，有时细雨从天而降，有时支流汩汩而来，和你会合，推动着你向前流淌。

流淌、流淌，却常常只是一味急促地向前流淌，声音变得那样单调、冷

▲ 2022 年，孙道临铜像落成仪式在剧团举行，剧团演员及嘉宾向孙道临铜像献上鲜花

漠，忘记滋润你的大大小小的雨水，忘记和你汇合以至改变你航向的支流。忘记了没有他们，自己会枯竭、停滞，成为一摊死水。……如今，我才突然感到，知交半为鬼，我已失去了那么多、那么多的朋友，充满善心和爱意的朋友！感到一种强烈的愧意和忧伤，我疲惫地躺下，眼前浮起更多的朋友的眼神，他们向我讲述着不同的故事。

我感到些许的安慰。我还没有完全失去关于他们的记忆……

选自《走进阳光》上海人民出版社 1997 年版

艺术生涯的第一步

◎秦怡

秦怡（1922—2022）。曾任上影演员剧团副团长。主要作品：电影《铁道游击队》《女篮5号》《林则徐》《青春之歌》《青海湖畔》，电视剧《上海屋檐下》。

希望我们的上影演员剧团
在徐端旋团长的领导下，
继承剧团的优良传统，
不仅在银幕上塑造出有
光彩的形象，也要多在舞
台上锻炼自己，多出佳作。
祝贺《雷雨》演出成功。

秦怡
2017.7.

小时候，什么电影我都爱看，家里给我很少的零用钱，除了有时吃3个铜板的花生之外，全部都用作看电影。零用钱、车钱等省下来，有时一个月可以看三四场电影。当时电影院放一些旧电影，如《火烧红莲寺》《荒江女侠》等，只需5分钱就可以看，这样我每月就可以看得更多，总之只要有机会，我必不放过。

在这里我必须提一提我的父亲和大姐。我父亲是做财会工作的，然而他的爱好是看书、读报、听交响乐、看电影等。父亲性格懦弱，一副文弱书生样，他人极其善良，好脾气，对我母亲非常体贴，当然母亲也不厌其烦地伺候他。父亲白天在外上班，晚饭后，就经常剪报，凡是认为有价值的资料，他都从报上一张张剪，一本本贴。每当夜深人静以后，他经常轻轻地打扫房间，到屋外去洗刷茶具等，把一切凌乱的衣物都安放整齐，擦得窗明几净后，才悄悄入睡。当我们第二天醒来时，虽然仍然是这个破房子，仍然是这些旧家具，然而因整齐清洁而感到舒服，这也会让我母亲一扫隔日的疲劳，鼓起勇气再去操持一天繁重的家务。这一切，在我16岁离家以前，天天如此。

▲ 2019年，秦怡被授予"人民艺术家"国家荣誉称号

父亲虽然表面看来软弱，但也有内在的反叛精神。因为他非常注重读报，所以也特别希望能知天下事。他喜欢的是外面的世界。听音乐、看电影这些喜好对封建家庭来说都不是好事，可是他没有放弃，这是他唯一的寄托。他因子女多，经济十分拮据，但他总是想方设法适当调剂一下自己的身心，因此我也就沾了光。他曾带我去上海的大光明（那时的大光明是上海最有名的高级影院）听星期日上午的星期音乐会，当然我什么也不懂。可是走进那样富丽堂皇的影院，看到那么多人穿着礼服坐在舞台上，闪烁的灯光照耀着那些奏乐的男男女女以及那些锃亮的乐器，真是令人陶醉。父亲跟我说，听音乐时不要说话，他有时还会塞给我一根像雪茄烟的巧克力糖，这是我小时候认为最最好吃的东西，也是偶然得到的东西。即便是这样，我也不会在听音乐时吃那根糖，因为音乐（虽然不懂）的优美旋律，舞台上的一切，是那样令人神往，真有不可思议的魔力啊！但音乐会一结束，走出大门时，我便急不可待地偷偷去吃一口糖，并向父亲问长问短。可父亲却不太愿多说话，总是半晌不搭理我，好像还沉浸在那些音乐

▲电影《女篮5号》剧照

的乐境中。其实我父亲也并不懂音乐，只是那意境使他暂时摆脱了家里的一切烦恼。父亲还带我去看外国电影，外国的男明星范伦铁诺、考尔门、弗德立马区等，女明星瑙玛·希拉、珍妮·盖诺，后来又有嘉宝、蓓蒂·戴维丝等，我能背一大串名字。我看了电影后也像父亲听了音乐会一样，爸爸只沉默了短时间，我看了《七重天》后却几天几夜都沉浸在里面。几乎20世纪40年代稍有名气的中国演员导演，我全能背出来，阮玲玉是我小时候最喜爱的演员，阮的所有片子我几乎全看了，当阮去世时，我们一群学生竟然闹罢课，为了去殡仪馆瞻仰阮的遗容，我们许多人都哭了几天几夜。当然，是阮玲玉所扮演的那些动人的形象，使我产生了如此强烈的感情。

　　大姐对我的影响就更直接、更大了。南市有个少年宣讲团，这是我小时候最爱去的地方，田汉的许多独幕剧如《苏州夜话》《湖上的悲剧》等，我都是在那里看的。当时还有些角色是女扮男装，是我姐姐的同学演的。我还在那里听过宣讲，看过芭蕾。回家后夜晚做过许多梦，梦中的我芭蕾舞跳得棒极了，我还能飞起来，但梦醒后就会感到非常懊丧，因为我什么也不会。我只看过一次话剧，是大姐带我去看的复旦剧社演出的话剧《雷雨》，是由复旦剧社的演员凤子演的（后来我在重庆认识了凤子大姐，就感觉有种特殊的亲切感）。记得那次看话剧，晚上较晚回家，就挨了家族长辈严厉的训斥，以后妈妈就不准许我们出去看戏了。可是看各种各样的书就不会受到什么阻拦，没有什么人知道我在读什么书，中国作家的作品，18、19世纪的外国文艺作品样样都看，这些书绝大部分是大姐借来的，她先看，我后看，有时也向图书馆借。实际上我根本谈不上理解，有的表面懂一点，有的不懂，但似乎朦朦胧胧意会点儿什么。那时我看得最多的是俄罗斯作家的作品，如托尔斯泰、屠格涅夫、契诃夫、陀思妥耶夫斯基等，后来在重庆时，我更多地看高尔基、谢德林以及普希金、莱蒙托夫的诗，法国作家罗曼·罗兰、巴尔扎克等的作品也看了不少。我根本没有什么选择，不论懂不懂都如饥似渴地吞下去，我想这好像一个人的饮食一样，吃得广了营养自然也就丰富了。这种潜移默化的作用是难以估计的，因为文学艺术在人们的心中所产生的各种反映，必然会渗透思想、意识、爱好、习惯等，与人的精神世界有关的各方面，那些文学作品使我受益匪浅，可以说我后来的成长与此不可分。

　　逐渐地，我对看电影也不知不觉地有所选择、有所爱好了。我为什么会这样迷恋于电影呢？这当然与电影艺术的魅力，与当时的时代环境有关。当时，看的大部分作品都是具有反帝反封建的内容，实际上我从客观欣赏、娱乐转变为融入影片反映的生活中去了，去急人物所急，乐人物所乐，悲人物所悲。我常常看完一部影片后要思考和沉浸很长时间，这些文艺作品已经在生活上给予我某种启迪，在精神上给予我某些抒发。可以说电影在我年幼的心灵中扎下了根，她开拓了我的视野，给我增长了许多知识，我已经不是一个生活于社会之外的人了。我兴趣广泛，不仅喜欢看文艺片，

▲ 2014 年，秦怡担任首届上海公益微电影大赛评委

▲2008 年，秦怡参加奥运火炬传递上海站收火仪式

也很喜欢看战争片。记得南市小东门东南大戏院开张时，放的影片是西席·地密尔导演的《西线无战事》，我当时好像只有八九岁，挤在人群中，几乎是脚不着地地被如潮水般汹涌的人群挤了进去，我脖子上戴了一条新围巾，也因看这部影片而挤丢了。

▲ 2014 年，秦怡以 92 岁的高龄到海拔 3800 米的高原，参与自己编剧的电影《青海湖畔》拍摄

也许有人会不理解，一个八九岁的女孩为什么喜爱看这些影片，而我至今对影片的内容和看电影时的一切情景都历历在目。我想我当时迷电影的狂热也不亚于现在有些孩子迷歌星演唱会的劲头，只是选择有所不同罢了。回想当时，主要是文艺作品使我狭隘单调的生活变得丰富起来，虽然是间接的生活，但从影片的广阔天地里感受了社会与人生。一些中外文学作品反映的现实生活及那些栩栩如生的人物形象、那些灵魂深处的波澜也拨动了我幼稚的心灵，那些作品中的人物，常在我生活中占据重要的位置，使我也产生一种对人生模模糊糊的追求与理想。这些文艺作品帮助和锻炼了我的思维能力，使我小小的脑海里下意识地产生一种欣赏和判断力，逐渐懂得了怎样去选择和舍弃，懂得了善与恶，爱与恨，甚至也逐渐渗透了我自身，形成了我自己的风格、气质，以至人生观、世界观。

选自《跑龙套》学林出版社 1997 年版

我的自述

◎王丹凤

王丹凤（1924—2018）。主要作品：电影《家》《海魂》《护士日记》《女理发师》《桃花扇》。

永远不要离开舞台
赠佟瑞欣
王丹凤
2017.6.21.

我虽然是浙江宁波人，可是从小生在上海。上海，这个"中国的好莱坞"，给我带来了对于电影的兴趣。我在爱国女中读书的时候，就渐渐地成为一个影迷了。那时，同学们每逢新片上映，都要三五成群地前往观看，看了回来就互相讨论。有一次，我突然想到：假如我也走上银幕去，那该是多么令人高兴的事！恰巧，有一个偶然的机会，我被介绍到上海合众影片公司去，接见我的是朱石麟先生。朱先生是一位名导演，承他不弃，认为我还可以造就，于是就叫我在厂里工作，并且为我题了现在的名字。到现在，只要有人叫我的名字，或是当我自己想到我的名字叫王丹凤时，我便不由得记起朱先生。如果我要写一篇从影史的话，相信你会常常地看到"朱先生"三个字的。

从这以后，我竟也成为一名演员了；从这以后，

▲ 2017年，王丹凤现场观看"声·影"第二季——"向红色经典致敬"并登台

我也就确定了我的工作道路。我并不幻想成为一名演员以后的情景，只是脚踏实地按部就班地去学习，我要在工作中求进步。因此，只要有我的戏，只要导演愿意给我多一点学习的机会，不论有什么困难，我都愿意去参加。过去，我到过的地方太少，这次，因为拍摄《海外寻夫》的外景而能够远征曼谷，是一件让我极兴奋的事。虽然在那里只待了 3 个星期，可是海外华侨对于祖国演员所表现的热烈爱护的情绪，实在感人弥深。

在《海外寻夫》里，我担任了一个比较软性的角色，而在另一部正在拍摄的《方帽子》里，却担任了一个相反的硬性角色。我喜欢变化这一点，最好能让我多熟悉一些不同的角色类型，但是，过去我都偏向于沉静的文弱的悲剧人物，也许是我的外形和性格限制了我。然而，我不想被它限制，我要活泼一些的，开朗一些的。我对于世情知道得还少，天真说不上，可是在静与动之间，我喜欢动一点的。

▲电影《护士日记》剧照

▲电影《海魂》剧照

在过去所演的影片中，我总觉得我不免草率，对于剧中人物的性格没能充分地把握，揣摩一个角色的心理的时间实在太少。往往在一个镜头拍定以后，我又发现了缺点，我几乎时时都在不满意自己。我想改变，可是，不知道成效如何。别人总说："最了解自己的莫若自己。"我却不敢承认。因为别人所加于我的赞美，我都觉得是受之有愧的，我常常在盼望着别人能给我以严格的批评。

我爱电影，也爱话剧。曾经在《日出》里扮演过小东西，虽然演得不能满意，可是我喜爱那种一贯的情绪的发展。假如有机会，我还想不断地去尝试。

惭愧得很，除开工作之外，我很少有学习的机会，虽然我很想自修。闲暇的时候并不太多，业余的活动也太少。我爱看戏，我更喜欢和知己的朋友们聊天。电影是人生的写照，做人不容易，做演员尤其困难。在人生的舞台上我们的经验还太少，由于我选择了这一职业，因此，我将努力去体验，更努力学习！9 年水银灯下的岁月过去了，可是在艺术的道路上，我不过是个学步的婴儿。

原载《长城画报》1950 年第 1 期

演一个朴朴实实的中国式将军
（节选）

◎ 杨在葆

杨在葆（1935—2021）。主要作品：电影《红日》《年青的一代》《从奴隶到将军》《血，总是热的》《代理市长》，电视剧《上海屋檐下》（导演）。

　　我坐在影剧院的观众席中，与观众一起观看电影《从奴隶到将军》，心情一直难以平静。银幕上的罗霄将军，深深地感动着我，我沉浸在罗霄将军的命运之中，与他一起爱，一起恨，一起因战斗的挫折而

▲ 电影《从奴隶到将军》剧照

▲电影《红日》剧照

忧虑，一起为胜利欢欣鼓舞。我爱这个奴隶出身的中国式的将军。为了把罗霄将军的形象塑造好，我们全摄制组的同志，在梁信创作的剧本的基础上，花费了辛勤的劳动，王炎导演更是呕心沥血。我自己在曲折的创作道路上，全靠大家的帮助，才完成了今天银幕上的形象，所以我特别留恋这一创作集体。罗霄将军是我们全组智慧的结晶。

当我知道王炎导演决定由我扮演《从奴隶到将军》中的主要角色罗霄将军时，心里既高兴又不安。我为能够有幸扮演这样一个可敬的共产主义战士而欣喜，然而内心总不免有些紧张。过去，我虽然拍摄过几部影片，但所扮演的角色，与罗霄是大不相同的。比如，我在影片《红日》中扮演的连长石东根，是个性格粗犷，为人耿直、憨厚，但又简单粗暴的人。虽然我没有经历过他那样出生入死的战争生活，但这个角色在影片中的行为和思想还是比较好把握的。至于影片《年青的一代》中的肖继业，更是我比较熟悉的人物，我与他不仅年龄相仿，而且所受的教育、所处的社会环境，都有相同之处。所以这个角色的思想感情、性格特征，我也是能具体地理解和感受到的。而这次要创造罗霄将军的形象，无论从人物不寻常的经历还是从他所跨越的年代幅度来看，都是十分复杂的。

我和剧组的其他人一起在上海访问了旧军官，又到南昌、瑞金、兴国等革命老根据地去访问当年的老红军。这些访问，不仅帮助我对罗霄有了进一步的理解，更重要的是使我具体感受到了人物在各个时期不同的思想情感。

例如，"发饷银"一场，我认识到，在旧军队中组织士兵监饷团，杜绝官长营私舞弊，这是一种造反行为，要担很大的风险。这是展现罗霄的品德和性格的一场戏。罗霄的这一行为，自然不是沽名钓誉、邀买人心，但也不单是出于对士兵的怜悯，而是对反动军队的反抗和控诉。所以在队前的讲话，我不是把他处理成站在士兵之上伸张正义、慷慨陈词的形象，而是让他道出一个饱经苦难、倍受欺压的士兵的心声。与其说是代理副团长的罗霄在对士兵讲话，不如说是触景生情的小箩筐在对喝兵血的官长们激动地诅咒。这样，不仅展现了罗霄的纯朴、赤诚、可亲可敬的品德，更展现了他敢作敢为、桀骜不屈的个性。

塑造人物，还应把握好自己所扮演的角色与其他角色之间的关系。这是个细致而微妙的工作。把握好了，就能使人物间情感的交流生动、诱人，否则就会干巴巴，削弱形象感人的力量。我在"残垣后"一场中曾做了尝试。这场戏写的是罗霄被撤职当了马伕，在长征途中宿营时的心情。克制住长途行军的疲劳和满身的伤痛，罗霄一个人深夜在灯下剁马草。他思绪万千：战事的失利，国民党的围追堵截，红军的重大损伤，错误路线的猖獗……这一切沉重地压在他的心上，使他透不过气来。当他放下柴刀把手伸向伤处忍痛将衣服撕开时，忽然，

▲ 2017年，杨在葆参加剧团"声·影"第二季——"向红色经典致敬"诵读活动

▲ 2018 年，杨在葆为剧团成立 65 周年写下书法"融通天下"

一双手按住他的手，他回头看，原来是自己的妻子索玛。只见她两眼充满血丝，神态疲惫、憔悴。罗霄没有感到意外，只是慢慢将脸转向一边。这样处理，是因为罗霄用不着再细观察就知道妻子的心情。这儿我没重描，似乎轻描淡写，但恰恰体现了他们这种患难夫妻的关系。当索玛为罗霄用盐水洗伤口时，索玛说："我看这些伤口已经十年了，可这回……"罗霄背对着索玛，但从她的语调中，感到了妻子痛苦的心情。索玛的泪水落在他的肩上，他始终没有回身去看索玛。当他将手伸向肩头，触到了索玛的眼泪时，只是缓缓地把手收回。妻子的心情罗霄完全理解。出于对她政治上的信任，他没有去抚慰妻子，而是温存地，似乎是用批评的语气对她说："索玛，索玛，你怎么这样多的眼泪呵！不管现在怎么样，我就是合上眼睛也相信，党是不会嫌弃我们的。"这些话确实反映了罗霄对党的坚定的信念。索玛完全体会到丈夫崇高的精神境界，她再也无法控制自己，失声地哭了。罗霄默默地把自己的毛巾递给身后的索玛。为了不再使妻子为他伤心，罗霄平静地扭转话题："今天你怎么离开卫生部回来了？"这个转折不仅体现出罗霄复杂的心情，也体现了他对妻子的爱，使罗霄的形象更加丰满起来。这种表面上淡淡的处理，把蕴含在人物内心的丰富而复杂的感情揭示出来，表现了罗霄刚毅的性格的另一个侧面。

《从奴隶到将军》已经上映了，罗霄形象的成败得失，还有待于广大观众来检验和评价。但是，作为罗霄的扮演者，我有一个愿望：希望《从奴隶到将军》能成为我艺术上的一个转折点，为努力在银幕上塑造出真实、动人的艺术形象，开拓一条广阔的道路！

原载《电影艺术》1980 年第 9 期

忆往昔，峥嵘岁月

1953—2023

▲1959 年，剧团演员孙道临、上官云珠、王丹凤、张瑞芳、冯笑、赵丹、金焰赴江南造船厂慰问演出

▲ 话剧《镀金》创作讨论

▲ 汪漪、秦怡、王蓓、卫禹平、张瑞芳练习声乐

▲ 剧团演员合影

▲ 剧团演员柳杰、凤凰、周志清、宏霞送戏下乡

光荣见证 70 年

◎宏霞

宏霞，1931 年出生。主要作品：电影《羊城暗哨》《谁是被抛弃的人》《小康人家》，译制电视剧《姿三四郎》(配音)、《蔷薇海峡》(译制导演)。

所有坚持
都是因为热爱
宏霞
2022年2月14日
怀卞

2023 年是上影演员剧团成立 70 周年，2018 年的时候，剧团重新回到了武康路，让我这个 1953 年第一批加入剧团的老同志激动不已。从南京西路、武定路到瑞金一路、漕溪北路、永福路，再到大木桥路，应该说，武康路是剧团待得时间最长的地方。作为电影制片厂的演员剧团，我们能有这么一个环境优雅的工作场所，而且至今依然蓬勃着生机，非常不容易。此次我回国，第一件事情就是和剧团联系，我是跟着剧团一路经历过来的，大家共同经历了风雨，我和那些比我更年长的老师们一样，把表演当作毕生追求。

说起我走上电影表演的道路，那是在我 4 岁的时候，我看了一部京剧，然后就对舞台上的表演痴迷；那时也不懂，就觉得特别新奇、好玩。慢慢长大了，

▲ 年轻时期的宏霞

我又看过几部戏和电影，就产生了学表演的想法。1944 年，我考取了北平影艺学院，吴彻之就是我们的老师，还有王元龙教台词。我们毕业之前，全班参与了电影《混江龙李俊》的拍摄作为实习，康泰也是我们班的同学，他当时叫刘秉璋，我们一起拍了一个大场面的群众戏。

1948 年的时候我就到上海了，是黄宗英姐姐帮忙让我进了昆仑影业拍戏。我很欣赏黄宗英的表演，她能演各种类型的角色，而且在文学上有所成就，非常有才华。有件事情让我非常感动：我刚到上海的时候，正好要排话剧《大团圆》，黄宗英姐姐就推荐我去参加演出，另外还有一个 10 岁的小孩演得非常好，我就没有演成，宗英姐姐就让我在幕边给他们提词，其实是没有这个工种的，但是她还是给了我 20 元钱，是她自己拿出来的，那在 1948 年可不是小数目啊，因为她觉得我初来乍到，经济上有些困难。

后来我在国泰影业、文华影业也拍了电影，并成为文华的特邀演员。我演了《腐蚀》《姊姊妹妹站起来》，这两部戏都是石挥主演的。拍《我这一辈子》时，石挥当场拍板让我去文华作为基本演员。石挥之前在北京演话剧

▲访谈时，宏霞翻开珍贵的相册，回忆起了许多

《秋海棠》，演了3个月，我看了3个月。我觉得他的表演比较生活化，给我留下了很深的印象，他没有过去老电影明星的那种范儿。

文华影业有一个演员组，其中有石挥、崔超明、林榛、梁明、程之、石灵、江山、胡小菡、俞仲英、李萌等。1952年，8个私营的电影公司合并，加入了上海联合电影制片厂。1953年，上海联合电影制片厂又和上海电影制片厂合并，演员组改为演员剧团，我们就这样成了上影演员剧团的一员，当时的剧团聚集了中国电影有史以来最有影响力的演员。大家在一起从不熟悉到慢慢融洽，最后形成了统一的表演观念。

剧团一成立，就开始抓业务，成立了很多话剧的剧组，通过排戏提高大家的艺术水平和思想水平。我们当时就学习斯坦尼的体系，拿到剧本之后一个单元一个单元分析，通过体验进入角色，而不是强调自我，大家有一个共同的追求，就是要生活化。每个人都从基础训练开始认认真真学习，每天都去南京西路的剧团上班，整个剧团的氛围都正气。到了1955、1956年，电影的拍摄任务还是比较少，我们依然坚持排练话剧，在剧场一演就是几个月。

我在舒适老师的剧组里演了一个戏，大家统一在一种生活化的表演当中，同时还要有技术作为支撑，不断强化和融合。

1957 年的时候，我接到了去广州拍《羊城暗哨》的任务，我在火车上就开始准备角色，到了那儿就体验生活。广州还是比较复杂的，侦查员的工作形式很丰富，都是小青年，在和他们聊了之后，我演得也就很自然，他们不断变化的身份，为我的表演提供了生活的依据。我还和赵丹老师合作过《聂耳》，他 40 多岁要演 18 岁，进入人物的手段非常了不起，就是生活在人物当中。比如见到了女儿赵青，就像小孩一样跟她玩。在拍《小康人家》的时候，虽然天气很热，但我们需要保持跟农民一样的气质，就住在他们家里，跟他们一起挖山芋。这部电影是我比较喜欢的，也是我表演道路上的转折，气质上有很大改变。就像赵丹老师那样，深入角色的精神世界，走进他的生活里。

我除了拍了一些故事片，也去译制厂"客串"过。因为电影的摄制组需要的演员也有限，我们很多剧团演员就到译制厂担任主要配音，我参与了《勇士的奇遇》《海之歌》等电影。后来 1985 年的时候，有一次剧团开会，我就提议说，我们这些人在译制厂都配了主要的角色，为什么不自己开辟一个

▲ 电影《小康人家》剧照

▲ 电影《羊城暗哨》剧照

▲ 20 世纪 50 年代上影演员大合影

做译制的小组？李玲君、崔月明就给全国的电视台写信，询问哪些进口的电视剧需要配音，我们可以帮助。于是，青岛电视台就联系了我们，我们开始为《蔷薇海峡》配音。当时没有录音棚，我们就借电影厂的录音棚，我来导演，保琪对口型，电视台介绍了一个翻译。后来我们剧团也建了个录音棚，把电视台的任务引进来，还完成了好多长篇电视剧译制。

在武康路，我从演员到译制片导演，参与剧团的译制事业，也在这里退休。所以 2018 年剧团重返武康路的时候，我笑得特别灿烂，那是一种真心的感受，感觉我们有这么一个家，特别温暖。虽然有很多青年人我都不认识，但我觉得他们对于这个家的崇拜、喜爱，那是语言无法表达的。衷心感谢团长对老前辈的尊重，传承了我们的传承。我热爱表演艺术，因为热爱所以坚持，希望剧团继续坚持担当历史的责任，未来可期！

三代人的不了缘

◎张云立

张云立，1934年出生。主要作品：电影《红日》《庐山恋》《开枪，为他送行》《叱咤香洲叶剑英》，电视剧《历史转折中的邓小平》。

江山代有人才出，各领风骚数百年

张云立
2022年2月7日

　　我的父亲张翼是上影的老演员，很早的时候拍过一部电影叫《中国罗宾汉》，所以就被人称为中国的"罗宾汉"。他很小的时候就喜欢武术，是中国第一代武打演员。我年轻的时候大概有一米七六，我的父亲比我还高，至少有一米八，他的身材很健壮，就像运动员。印象里，我父亲的手艺很好，喜欢做盆景，还参加过盆景展览。我上学的时候，他还送了我一辆自行车，是他自己设计的，我在马路上骑，不少人会来问我，"小朋友，这自行车是在哪里买的？"

　　20世纪30年代，我的父亲就和金焰、刘琼、郑君里等一起拍摄了电影《大路》。那一年是我出生的一年，还不能够记得，但我很小的时候就知道赵丹老师；还有刘琼老师，我小的时候他老是抱我，有一次

▲ 张云立父亲张翼

我把尿撒在他身上，他就记了一辈子。后来他一见到我，老远就喊："小赤佬，跑过来跑过来！叫我什么？"我就说："爷叔爷叔！"

小的时候，父亲第一次带我去漕溪北路老片场，我看到了电影《武训传》的拍摄。电影厂的外面是菜地，里面的摄影棚是用帆布搭的，就像战场上临时的医疗站，录音、摄影都在里面。四周都是教会的房子，有两个教堂，后来天马厂搬进去的时候，底下还是嬷嬷的坟地。

我是 20 世纪 60 年代进的上影厂，那时候剧团的演员还分在海燕厂和天马厂，我是到海燕厂。海燕厂门前都是泥地，没有什么修得很好的路。当时的负责人是瑞芳老师和道临老师。

孙道临老师是我的老师，也是我的伯乐，包括他在晚年导演《非常大总统》的时候，点名要我做他的副导演。所以当道临老师的铜像在我们武康路剧团落成的时候，我一定要送上一个花篮。我最早考的是南京前线歌舞团，那时候 1000 多人报考，最后选了 40 人。然而，体检的时候，我被查出患有轻度肺结核，但歌舞团也不肯放弃我，我就跑了好几家医院检测，都告诉我，需要休息。后来虹口区劳动局找我，说："张云立同学，现在柴油机厂需要人，你就到那儿去吧！你身体不好，到歌舞团跳舞，可能身体吃不消。"我到了柴油机厂之后，就担任俱乐部主任，那时有很多文艺院团来慰问演出，孙道临老师也带着上影演员来了。关于怎么去接待这支队伍，我也动了脑筋，我把苏联专家的轿车、厂长的轿车都拦下来，接待上影慰问团。不管怎样，上影厂的规格总要高一点嘛。道临老师来了也不怎么说，但是心里明白，我们的接待是非常认真的。到他们演出的时候，我们的厂长也很热心，让我安排摄影师一边演出一边拍照，等到谢幕的时候，照片就印出来了，放在玻璃相框里交给他们，道临老师都惊呆了。后来他很客气地问我："张云立同志，你是干什么的？"我说我是俱乐部的。"你喜欢文艺吗？""我一直蛮喜欢的，我喜欢舞蹈。""表演呢？""表演我也蛮喜欢的，我爸爸就是搞表演的，在你们上影厂。""你爸爸是谁啊？""张翼。""啊？是张大哥的儿子啊……"道

▲ 年轻时的张云立

临老师就问我愿不愿意去上影厂，因为当时需要工农兵的形象。我当然愿意，道临老师就和瑞芳老师商量，还去问我父亲："你儿子到上影厂，你有什么想法？"我父亲说他不管。

进了上影厂之后，厂里就安排我跟着我的父亲拍摄《太湖探宝记》，正式上映改名叫《兄妹探宝》。可是我当时还参加了工人文化宫的舞蹈队，代表上海总工会到北京参加全国的文艺汇演，道临老师叫我早点过来，我说我过不来，最后没能演成这部电影。结果《红日》要拍了，我就去演张灵甫的副官，跟着舒适老师。舒适老师的形象一直很挺拔，他演张灵甫的时候极力反对丑化。舒适老师曾跟汤晓丹导演反映，说他看了那么多电影，都把国民党描写得很无能，张灵甫是黄埔军校出来的，不能歪曲。汤导说自己也是这个观点，所以舒适老师也让我表现得精神一点。

《红日》这部电影是我第一次参加拍摄，给我的感觉就是这个组怎么那么庞大，演员不得了啊。我们剧团的演员张伐、康泰、杨在葆、冯笑……还有董霖、程之那么多演员都参加了。我们住在山东的一些祠堂里，带着铺盖卷，

▲ 电影《红日》剧照

▲ 电视剧《历史转折中的邓小平》剧照

不管主角配角，都是这样的。那时候又是困难时期，每个人就发两个窝头，汤里面两根海带，有时候有点咸菜。可是一开拍，我们就都是很真实的。我记得有一场戏，汤晓丹导演轻轻一叫"预备……开始"，他的声音人家是听不见的，旁边还有副导演跟着大喊，史久峰、徐才根、周志清等许多演员就开始冲锋了，跑得特别惊心动魄，尽管大家都没吃饱……

我在剧团拍摄了很多戏，20世纪90年代，我也退休了。没想到退休的前后，我又开始了表演上的转折，从第一部电影《周恩来》到最后一部电视剧《历史转折中的邓小平》，我一直扮演叶剑英元帅。那是因为张瑞芳老师在剧团开会的时候说，电视剧是比较新的事物，电影相对就要少了，希望我们广泛尝试，能干什么就去干。这个时候史久峰就去导演电视剧了，我也去干导演了，没想到没多久就有人来找我，要拍《周恩来》。他们说这是纪念周总理的电影，义务出演，问我愿意吗？我说我愿意。于是从1991年起，我就开始演叶帅了。其中，我最满意的是电视剧《广州市长叶剑英》，剧组还请来了当年叶帅的警卫员，他到珠影的宾馆来找我，门一打开，愣住了，然后才和我敬礼。当天晚上他就住下了，半夜里我看见他的灯还亮着，一看，他在我旁边看我，我说："老李，你怎么了？"他说："我想了很多，我好像看到了叶帅。"这真是对我莫大的认可。

我们一家很特别，我父亲张翼是在上影工作的第一代，到我这里是第二代，我的女婿是第三代。我的女儿张虹最早是海政文工团的演员，后来转业，在上影出演了电影《绞索下的交易》等。我的女婿是上影演员剧团的演员，出演过《巴山夜雨》《半张订婚照》等。现在他们到了日本，连我的小外孙也开始从事影视的拍摄了。我感受到，我们的小家庭融在了剧团的大家庭，非

▲ 张云立女婿卢青

常非常温暖。大家在剧团，除了艺术上的合作外，还有人和人之间的沟通交往，这种温情可能是现在的氛围所达不到的。

不忘初心

◎ 牛犇

牛犇，1935 年出生。主要作品：电影《海魂》《红色娘子军》《牧马人》《泉水叮咚》《夫唱妻和》《海鸥老人》，电视剧《海上孟府》、《老酒馆》、《喜中缘》（导演）、《父亲》（导演）、《蛙女》（导演）。

前段时间，我和佟瑞欣团长从上影演员剧团的诞生地，南京西路铜仁路走到了瑞金一路，又从瑞金一路来到了大木桥路——这都是上影演员剧团曾经待过的地方，如今剧团走过 70 年了，重回旧里，让我感慨万千……

我在 1953 年就作为第一批演员加入了上影演员剧团。至今，我清晰地记着当年武定路剧团旧址里的大草坪，我们当时还拍了一张大合影，有冯喆、叶小珠……上影演员剧团成立时有好几批人，有上海的老演员像赵丹、舒绣文，有山东文工团来的，譬如穆宏。我不敢说我是上影演员剧团的见证人，只能说是一个知情人。我们上海电影制片厂成立于 1949 年，和新中国是同龄人。1950 年的时候，上海又成立了一家公私合营的长江影业公司，它后来和昆仑影业公司合并成立长江昆仑联合电影制片厂。后来，长江昆仑又与文华、国泰、大同、大光明、大中华和华光等影业公司合并，成立了国营电影企业——上海联合电影制片厂。那

▲ 电影《牧马人》剧照

时还没有演员剧团，只有演员组，直到 1953 年，联影厂和上影厂合并，吸收了两个厂的演员和一些社会上的演员，成立了上影演员剧团。演员要再现生活，上影演员剧团通过话剧磨砺演员，我们的建团思想就是统一在毛主席延安文艺座谈会的文化精神下，那么多年来不忘初心，牢记使命。

从我们演员剧团的历任领导来说，他们的宗旨都非常健康，剧团经历了奔波搬迁，他们付出了很多。最早的时候演员剧团人多，很多人暂时没有电影可拍，我们就排了很多话剧，话剧的导演都是剧团的老演员，我记得白穆就当过导演。我们排的古今中外的名著串起来，也是一部另类的话剧史。很荣幸的是，我能一个电影接着一个电影参加拍摄。《山间铃响马帮来》《沙漠里的战斗》《海魂》《沙漠追匪记》《红色娘子军》……拍电影之外还要到工厂下生活，我担任慰问小分队队长的时候，一天安排走 4 个厂，准备了几部车，第一部车先送几个演员到现场，表演完了上车到第二个点，这时候第二部车的演员就到了。我们大家都不图什么，就是为了完成任务，把规定要去的工厂都去一遍，大家都很高兴。

我是老一辈培养出来的，经常想着怎么保持他们的追求，对得起他们。在众多关心关爱我的上影前辈里，我和赵丹老师感情最深。赵丹第一次出国，

▲电影《海魂》牛犇与赵丹合影

只有一件普通的棉袄大衣，我就去同服装间借。那时候只记录借出的服装件数，不记录衣服长短，于是我就自己动手，把大衣剪短，再找人加工。赵丹就这样风风光光地出国了。后来赵丹收到了补发的几万元钱，他就交给我，让我帮他把家里整体修缮翻新，因为我了解他，知道他喜欢书画，需要有大桌子，桌子得有大抽屉，我就给他设计了个大桌子。我还给赵丹找了一面大镜子，因为赵丹喜欢对着镜子揣摩表演。这面镜子是舞蹈练习用的，很厚，不会变形。

有一天我照例去赵丹家，黄宗英兴奋地说："小牛子，你看是谁？"我一看，赵丹回来了，留着一缕胡子，我们俩就拥抱。我哭了，他没有很意外，但是我很意外，我就赶紧回去，把家里藏着的一瓶酒，还有养的一只鸡拿来，我说，你很消瘦，赶紧补补。还有我种的万年青，祝你艺术常青。这时我才看到他满眼含着泪。后来我们去城隍庙，一人买了一包蟹壳黄，在九曲桥旁找了个椅子坐下。正当我们吃得有滋味时，一个小青年赶我们走开。我有点要发火，赵丹就拉着我走了。原来那两个人是要拍照的，赵丹自我揶揄道："如果是前几年，你请我做群众演员都请不到呢。"我们俩的对话、交流，超越了普通的友谊。那时候赵青来上海，赵丹向她介绍我，该是叫叔叔呢，还是叫哥哥……赵丹老师还有一个老保姆，我都叫她娘娘。可惜赵丹去世的时候我没在。

我还想提一笔的是，20世纪80年代，电视剧在剧团起步、发展、被人重视，可以说，上影演员剧团的电视剧丰富了中国电视节目，拓展了演员和

▲ 牛犇被吸收为预备党员后，写下了"生正逢时"

▲ 2018 年，牛犇带领上影青年职工共同宣誓入党

观众的感情，培养了电视剧创作人才。因为电视和电影是姐妹艺术，和电影互补，都是视觉艺术，我们应该说做了很好的尝试。上影演员剧团的电视事业就如同一个出生的婴儿，成长得非常健康，虽然人不多，但程序有条不紊，我们自己组织创作人员，摄像、录像、照明等都有小班子，一切齐备。送审之后根据下达指示调整，最后播出。我很怀念那时专心致志为艺术的工作情景，我的本事在电视剧部得以发挥，开始参与执导一些影视剧，如《蛙女》《上海屋檐下》……很多现在的高科技办法，我就凭借着在香港和上海的经验，自己琢磨。什么"换头术""吊威亚"，都能实现。如果说排话剧是锻炼表演，那么拍电视剧是培养创作人才。我们剧团造就一批电视工作的生产人员，赢得社会上一片赞誉，不仅有社会效应还有经济效应，获得了很多盈余。这一点还要感谢时任上海电视台台长的奚里德，他把很多剧本给了我们，我们寻找到了精华。

2018 年，在组织的关怀下，我光荣地加入了中国共产党，当时我已经 83

▲ 牛犇与佟瑞欣在武定路剧团旧址大草坪

▲ 2023 年 1 月 17 日，为庆祝剧团成立 70 周年，牛犇、佟瑞欣、郭凯敏、赵静、张晓林、严晓频、陈龙、黄奕等参与东方卫视春晚录制，致敬中国电影

岁了。特别让我激动的是，习近平总书记亲自来信祝贺，让我诚惶诚恐，又深感激动。其实我很早就对共产党充满向往，但那时就觉得没有入党也是一样为党和人民做贡献，就耽搁了下来。现在想想，这就是一种自我原谅。然而，当我在与上影演员剧团一起拍了电影《邹碧华》之后，我被这位优秀党员的工作态度和精神品质深深感染。正好有一次上影集团开会，领导在会上表扬我们剧组，我就觉得，我不是党员，但我应该努力，奔赴这个目标，成为一名真正的党员，于是就给佟瑞欣团长写了张字条："我们一块从今天起考虑塑造自己成为一个合格的中国共产党党员吧！这可是我们之间的秘密哦。"我还特地和佟瑞欣团长来到了华东医院探望秦怡老师，时年 96 岁的秦怡老师拉着我的手，表示愿意当我的入党介绍人，我感动得热泪盈眶。我已经那

么大年纪了，但是比我更老的前辈，还是那么关心我，还像70年前剧团刚刚成立时候的那样……7月1日，我和上影其他青年党员一起庄严宣誓，加入中国共产党。当时我很骄傲，因为从那一刻起，我就是

▲ 牛犇与佟瑞欣拜谒赵丹铜像

你们的同志了！现在有机会和你们一起奋斗了！要拿出先辈的精神，具备先辈的勇气。

我快90岁了，还在为追求努力。我觉得老了不做什么，对不起这个时代。至今我还时常会想起著名作家奥斯特洛夫斯基说过的名言，当回忆往事的时候，他不会因为虚度年华而悔恨，也不会因为碌碌无为而羞愧；作为文艺工作者，不能和时代脱节，现在我偶尔拍戏，同电影保持联系，这样能了解文艺界现状。我们这一代人有责任宣传崇高伟大的思想。很多人说我演了那么多角色，获得了那么多奖，其实我只不过早了几年演电影，我演的角色其实都是我的记忆。我永远怀念谢添，我进电影圈是他一巴掌"打"进去的，他的话永远记在我心间：你是演员，那么多人等着你，要认真对待！还有赵丹老师对我的影响，他说过"演员创作角色不是级别定的，做演员不要有名利之心！"我觉得我们剧团传承的就是这种精神，他们没有忘记观众，观众也不会忘记他们！

新时代要求青年人奉献，热爱自己的事业，为了名利是不会有前途的，永远记住不忘初心，做一切事情都有力量。

永远像这样幸福

◎吴云芳

吴云芳，1935年出生。主要作品：电影《乔老爷上轿》《喜盈门》《爱情啊，你姓什么？》《生死抉择》，电视剧《有房出租》《田教授家的二十八个保姆》《上有老》《长夜行》。

星光漫漫
演绎出彩

吴云芳
2022.2.22

我进剧团的时候，剧团还在漕溪北路，修道院的房子那时候已经属于剧团了。后来又搬到永福路了，那里的房子最好，是花园洋房。大木桥路的条件就稍稍差一点，两间像鸽子笼一样的小房子，那还是后来盖的，几十个演员只有两张长条凳；办公桌也只有一张，是当时的团长铁牛老师用的，我们只能随地蹲，所以我们开玩笑，那叫"轮蹲"。

在进剧团之前，我在幼儿园工作，就是现在的幼师。我从小喜欢孩子，家里父母都是工人，没想着要考大学，所以我就去报考了幼儿师范学校，还参加学生课余艺术团，那时候艺术团刚刚成立，我就去考舞蹈，一考就进，挺开心的。毕业了之后，我就到愚园路第四幼儿园当老师，总共当了一个学期多一点。不

▲ 访谈现场，吴云芳为聆听者陈龙签名

过，我就没法继续参与艺术团了，正好当时成立教师舞蹈队，我又考进了，还去北京参加汇演。

有一次，当我跳完舞下台时，有一个人来找我，问我愿不愿意来跳舞，我说："愿意啊！"他说："专业的舞蹈队哦。"原来，那时正要筹备工人文工团，这个人就是来发掘苗子的。这下我可有点犹豫了，因为幼师这份职业我也很喜欢，就回去和家里人商量，妈妈就说："跳舞只能跳几年，等你不能跳了怎么办？"我说："那又没关系，我再回去当老师咯！"

就这样，我进了文工团，直到两年之后文工团撤销，我们这帮人哭得可厉害了，"这下该怎么办？"没想到，几天之后来了通知：上海市工人文工团全体人员到电影厂。"啊？到电影厂？"我们傻了，我们到电影厂能干什么？是扫地还是烧饭？

结果，文工团的乐团并到了上影乐团，我们舞蹈队全部到演员剧团报到，康泰、冯笑等老师来给我们上课，给我们讲基本的表演。我们很忐忑。"我们真的要当演员了啊？"在文工团的时候，就有一个同事弟弟来问我："阿拉

▲ 电影《乔老爷上轿》剧照

一道去考戏剧学院好哦?"我直摇头:"不去,戏剧学院多难考啊?我考不取的。"没想到,我倒比他先到电影厂,他们还在读书,我已经要开始演戏了。

其实,当时上影厂正在拍摄电影《聂耳》,有一个"五花歌舞班",正好我们这群人可以演这些角色,都是跳一些草裙舞什么的,有些乌七八糟。到了现场,我们也不知道戏怎么演,看那些专业演员,像赵丹老师、张瑞芳老师、王蓓老师……一个个都是精神十足,完全是真的,没有假模假式,所以我们上的第一课,就是"真"。我们第一次看,就看到了最好、最准确的表演,演戏就应该这么演。我们太幸运了。我还演了一个小小的角色,就是歌舞班老板的女儿,老板是夏天老师演的,我就跟着他叽里咕噜地骂聂耳。开始我还有顾虑,我就觉得,演反面角色,我的同事会怎么看?后来就想,我就是要跟他们一样真。

之后,我们文工团的同事没有全部留下来,一部分调到了电视台,我和其他四五个同事留了下来,我又拍了《乔老爷上轿》《六十年代第一春》等电影。

▲ 电影《喜盈门》剧照

　　改革开放之后，我拍的第一个电影叫《爱情啊，你姓什么？》。当时我很憔悴，很瘦，颜碧丽导演之前就跟我有着深厚的友谊，她觉得我很像这个角色，就好像吃过这个苦：跟丈夫离婚，带了两个孩子。我还有些犹豫，她让我要有自信，每天都到我们房间来，要我培养感情，压抑自己，老天也帮忙，下了一个月的雨，我就每天闷在房间里。后来，我一走地位就哭，摄影师就说，现在不要用真感情，等到正式拍的时候再把感情拿出来。

　　这个戏拍完之后，又有戏找我了，就是《喜盈门》。这次的角色是个喜欢搬弄是非、贪小便宜的人，叫呱呱鸟。我就想，刚演完一个知识分子型的角色，心理还没来得及反差，怎么办？导演就说演员就要什么角色都能演，你就要深入角色的心里，你刚演完一个截然不同的角色，现在演个反差大的，多好，能体现你的才华。我们就去山东体验生活，每个人都要找对象观察，有人好心偷偷告诉我："那个扎辫子的人，很自私，公家的东西她都要多捞。"我就盯着她看，发现她是和别人不一样，占到便宜开心得不得了。我就慢慢琢磨，最后这个角色完成得还算可以吧。

　　慢慢地，电视剧开始流行，最早是单本剧，后来两集的、四集的、八集的都有。我就开始拍电视剧了，还得了第一届电影表演学会颁发的表演奖，那个电视剧叫《长夜行》，是我们剧团凌之浩老师、康泰老师导演的，向梅和丁嘉元主演。我演向梅的姐姐，这个角色是从外地来的，她的丈夫牺牲了，就带着儿子来找妹妹，其实她已经疯了。我就设计，手里拿了半个烧饼，站在他们家门口，也不喊人，结果妹妹一看，是姐姐，姐姐也不认识她，她就知道我疯了。当时瑞芳老师看了，还给我提了一点意见，她说："云芳，有一场戏他们从楼上下来，声音很大，你在楼下听到声音，受到惊吓，不要反应那么大，反应大就说明你清醒。你要慢慢地，感受到害怕，我以前在医院看到一个人疯了，就是这样的。"她还做给我看，让我换一个试试，但没说一定要改。

孙景路老师也是一个非常善良的人，我跟着她拍《乔老爷上轿》的时

▲ 吴云芳（右）与崔月明（左）、严永瑄参加剧团活动同游迪士尼

候，我演她的丫鬟。孙老师的语言顶呱呱，她是北京人，台词真是好听，我自己是个"上海国语"，就拜她作老师，我说："孙老师，你教我，我的台词你一句句说，我就一句句学。"孙老师非常爱护我，她经常会说："小吴到哪里去了？你的台词背出来了吗？我教你！"她就把我们当妹妹一样，有吃的东西都会给我们。所以我们剧团的人就像兄弟姐妹一样，有问题他们都会来帮你。譬如《羊城暗哨》里梅姨的扮演者梁明老师，我们当时排话剧《年青的一代》，一共有两个组，梁明老师在另一个组，她会悄悄跑过来，跟我说，小吴啊，你该怎么怎么演，一次不好再来讲。她没有当众教我，这个组的戏也跟她无关，但她就会很热心地帮助我……

我真是跌到了个幸福缸里，这些老师都会来帮助我，我还想到了马骥老师对我说："小吴，戏不看多少，戏要看有没有，有戏你把它演出来，就是好演员！"路珊老师在看了我的电视剧之后说："小吴！光彩……"他们都会好言来鼓励你，没有嫉妒，只有帮助。我这辈子共拍了32部电影、100多部电视剧，虽然很多角色戏份不少，却只是为影视事业添了一砖一瓦。我们剧团要传承好前辈的风尚，把"真"作为演戏的第一准则，永远像这样，团结友爱，互相帮助，不断进步。

从演员到"当家人"

◎向梅

向梅，1937年出生。上影演员剧团第六任团长。主要作品：电影《女篮5号》《红色娘子军》《保密局的枪声》《蓝色档案》，电视剧《西游记》《黑冰》《永不凋谢的红花》。

剧团70年，说短不短，说长也不长。

悠悠岁月，随着耳边"呜……"的一声火车鸣笛响起，60多年前的大年三十，我和北京的几个姑娘，跟随上影厂制片主任丁里，第一次来到上海，走进了这座神圣的电影殿堂。

那是1957年刚刚开始，我在天津大学建筑设计系读二年级。我正在宿舍复习功课，一封信从宿舍门下面塞了进来，一看，信是给我的，由"上海电影制片厂"寄出。莫名其妙，我根本不认识上海电影制片厂的任何人！信里说：谢晋导演筹备拍摄电影《女篮5号》，邀请我演重要角色，三天后会来校接我。这突如其来的信弄得我心慌意乱，脑子一片空白，最后考试的四门功课得了有生以来的第一个"及格"。但，这并不是骗局。三天后，丁里主任果真带了盖着国务院大印的介绍信，领着我到校长办公室办理了借调一年的手续。那时光，国家急需培养自己的工业人才，不允许随便借调在校大学生。

来到《女篮 5 号》摄制组，我第一次见到了大明星刘琼和秦怡。看到秦怡老师如此高雅、美丽，我惊呆了。不过，那时的我们与现在的追星族不同，我只是站得远远的，傻傻地看着……前几年在电影频道，我又看到了《女篮 5 号》，那些虽然只有一两场戏的角色，都是我们上影演员剧团的老演员扮演的。再看的时候，感慨万千，这些前辈演员个个身怀绝技，演什么像什么，没有一点夸张和做作，工作刻苦认真、不求名利。就拿演秦怡老师的丈夫的金川老师来说，知道他名字的人并不多，整个电影中他只有一场戏，但他用一个弹烟头的动作就把这个纨绔子弟骨子里的坏表现得淋漓尽致。

▲2018 年，向梅与牛犇参与央视《向经典致敬——上影演员剧团成立 65 周年》节目录制

▲ 电影《红色娘子军》剧照

▲ 电影《女篮 5 号》中的向梅

在电影拍摄快要结束的时候，制片主任丁里找我谈话：天马厂（当时上影分为海燕、天马、江南三个电影制片厂）要把我留下来做正式的演员。我说："不行，我又没有学过表演，要当演员也得上了艺术院校之后才行。"丁里主任三番五次做我思想工作，说香港的明星夏梦，也没学过表演，就是在街上被星探发现，一部戏接一部戏，拍着拍着就红了。还说天马厂五花社（导演室的名称）已经一部接一部把我的戏都安排好了。我经不住他的轮番劝说，再加上也喜欢表演，就同意了。从此，开启了我一生的电影演员生涯。

我有幸跟过不少著名导演拍戏，特别是参加过谢晋导演的两部戏《女篮 5 号》和《红色娘子军》。谢晋导演是科班出身，出了名的严格。参加他的戏，头三个月都是体验生活，和真正的运动员一样训练，与当时的娘子军一样在酷暑下摸爬滚打军训，还要做小品，排戏。我记得，第一次做小品就被谢导骂哭，他说："你做的小品根本不是真实生活中的红莲，是在跳舞蹈。"我当场"哇"的一声大哭出来。在拍"游斗南霸天"大场面的戏时，大家坐在地上等天上的一片云彩，我们几个等得无聊就开始聊天，谢导过来指着祝希娟说："一会儿要拍哭诉的戏，你们这样嘻嘻哈哈，戏怎么出得来？"我们立刻鸦雀无声。从此，我一辈子记住了：拍戏时绝不瞎聊天，安安静静坐在角落里，想着下面要拍的戏，使自己处于规定情境中。

上影演员剧团的演员，最多的时候有 200 多人。因为同在一个戏，我比较近距离地接触过不少前辈演员。我拍的第二部电影《雾海夜航》的导演石挥，曾是大名鼎鼎的"话剧皇帝"，在不少电影中创作了出色的人物形象。他很风趣，启发演员从不用专业名词，而是用最天然、最生活、最易懂的简短大实话来激发演员的全身热情。在拍《雾海夜航》的时候，卫禹平老师听出我声音的缺陷，主动带我到有钢琴的房间教我发声。还有那位令后人无法企及、曾在老版《渡江侦察记》中扮演吴老贵的齐衡老师，在拍戏快结束时坦率地与我谈话，他说："小姑娘，你自身的条件并不太好。"刚成为上影厂重

▲ 2018 年，向梅参与纪念上影演员剧团成立 65 周年"上影之夜"活动

点培养对象，十分春风得意的我一听这话，吓了一大跳，脸也红了。他接着说："所以你一定要特别努力，特别用功，以后也许能做一个硬里子演员。"后来的实践让我慢慢地懂得，齐衡老师说得太准确了，这才是难能可贵的好老师。我一辈子记住他的话，笨鸟先飞，别人下五分功夫，我得下七分、八分、九分的功夫才行。在拍摄《金沙江畔》时，我见识了张伐老师出色的、准确的、镜头感极强的表演，以及他正直不阿的人品。我听史淑桂老师说过："拍摄《红日》时，正

值三年自然灾害期间，大家都瘦得脱了形。"张伐老师演一位军队的领导人，为了使角色的形象比较饱满，他除了与大家一样交12元伙食费吃大锅外，自己还出高价去老乡家里买地瓜吃。这样可以稍稍胖一点显得有精神。我听了之后真的十分敬佩，张伐

▲ 电影《蓝色档案》剧照

老师做到了：一切为了艺术！我曾经还拜林彬为老师（1958年，厂里鼓励年轻演员拜师傅），虽然我们一起参加的电影没拍成功，但是她是我一辈子的老师，我们家庭的世交。

1980年我主演了电影《蓝色档案》，这部电影的演员绝大部分都是演员剧团的人。梁波罗、李纬、冯奇、冯笑、于飞、祁明远……每当我与别的部门——服装、摄影、剪辑，包括对导演的分镜头产生意见分歧时，我担心自己势单力薄，说服不了对方，就占用大家的休息时间，先和演员组商议，讲述我的看法，求得大家的支援。果不其然，开会时，演员一个接一个帮我说服对方，尤其是李纬老师，强力支持，把得罪人的事揽到他自己身上。我们俩拍摄对手戏的时候，他会用只有北京人听得懂的词启发我。

回想当年，十分怀念我们亲密的老老小小的同行们！那句话真不假：演员的乐趣在于创作过程，在于为了戏的质量互相探讨甚至争吵！让我自己也没有想到的是，我这个从来没有当过干部的人竟然在20世纪80年代当上了上影演员剧团的团长。剧团有许多卓有成就的前辈、艺术院校毕业的大学生、异军突起的青年演员和有待锻炼的新人。要当好这个当家人，很不容易，幸

好当时改革开放，我随代表团去过几个国家，又接待过不少外国电影人，使我有了这样的认识：演员本身的职业实际上应属自由职业，上影演员剧团有许多好的传统，但有些规定也需要随时代改变，比如本厂的电影由本厂演员演，尽量不去借外面的演员，自己的演员也不出借。我觉得这个规定，束缚了演员的主观能动性，演员最好的时光其实是短暂的，应该尽量让他们在最好的时光有充分的实践机会。所以，我打破了这个规定。再有，当时的剧团缺少资金，我尽量因陋就简，在小阁楼上搭了个简易录音棚，让演员能参与配音的工作实践；在楼下搭了简易的练功房，使大家有地方进行形体训练；在锅炉房里建了个简易淋浴器，使练好功满身大汗的人能冲个澡。我还将十年来自家小院培养的月季花都搬到剧团院子里，自己动手砌了个花坛，美化环境，培养艺术工作者爱美的气质；并鼓励大家，除了演戏，还可以当制片、剧务……只要能多参加实践，应该什么事情都可以做，没有贵贱之分。剧团除两间办公室外，都成了各个电视剧组探讨的房间。我想，我们这几个当剧团领导的，能为大家干好后勤就可以了。

当时，我的肩上有一个重担，就是照顾好跟着剧团工作了几十年的老同志，要让他们带着愉快退休。我们用可怜的经费买点茶水、花生瓜子，组织中秋联欢。每一年，我们几个当家人就站在门口，一位一位迎接已退休的前辈欢庆节日，使大家重新团结起来，回到我们上影演员剧团的大家庭！

时间过得很快，我的黄金时期早已过去，现在剧团青年演员比我们那个时候的条件好太多了，观摩、学习的机会多多了，剧团领导的能力、学识、办法也强多了，希望大家多学习、踏实干事，为上影演员剧团新的 70 年创造更大荣光！

▲ 纪录片《北平一家》中向梅的家庭场景

许多人都很奇怪：为什么父母都是搞自然科学的知识分子家庭出生的孩子，有一多半都搞了艺术和文学？其实也不奇怪，我们家一直都很民主，长大了之后想学什么就学什么，父母从不干预，也不要求我们一定要考到多少分数。我们课余时间玩的花样很多：跳绳、跳橡皮筋、过家家，进中学后多喜欢美术和舞蹈。虽然我父亲是大学一级教授，但他的工资要管我们8个孩子吃饭穿衣，还要补贴他们各自的父母，所以根本再没有钱供我们去电影院、剧院。我第一次看电影还是上中学后，看的是《白毛女》。小时候，我们最大的艺术享受就是逢年过节，自己编排节目：用绳子挂个床单作幕布，表演节目给幕布外面坐着的大人们（包括邻居）观看，演着演着忘了词，就问站在后面指导的编剧，"大姐，我该说什么了？"这份童真，引得大家哈哈大笑，大人、小孩，其乐无穷！再有，父母懂得要想开阔思路，得不时换着学学，所以家里有不少小说，我们从小也就习惯了读书。我还记得，很小的时候，我读过曹禺第一版的《雷雨》，半夜，看到鲁贵说"鬼"，我汗毛全竖，不敢向黑暗的四周望一眼。

前几年，网上传出了视频《北平一家》，看了之后，才想起，的确有过这么一回事：1947 年，我母亲的一位外国老师来到我们家，谈她的摄影师朋友想拍个记录北京特色的纪录片，我母亲同意了，全家参与拍摄了两天。几十年后，当在手机上看到了这部纪录片时真是激动极了，久别的父母、大姐和两个妹妹，活生生又出现在眼前，我们一大家人，安详、宁静、快乐地生活在北京老宅，在中山公园、天坛、北海，许许多多已经消失得无影无踪的人和熟悉的地方又复活了！这就是电影的魅力！它能让时空穿越，让一切失去的复活！这，大概也就是我这个工科大学生与电影事业的奇缘吧！

艺海无涯——"小老大"再忆

◎ 梁波罗

梁波罗，1938年出生。主要作品：电影《51号兵站》《瞬间》《蓝色档案》《子夜》《小城春秋》，电视剧《人之初》《浣纱女的传说》《豪门惊梦》。

艺海无涯
一庆祝上影演员剧团
戊寅七十周年

梁波罗
2023.2.28

我的履历，简单的36个字就可概括：祖籍广东，生于西安，长于上海，小学—中学—大学，上戏表演毕业后径入上影任演员，直至退休。

1959年下半年，我作为上戏表演系1959届唯一一名男生被分配至上海海燕电影制片厂。到厂报到的第一天，我就误入了四号摄影棚；棚的正上方亮着一个红灯，哦，原来正在拍戏。当时为迎接国庆10周年，由上影豪华班底创作的《聂耳》正如火如荼地拍摄着。看着这么多我熟悉的老演员，我就想着，论资排辈的话，我就像一颗小石子，投到这个无边无垠的大海里，是掀不起任何波澜的！我有得好等了。思索着，直到红灯转绿了。我小心翼翼地进门，迎面就遇到了张瑞芳老师，我告诉她，我是新生，来报到

▲ 梁波罗（右）与孙道临合影

的。瑞芳老师立即表示欢迎，还问我是不是团员。这时，从景片后面走出来一个人，当时的团支部书记孙永平老师，我就把介绍信交给他，从此把自己交给了电影事业。

很庆幸，我在涉世之初就遇到一位提携后生的恩师——孙道临老师。那时候演员组时常兵分几路深入工厂为工人演出，相互鼓舞斗志。鉴于对写作及朗诵的兴趣，我创作过几首励志诗刊发于《上影通讯》上，多次参加剧团的朗诵。记得当时排练一个集体朗诵，道临老师领诵的起始句是："太阳，升起365次，月亮，落下365次……"我被他醇厚的声音、有乐感的语言韵律所吸引，私下揣摩、练习。很快，我们发觉在文学、语言等诸多领域有着相投的志趣、共同的话题。我以敏锐的心，海绵吸水般地向他求教，每当接到电台送来的散文、诗歌，我都会反复吟诵，在实录之前，会去他家念给他听。他总是诲人不倦，从不吝啬精力和时间，遇到疑难杂字，他更是一丝不苟，惟字典是问。久之，我也学着像他一样，包里备本字典，以备不时之需。如果他有任务不能来演出，领诵的任务就落到了我头上。也许是"惺惺相惜"吧，我的音色、语速、对文字的处理都酷似他，难怪合诵的大哥、大姐们惊呼："来了个小道临！"

我们对诗有共同的爱好，不时会互荐佳作。在1979年的一天，道临老师兴奋地告诉我，最近在《诗刊》中发现一首好诗，我说改天去图书馆找找，他摇摇头接过我手中的诗抄，伏案默写起来，边吟边书，笔走龙蛇，令我惊叹不已。少顷，大功告成。"大抵不错"，他自信地笑着说。事后，我找舒婷原作《祖国啊，我亲爱的祖国》对照过，连标点符号也不差分毫。如今，这两页手迹竟成了道临老师留给我的墨宝，愈显珍贵。

▲ 2018 年，梁波罗参与录制央视《向经典致敬——上影演员剧团成立 65 周年》，现场演唱《年轻的心》

如果说，我们第一次艺术上的碰撞是在舞台上，那么电影中的合作则是 1960 年。春夏之交，我接受了扮演《51 号兵站》梁洪的任务，从排演到拍摄直至最后的小结，都是在他的悉心关注下完成的。其间有两件事我记忆犹深。一是导演刘琼告诉我：为了烘托你的儒雅特质，需要寻找一个有文人气质的政委，我们煞费苦心，因该角色仅两场戏，请名角出山难以启齿，不料道临老师获悉后主动请缨。二是当影片完成后我作的创作总结过于"学院派"，一时质疑声四起，是道临老师给了我"胜不骄败不馁"的具体指点，帮助我调整心态，走出误区，正确分析和听取来自不同层面的意见。为了改变我的书卷气，他力主我深入部队当兵。果然，在嗣后两个多月的步兵生涯中，我留下了一生难以磨灭的足迹，对我以后的生活、创作产生了不可估量的影响，这是我至今仍感怀于心的。

说起《51 号兵站》这部电影，这是我进上影主演的第一部影片，那年我年方二十，实在太年轻了。我拿到剧本一看，吓得一身冷汗，梁洪这个角色集战士、秘密工作者、帮会小老大三重身份于一身，要掌握在特定情境下三者交替，真伪更迭，确实有一定难度。我便去提篮桥监狱见了一批旧社会的黑帮，结果那些人清一色穿着号衣，耷拉着脑袋，一个个的沉默不语，哪有什么当年的"威风"。我当时没有什么收获，只能在一些细枝末节上找过去的蛛丝马迹。譬如袖子倒着抖一抖，就表示你是我们这边的人；把茶壶嘴对着你，就表示我和你过不去，尽管脸上还是笑嘻嘻的。

在拍摄这部电影时，我得到了很多前辈的无私提携。扮演情报科马科长的李纬老师，教我怎么穿长衫、戴礼帽更潇洒。演黄元龙的邓楠老师，当我假意告辞时，他应当把我留下了，没想到他手一甩，说："你走吧！"我就没辙了。邓楠就讲，他从我的眼睛里看见对他的蔑视，这样为什么要留我下来？还有高博老师，他在看样片时指出我的精神状态不对，小老大去大娘家，暗号对好了就扬长而去，怎么像个大少爷一样。我听了才意识到自己的理解太简单了，把秘密工作者这个角色立住，一定要强调军民关系。于是重拍的时候，我加了一句台词："大妈，你好吗？"大妈说："好，都等着你开会呢。"这样一来，就更加体现了秘密工作者与人民群众的鱼水情谊了。

审看样片时，我发现有一个镜头，我的眼球转的幅度过大，于是暗中要求剪辑师帮忙重新剪辑，后来在无意中，让刘琼导演听到了，刘导带有一丝

▲ 梁波罗与刘琼合影

▲电影《51号兵站》剧照

▲电影《子夜》剧照

愠色，让剪辑原样修复。我们又看了几十遍，每次看到这个镜头，我都恨不得钻到椅子底下，刘导其实是通过另一种形式在教育我，希望我能自行领会镜头前的分寸感。当然，最终完成片还是删去了这一镜头。通过这件事，我也明白了，电影拍摄是以导演为中心，演员不可妄加决断。

《51号兵站》上映后，受到了观众的欢迎，直到今天还有人管我叫"小老大"，尽管我之后出演了《沙漠驼铃》《瞬间》《蓝色档案》《小城春秋》《子夜》《闪光的彩球》《东厂喋血》等电影，但观众还是喜欢这部60多年前的电影，喜欢这个小老大角色，对于演员来讲，应该说是值得欣慰的。

在拍戏之余，我也尝试着在不同的艺术领域涉猎：朗诵、配音、写作、戏曲、歌唱……说起歌唱，我记得那还是在20世纪50年代，周恩来总理提出，电影演员一到要唱歌，总不是自己的声音，为什么他们不能自己唱呢？这个话蛮打动我的，也一直成为我的心结。1979年春节联欢会，会唱歌的康泰老师因突发心脏病无法登台。"梁波罗，你平常也哼哼曲子，上台唱一首吧。我们给你提词。"在同事的鼓动下，没有乐队，和着手风琴伴奏，我登台演唱了一首台湾民歌《卖汤圆》。一曲唱毕，由此一发不可收。我潜心向上海乐团

▲ 2022年，在孙道临铜像落成仪式上，梁波罗诵读纪念孙道临的诗歌《没有谢幕的时候》

男高音歌唱家刘明义老师学习声乐，以情代声，以声传情。1983年，中国唱片公司广州分公司为我录制了第一盒歌曲专辑《梁波罗独唱歌曲》，成为新中国成立后电影演员出版歌唱专辑的第一人。

我最出名的角色叫"小老大"，那是在我们上影演员剧团诸多艺术家的帮助下完成的；演唱的歌曲最出名的是"卖汤圆卖汤圆，小二哥的汤圆是圆又圆……"缘起也是我们剧团的前辈。两者都是"小"，就好像我在我们剧团前辈孙道临、刘琼、李纬、高博、陈述的眼中，永远是一个后辈，尽管我已经年至耄耋了。回忆起我和剧团的情缘，尤其是1992年我得了一次大病，剧团每个星期五的例行大会上，都要先谈我的病情进展。这样一个集体、一个大家庭，怎能不让我为之奉献！在剧团成立70周年之际，我想说，艺海无涯，我愿永远做上影演员剧团巨轮上的一颗小小的螺丝钉。

终于回来了

◎ 严永瑄

严永瑄，1939年出生。曾任上影演员剧团副团长。主要作品：电影《快乐的单身汉》《莺燕桃李》《天王盖地虎》，电视剧《心居》《上有老》《天下无双》。

我爱上影演员剧团
我愿为剧团作更多
的事 感谢剧团对
我们的关心和照顾
严永瑄
2022.2.22.
星期二

我 1962 年毕业于上海电影专科学校，我们学校是 1959 年成立的，首任校长是张骏祥导演，布加里老师是我们的表演系主任，凌之浩老师等许多剧团的老师给我们上过课，我们感觉特别亲切，不像一般大学的老师有一种教授的感觉，他们都把我们当孩子。那个时候学校也会请一些老艺术家给我们讲课，印象最深刻的是张瑞芳老师。我们当时围在一个大屋子里，瑞芳老师同我们讲她 18 岁的时候演《放下你的鞭子》，讲她后来怎么到重庆，一直讲到剧团拍戏，对我们人生、艺术的道路都起了非常大的教育和启发作用。

我从事表演可能和我的家庭氛围有关，我的小哥严翔、大哥严家祥都是上海戏剧学院毕业的，但我小的时候并不想当演员，在中学的时候，喜欢运动，是学校篮球队的一员。那时候学校注重培养学生的兴趣，尤其是文体方面的。我还学过航海运动舢板，在一次比赛中当舵手。后来学校成立摩托艇运动队，我也被选中了。1959年的时候举办全国第一届运动会，我还被抽调出来集训。当然这都是课余时间，我的梦想是成为一名人民教师。

因为参加比赛的原因，我高三没念，同学们都准备高考了，我想着只能复读一年。就在这时候，上海电影专科学校成立了，哥哥就让我赶紧去考，于是他们教我朗诵、做小品。电影专科学校把考场设置在了中国福利会儿童艺术剧院，上海戏剧学院就在对面，我就两边跑两边考。结果戏剧学院的考试我通过了，胡导老师还找到我哥哥让我去戏剧学院，不过填志愿的时候，我还是把第一志愿填了电影专科学校，我也非常幸运地被上海电影专科学校录取了。

电影学校的老师在我们入学的时候就对我们讲，将来毕业的时候，都能进上影演员剧团，因为本身就是为上影培养的人才。在校期间，我拍了两部电影，第一部是《养猪姑娘》，那时候为了向三八妇女节献礼，拍了三个短片分别描写农民、工人和知识分子，凑了一个大电影《她们的心愿》，这是其中一个。朱曼芳演的是白杨、蒋君超导演的

▲《上影画报》1960年第3期，封底为《养猪姑娘》剧照

《只要你说一声需要》，还有一部叫《螺丝钉》。拍《养猪姑娘》的时候，我真的是什么都不懂，都是老师手把手教我。不过我小时候在大山里待过，农村里的生活倒也不感到陌生，我还敢和猪"打交道"，后来我的一张抱着猪的剧照还上了《上影画报》的封面。

在 1962 年毕业前夕，我又参与了《数风流人物看今朝》的拍摄，这是一部以工人王林鹤为原型的戏；特别有幸和赵丹、王丹凤、白穆、齐衡、张伐几位老师合作。没戏的时候，我们都会在旁边看着，印象最深的就是赵丹老师演的角色搞技术革新，搞了很多次都失败，最后终于成功了，转过身看到齐衡老师演的党委书记激动得流下眼泪，我们看得也很激动，看这些老前辈演戏终身受益。

我跟赵丹老师也很有缘分，有一次在大木桥拍戏拍到很晚，公共汽车也没有了，赵丹老师就问我住哪里，还说我们俩一块儿走，在路上，他激励我："你们很幸福能在专业的院校里学习，一定多下功夫，今后塑造出有光彩的角色。"走到复兴路口，赵丹老师还问要不要送我回去。我们有个同学叫邹安祥，跟赵丹老师有点像，有一次赵丹老师请我们到他家，还跟黄宗英老师说："你看谁来了？这是我儿子！"那时候的大演员还是那么真诚、那么随和地对待我们这帮小朋友。

毕业之后，是国家困难的时期，各个单位都缩减了，我被分配到南京空军政治部文工团，直到 1969 年，才回到上海，先当工人，后来又从事技术工作。

1981 年，上影厂要拍《七月流

▲ 电影《七月流火》剧照

火》，经同学推荐，叶明导演叫副导演陈蝉找到了我。我好久没到上影厂，一到那里看到的都是老同学、老师，特别亲切，他们都说："你怎么不回来？"在那部戏里面，大家都很关心我，之后有戏也会叫我，我就又拍了《忘不了你》《闪光的彩球》《快乐的单身汉》《祸起萧墙》等。当时我还在邮电研究所，参与拍摄了那么多电影，也是挺有意思的。大家都很热心，希望我能回到上影，就一起想办法，白穆老师说："我完全支持你！"凌之浩老师、张庆芬老师和许多同学向瑞芳老师说了我的情况，朱曼芳就带我到瑞芳老师家里，当时瑞芳老师是团长，铁牛老师是书记，他们对我加入剧团很支持。经过徐桑楚厂长的批准，1983 年，我正式加入了上影演员剧团。在办手续的时候，厂里人事处找我谈话："你进剧团，主要不是演戏，要做行政工作。"要我写书面保证，我就写下："服从组织分配，叫干啥干啥。"能进剧团就很高兴了，当然听组织的。但是没想到，因为铁牛老师要离休了，让我接替铁牛老师的工作，担任支部书记，我真是受宠若惊啊。

那时，向梅老师是团长，吴鲁生是副团长，我们一起工作。同时，我也参与了厂里的电影拍摄，譬如《莺燕桃李》《地狱·天堂》《天王盖地虎》《女市长的私人生活》。我给自己定位，就是一个剧团的服务员，为老老少少服务。这段时间，让我印象最深刻的是两位老同志入党：孙景路老师每年"七一"都会写一份入党申请书，吴茵老师也有这个期望，这件事受到了上海宣传部门的领导陈沂的关心，我知道了之后就跟瑞芳老师说，经过支部讨论，向党委书记马林发汇报，他们都很支持，让我去和两位老师谈谈。因为一些历史原因，两位老师一直没入党，但是他们在晚年依然热爱党，还有入党的想法，我们觉得非常难得。经过组织批准，两位老师光荣加入了中国共产党，我和瑞芳老师特地到医院把这个喜讯告诉吴茵老师，她已经挂双拐了；孙景路老师身体也不太好，她有尿毒症，每个星期都要去医院。两位老师都激动得不得了，她们终于在有生之年实现了多年以来的夙愿，这件事情对我们教育很大。

我们在任期间，剧团也吸收了一批新人，北京电影学院毕业的张晓林、严晓频、张康尔，峨影厂调来的张丰毅，还有吕丽萍、李婷、于慧……宁静那时候也在上海戏剧学院，我们觉得她条件好，就向厂里推荐，把她也调来了。还有

▲ 穿上军装的严永瑄

夏菁，我们很喜欢她，想把她也调来，可惜她到北京去拍《红楼梦》了，否则就把她留下了。现在还经常能在剧团的活动见到夏菁，她帮着佟团一起为我们服务。

上影演员剧团有着光荣的传统，特别是在老前辈、老艺术家的言传身教下，相处融洽，互相关心爱护，紧密团结。能在剧团工作，我感到很荣幸。我是在剧团的教育下从学校毕业，又是在同剧团前辈的合作中熟悉银幕，更是在剧团老师的帮助下能够在离开上影那么多年之后重返剧团。虽然已经退休了，但是剧团的历届领导都对我们老同志关心爱护，我们也始终把剧团当成温馨的大家庭。2023 年是我们剧团成立 70 周年，祝我们剧团在佟团领导下再创辉煌！

师者如光，微以致远

◎达式常

达式常，1940 年出生。主要作品：电影《年青的一代》《难忘的战斗》《东港谍影》《人到中年》《谭嗣同》《燕归来》等，电视剧《走进暴风雨》《你为谁辩护》《上海故事》《AK 行动》。

还是那句话
今生没演够
来世再享受
达式常
二〇二三

年少时，我曾读过高尔基的小说《童年》《在人间》《我的大学》，应该说，我的童年伴随着新中国的诞生，大学则是受教于上海电影专科学校，最后在上影演员剧团这个"人间大学"退休毕业。我从一个普通家庭出生的孩子，成长为一名电影演员，真的是感恩中国共产党的培养，感恩上影演员剧团的诸多前辈老师在表演道路上给予我教诲、帮助和鼓舞。我们上影演员剧团之所以能够 70 年屹立不倒，与这些前辈艺术家为中国电影创造的辉煌是分不开的。

1959 年，当我高中毕业，看见新建的上海电影专科学校招生的消息时，真是心花怒放，那时我年轻的心里已经在涌动着做演员的梦想，于是赶紧报考，结果很幸运，我被录取了。校舍就在西郊动物园的附近，曾经是一栋私人大别墅，白色的大平层房，绿色的大草坪很有情调。为我们上课的老师大都是从上影演员剧团调来的老演员，有布加里、凌之浩、路明、孙玲、莫愁、林榛、张庆芬、王静安、梁明、傅惠珍等。

▲ 剧团前辈布加里

布加里老师是我们的班主任，她在解放战争初期就参加革命，1949 年后在部队文工团任演员。她在电影《上饶集中营》中扮演的英勇不屈的女战士陈芝瑛和在《南征北战》中扮演的革命老区的农村大娘都给观众留下了很深的印象。

凌之浩老师是唯一的男老师，他身材高大，形象气质俱佳。凌老师是 1949 年后进入上影的，1952 年，他曾和冯喆、铁牛、孙道临等 13 位男演员赴朝慰问，在战火中接受淬炼。回国后，又同他的妻子沙莉以及布加里老师被选送到北京电影学院进修两年，由苏联专家授课，系统学习戏剧大师斯坦尼斯拉夫斯基的表演理论体系。结业汇报演出的剧目是莎士比亚的喜剧《第十二夜》，获得领导和观众的好评。他到学校来任教时才 30 多岁，是男演员的最好阶段，可他听从组织安排，全心全意投入教育事业中，燃烧自己，点亮学生，让我们受益终身。

3 年学习很快就到了最后也是最重要的一个阶段——毕业公演，学校决定排演莎士比亚喜剧《第十二夜》。在宣布角色扮演人员的名单时，我大吃一惊，让我演小丑费斯特，天哪！我不是开心果似的人，而是有些少年老成。当然，每个同学都将面临很大的困难，剧中人的一切离开我们十万八千里啊，我们能挑起这副担子吗？但布加里、凌之浩老师胸有成竹，他们在北

▲ 年轻时的达式常

▲ 达式常在话剧《第十二夜》中扮演小丑费斯特

京电影学院苏联专家培训班的结业作品就是《第十二夜》；回到上海后为了传播发扬学习的成果，上影演员剧团组织排演了《第十二夜》，演员有张伐、卫禹平、孙道临、秦怡、沙莉等，导演就是凌之浩、布加里，演出很成功，周总理、陈老总都来观看并给予鼓励。所以，到我们这儿已经是第三次了，可我们这群稚嫩的大学生能经得起这场考试吗？但老师们认为学校是培养人才的摇篮，要有攻坚克难的勇气，才能使青年人得以茁壮成长。我们把前两年学的重要的基础知识如信念：魔力的假使、任务与动作、速度与节奏、干什么、为什么干、准备怎么干……都贯穿在排练中。老师们把他们前两次的排演心得、有关的历史资料和剧照都提供给我们阅读了解，让我们逐渐建立信念走向角色。以我来讲，就是抓住了生活在社会底层的一群小丑，是为了谋生，为了养家糊口，才忍受着这一切。但费斯特不属于侏儒那一类型的丑角，他是个健全的人，而且聪明能干，能唱会跳，还会一些杂耍，甚至还会说出俏皮的带点哲理的话。他知道要不断地提高自己的技能才能求得主人的欢喜，当抓住了人物核心的东西，也就抓住了纲，纲举目张，我开窍了。各种人物行为的设计从心中涌出，然后我请求导演老师的认可与指点，请舞蹈课老师、舞台动作技能老师指导训练，甚至还走出校门去杂技团，请魔术师帮助实现我的设想。总之全组的同学经过几个月的磨炼，终于发生了蜕变。彩排的那晚终于感受到了历经磨难终获成功的喜悦，我们做到了赵丹老师讲的"演员要有人物所独有的体现手段，进入人物可以有各种方式"的高见。

毕业公演如期进行，前辈艺术家赵丹、张瑞芳、卫禹平等都来观看演出，卫禹平老师还专门在报上发表文章赞扬我们，赵丹老师上台祝贺演出成功时，握住我的手说："功夫不错啊！"我心里真是乐开了花。

毕业公演结束后，有一天，布老师找我谈话，说海燕厂有个戏叫《兄妹探宝》已经开拍了，他们组要请我去演一个种桃子的农民。第二天我就去海燕厂报到，并在会计科领取了半个月的工资 20 元 5 角。天哪！这来得太突然了，这 20 元 5 角表示着海燕厂已经在敞开大门向我招手了，只要一年的试用期，我的梦想就实现了。我惊喜的同时，也意识到自己长大成人了，可以为我清贫的家庭承担起一份养育父母的责任了。

1963 年，华东地区话剧汇演在上海举办，上海戏剧学院排出了一台响当当的戏《年青的一代》，主题是写老一代革命家、共产党人前赴后继打下的江山在革命年代、在未来年轻人的手中是否能永葆本色不变。这部话剧在全国引起强烈的反

▲ 电影《年青的一代》剧照

响，也受到中央领导的重视。《年青的一代》汇演后，我们剧团也排了这台戏，还到南京等地巡演，导演就是凌之浩老师。1964 年厂里决定要把这台戏搬上银幕，我竟高中头彩，被挑上扮演男主人公烈士遗孤林育生，这部电影里与我合作的演员有温锡莹、赵抒音、沙莉、杨在葆、朱曼芳、曹雷、顾正勇等，而凌老师也在剧组双肩挑，又出演地质队队长，又担任副导演，主管演员的表演。我的机遇真是太好了！

但是好事多磨啊，由于舞台上已演出过，所以进入电影厂拍摄也还顺利，可到了关键时刻出状况了。在拍摄全剧最核心的重场戏时，林育生痛读遗书时声泪俱下的激情没能出现，为了让我们酝酿情绪，导演命令关灯，黑暗中我更感到孤独难耐，整个摄影棚的人都在等待我、看着我，我压力很大。这时，凌老师悄悄坐到我身边，轻轻地对我说："这种事情在拍摄现场经常发生，杂念越多戏越是出不来。"他慢慢引导我平复心情进入戏中，说："'育生'就是'狱生'，你是在监狱中生的，母亲在牺牲前给你留下了这遗书，殷切期望你长大之后听党的话，跟党走，千万不能忘本……"说着说着，凌老师不能自已，我也被感染激动了起来，才完成了这场戏的拍摄。在我最困难痛苦的时候，是凌老师帮我渡过了这一关，我感激不尽。谁当想 10 年之后又要重拍《年青的一代》，原班演员只留下了我一个，还演林育生，凌老师改任导演，原导演赵明校长担任艺术顾问，这也是影坛比较罕见之事啊。

这以后，和凌老师在一起拍戏的机会少了，但生活中的一件事我却至今不忘。凌老师和沙莉老师是影坛出名的模范夫妻，携手走到 50 年金婚的时候，二老想要好好办一个庆典活动，但年事已高、力不从心，又得不到帮助，心情很是烦闷。后来我们学生得知此事，就决定由我、朱曼芳、严永瑄来负责操办。我们找到了热爱电影的朋友薛先生，联系了一家酒店，提供了很好

▲ 凌之浩、沙莉金婚纪念

的活动场所，又请搞喷绘的民营企业家石刚和他的夫人、著名沪剧演员倪幸佳，喷制了真人般大的彩画，把过去穿婚纱的结婚照以及二老美丽幸福的生活照摆放在会场，让来客惊叹不已。剧团的前辈、二老的好友张瑞芳、刘琼、乔奇、舒适、凤凰、艾明之、陈述、岑范等人都来了，杭州的、上海的学生也赶来了，二老的儿孙也都来了。欢声笑语，喜糖蛋糕，所有的人都沉浸在欢乐幸福之中，二老更是笑开了花。在回家的车上，瑞芳老师感慨地说："哎，可惜我和严励差了两年，没赶上金婚。"刘琼老师说："他们俩有福气，我没有学生享受不到。"我说："虽然您没有直接给我们上过课，但您的作品就是教材啊！""是吗？"他笑了。当时我说的是真心话，我最早记住刘琼老师的名字，是在高中看了电影《海魂》之后，他把一个国民党的两面三刀的舰长演得入木三分，特别是表演中有一条白手帕的设计，让我感受到了细节在演员表演创作中的重要性。

刘琼老师穿着讲究，很有洋绅士的派头，但为人和气，从不张扬。有时候他与众不同的想法，会让你惊讶，有一次在厂里看完片子后，他曾对我说："小达子，我建议你以后拍戏做案头的时候，把准备好的台词录下来，交给导演听，看导演有什么意见。"刘老师不光是建议我，他自己也是这么做的，谢晋导演拍《牧马人》的时候，请他演男主角许灵均的父亲，一个长年侨居在美国的父亲。他就是把台词认真录音后交给谢导听，然后再共同推敲，加以改进，以体现出这一个父亲的性格、感情。一个20世纪30年代就进入电影界的老艺术家，执导了《51号兵站》《阿诗玛》等脍炙人口的影片的著名导演，能如此一丝不苟、精益求精，真是让我佩服啊。

过去我们常说一句话，继往开来，这是对青年寄予厚望。让人高兴的是，我们剧团的年轻人做得很好，有的同志取得了很高的成就，如：女演员何琳曾获国际艾美奖，成为第一个获此殊荣的亚洲女演员；王景春曾先后荣获东京国际电影节最佳男演员奖、柏林国际电影节男演员银熊奖，真是可喜可贺啊！更多的人虽然没有获得这样的荣誉，但也在各自的岗位上努力耕耘，甚至跨行在导演、编剧、制片人、舞台管理等方面开发自己的潜能，真让我佩服。现今我虽然老了，不能在第一线上工作了，我仍要努力做一些力所能及的事。表演事业是我的最爱，我愿为之奉献，通过几十年的艺术实践，深感语言的修炼对演员的重要，我们的前辈孙道临老师在语言上造诣之高至今无人能及，他永远是我们学习的榜样。现在有声读物很受欢迎，剧团又重建了录音棚，我想通过诵读经典发挥一点自己的能力。老中青聚在一起共同学习磨炼提升语言修养，在剧团领导的支持关心下，克服了疫情以来的种种困难，花了一年时间制作完成了有声剧《牛虻》，剧团再次回到了学习的状态。在小小的录音棚，我们可以周游世界，严谨创作，不计报酬，沉浸在美好的创作

▲2015 年 10 月，首届上海公益微电影节开幕，达式常、王诗槐、崔杰、佟瑞欣等担任评委

▲2021 年，达式常等在重阳敬老活动为参与录制《牛虻》的演员颁发"台词进修班"结业证书

▲ 有声剧《牛虻》录制现场（左起：陈龙、佟瑞欣、达式常、崔杰）

氛围之中。

团长办公室里挂着一幅字"师者如光，微以致远"，我就是在"师者如光"中成长起来的，我深深地感恩。2021年的金秋，我去了北京布加里老师和她的丈夫王力先生（王老师曾担任电影专科学校的常务副校长）合葬在长城脚下的新四军墓园里祭拜，我和布老师的家人捧上鲜花，点上一缕香，把同学们各自的录音一一放给他们听，墓园十分安静，声波随风缓缓传送，我相信远在天堂的老师一定能听到学生们深切的思念，听到这些年学生们所做出的成绩，我坚信老师会喜笑颜开的。

2023年也是凌之浩老师诞辰百年，上海电影家协会和上影演员剧团联合举办了隆重的纪念大会，大家围坐在一起，回顾凌老师生前在影视剧及表演教育事业上的成绩，赞美他的高尚人格，重现老师在各个时期的音容笑貌，给人以极大的温暖。

"师者如光，微以致远。"

剧团的"二姑奶奶"

◎张文蓉

张文蓉，1940年出生。主要作品：电影《李双双》《见面礼》《女人的故事》《阙里人家》，电视剧《围城》《重返石库门》。

剧团就是我的家，
我爱我家！
张瑞芳
2022.9.8.

我很幸运，在1960年，我20岁的时候就加入了上影演员剧团，形体声乐都是在进了团之后再受到训练的，那时候剧团为了培养年轻演员，请了声乐老师、舞蹈老师。我就很欣慰，到现在剧团还是这样有非常好的团风。可以这么说，我是张瑞芳老师一手带出来的，是在她的关心下成长起来的。

举个例子，在拍《李双双》的时候，有一场戏，李双双跟我的妈妈吵架，我又跟李双双很要好，所以处在一个尴尬的位置。这场吵架又不是穷凶极恶地吵，我该怎么摆正角色之间的关系？瑞芳老师就带领我们每天早上练习吵架，我们一起床，先不洗漱，每个人坐在每个人的床上，开始吵。我就一会儿"妈，你别这样！"一会儿"双双，你别说了"。第一次拍电影我就遇上了这么好的老师，我真是幸运。从瑞芳老

▲ 电影《李双双》剧照

师身上我看到了很多，也学到了很多。所以剧团回到武康路的时候，我一定要给瑞芳老师献一束花，一束花不重，但是寄托了我对瑞芳老师的思念。当初在《李双双》剧组里，谁也不认识我，瑞芳老师就主动说："你们老是找不到这个年轻孩子怎么办？"然后就推荐我，她说剧团新来了一个演员，特别像中学生。导演就来找我了。瑞芳老师跟我说："孙桂英这个角色气质比较特别，她是乡下人，可又是中学生，跟乡下人不一样，跟城里人也不一样。"她就带着我下生活。这是我第一部电影，什么都不懂，在现场有强光对着眼睛的时候，瑞芳老师就会告诉我，你要睁大眼睛。如果我睁不开，她就说把眼睛闭起来，对着太阳。这么小的细节，瑞芳老师都会关心到。我学到了很多，不是两眼一黑就到剧组的感觉。瑞芳老师当时家住在高安路，楼下就是百货店，有一次她带了一样新买的日用品，我们都很喜欢，第二天她就送给我们每人一份，这真是太亲切了。

瑞芳老师还非常关心我的爱人吴贻弓，我对她这点非常佩服。吴贻弓因为某些原因，很多人对他有看法。瑞芳老师是老艺术家、老革命，很早就参加革命文艺工作，可她思想很开阔，没有觉得这人有什么问题，对吴贻弓非常好。瑞芳老师和鲁韧导演在创作上经常会有矛盾，一个是想把李双双塑造得大大咧咧，什么都要管；一个觉得这样拍可能会有点过。每到这个时候，摄影师就会往机器上一趴，意思是你们去商量吧。瑞芳老师就会问："小吴，你说说哪个方案好？"吴贻弓吓死了，他刚从电影学院毕业，是个助理导演，哪里有他说话的份？但吴贻弓还是说了，不说他也难受，"我觉得瑞芳老师这个好，比较忠于原著"。鲁韧导演就拍了。晚上回到宿舍，鲁导演就说："小吴，你过来一趟，你是导演组还是演员组？"吴贻弓紧张了，"我可不是演员组的！""那你怎么跟他们演员组一个意见？"吴贻弓就傻笑，想解释也不好解释，鲁韧导演也不追究，大家都是为了戏嘛。

▲ 电影《见面礼》剧照

　　当然，还有许多老师对我有很大的帮助。像韩非老师，我一看见他就想笑，让我和他演一对，怎么演？他就跟我在生活中培养感情，让我放松，没大没小地相处，有时候我和别人说话，他就会偷偷进来，暗示人家别说话，然后吓我一跳。我跟他的距离就拉近了，有时候我不理他，他就主动来找我。如果不这样，我怎么跟他谈恋爱？在《见面礼》这部片子里，还有孙景路老师，他们俩是老搭档了。我和韩非老师的戏，孙景路老师就在旁边看，然后给我提意见。林彬老师也对我很好，她晚年行动不方便，我一个月不跟她打电话她就要不开心，拿起电话第一句话就是"我错了！我错了！"有的时候我就和向梅把饺子包好，找一个像月饼盒子一样的铁皮盒，给她拿过去，"老太太，我们给你饺子包好了"。她就不骂我们了，开心得不得了，都像老小孩一样。高博老师也是的，我和他拍了《月随人归》之后请他来我家吃饭，他有点血脂高，爱人老管着他，到我家之后我就说难得一次，放开吃，他把红烧肉吃得干干净净。我们的老师都是这样，我们尊重他们，他们也很爱护我们，他们没架子，就像我们的亲人一样。

▲ 张文蓉与丈夫吴贻弓向张瑞芳铜像献上鲜花

我在 20 世纪 80 年代还拍了一部电影《苦恼人的笑》，我的对手是白穆老师，戏里要我打他，我就想：白穆老师可好了，你们来，我不来。我的儿子吴天戈也喜欢白穆爷爷，有一次在厂里遇见白穆老师，还问他："白爷爷，你怎么不来我们家吃葱油饼？"白穆老师就说："小王八蛋，我不走不开吗？你哪壶不开提哪壶？"可是演员毕竟要完成任务，我还得"打"白穆老师。现在回想起来，虽然就那么一两场戏，但我还是认真去演了。这部戏还有一件趣事：我那时不会抽烟，但演的角色叫"吸烟女人"；他们就说，我的样子做得挺好，因为吴贻弓老抽烟，我向他学的。在现场，每拍一次我都抽几口，然后下一次就要换新的了，包括应福康在内的摄影师就跑过来，抢我吸剩下的，因为我们用的是中华牌，好烟啊，这把我笑的，他们太可爱了，几个人就在那儿等着我抽烟。

这里再分享两个小故事。我在剧团还有一个外号，叫"二姑奶奶"。那是因为富恒智导演了一部戏，在中山拍摄。我和向梅、周以勤都去了，到了之后我们就给他提意见，小富后来头疼了："哎哟，大姑奶奶！二姑奶奶！你们别跟我提了好吗？"从此就叫开了，挺亲切的。第二就是，剧团以前每个礼拜五要集合一次，不拍戏的都要来，有一次接到电话，是崔杰打来的："你在家待着吧，今天不用来开会了。"我说："今天会取消了啊？""取消倒是没有，我们一会儿来给你传达，你把葱油饼准备好！"哈哈，这就是我们剧团！

▲2018 年，剧团演员在虹桥路广播大厦合影，二排左四、左五为张文蓉、吴贻弓夫妇

表演和配音织就的人生

◎曹雷

曹雷，1940年出生。主要作品：电影《金沙江畔》、《年青的一代》、《茜茜公主》（配音）、《非凡的艾玛》（配音）。

爱心中的
艺术
而不是艺术
中的自己！

曹雷
2022年11月2号
上影博物馆

我在16岁的时候就与电影结缘，参演刘琼、强明导演的《两个小足球队》。在这部影片里，我和赵丹的儿子赵矛饰演学生。当时，我还在复兴中学，学校里有话剧团，祝希娟比我高一级，那时候我们就喜爱表演，排演话剧了。

后来，我考取了上海戏剧学院，毕业公演的时候，我演了《玩偶之家》和《上海屋檐下》，正好上影厂导演傅超武为筹拍新片《金沙江畔》挑选演员，来看我们演出，就把我选上了。很荣幸，在还没分配的时候，就已经挑大梁主演这么一部电影。我体验了从未体验过的生活，外景在阿坝高原，在雪地里面工作很艰苦，平地走路就像爬山那样。我们道具组的那些年轻人，为了拍摄雪地里红军留下脚印的特写，就拿手在地上摁，因为部队的鞋子大，他们的鞋子小，抠完之后手都发黑了。1963年的时候生活也艰苦，我们就吃藏族的粑。天气冷，鼻涕留下来全都冻成冰了，坐大篷车开到山上，我就用一条人造纤维的大围巾裹住整个脸，摘下的时候外面就是一层冰，是我呼出来的气结冰了。还要

▲ 电影《金沙江畔》剧照

练习骑马，马是借来的军马。我穿着藏族衣服，那马根本不让我挨身，它只认军装，一定要部队的人过去才服。我一上去，马就把我掀下来，还好是雪地，摔着不太疼。最后解放军把马拽住，把我推上去，我勒着马的缰绳，勒紧了，马还是不让我挨身，非要把我掀下来不可，可犟呢，有一次我摔下来，人都快傻了，有点脑震荡。在剧组，我还结识了冯喆老师、穆宏老师、赵抒音老师、张伐老师、齐衡老师，齐衡老师对我可好了，他当时已经是中年演员，经常演一些老生，要是没戏，他就总带着我去爬山。这些老师们轮番缺氧，送到当地的军医院，有时候拍戏还得带个氧气袋，我是最年轻的，倒还好。说起来，一个青年演员，刚从学校毕业，不知道什么去向，就能体验这样的生活，真是太难得了，不仅体验了藏族生活，更是锻炼了自己。

拍完电影，我就回到上海，正面临毕业分配，我一开始是留校当老师，之后戏剧学院成立了教师艺术团，让学校的老师在教学的同时还能有实践，团里的演员全是学院的老师，像卢若萍、邱世穗、魏淑娴。后来我们就排演陈耘老师编剧的《年青的一代》，正好赶上当时的形势，到祖国最需要的地方去。结果，这台话剧引起轰动，各个大学的毕业生都来看戏，我们一下子演了几十场，实验话剧团也排了一台，戏剧学院之后的毕业班也排了一台，好几台一起

▲ 电影《年青的一代》剧照

▲ 电影《两个小足球队》剧照

上演。我那时候也没怎么教书，就每天演《年青的一代》，实验话剧团排的时候也把我借过去演。正在上海的空军司令员刘亚楼上将看了这戏，觉得剧本很好，提出用空政话剧团的话剧剧本《年青的鹰》和上海戏剧学院交换，把这个剧本带到北京让空政排一台。很快，空政话剧团在北京演出的《年青的一代》一下子打响了。

市里面说，既然是上海的原创，就由上海来拍成电影，我就以上海戏剧学院助教的身份来到天马厂参加拍摄，从最早舞台上的林岚一直演到电影里的林岚。多少年之后，还有人回到上海之后特地到永嘉路译制厂门口等着，传达室问他们干吗，他们说要找曹雷，电话一打我就出来了，他们说就是听了我的话，才去那么远的地方，这次回上海探亲，一定要见见我。因为最后一场戏我对着镜头喊："爸爸妈妈再见！老师同学们再见！我们离开你们到不同的岗位上去，像种子撒在大地上那样生根发芽，开花结果……"导演对我的要求就是要把整个场子燃起来，那段话给人留下的印象的确是挺深的。

我 1965 年进入上影演员剧团，又从上影演员剧团调到了导演部门再到上海译制厂。在导演部门，我就从场记做起，又当副导演，后来生病了，就有人让我早点退休，我有点不甘心，觉得自己既然不能跋山涉水出外景，可以去搞配音，因为之前上译经常来剧团借演员，我就配过《罗马之战》，还是挺重的角色。道临老师、温锡莹老师、朱莎老师都常去配音，还有林彬老师配的《第六纵队》可精彩了，我看了不知道多少遍。

▲ 曹雷与孙道临共同朗诵

到了译制厂之后，我一边治疗一边工作，慢慢身体恢复了，就有人来找我，问我能不能演话剧，我说戏不重可以，毕竟也想再过过瘾。其实，拍电影、演话剧、配音都有相通的地方，不过我自己演的戏，自己不太愿意配，总觉得配不好，拍戏的时候那种自然的气息，在话筒前很难表现。配音跟塑造一个角色的基本规律是一样的，要去体验，走到人物心里，不是找到口型说就行了，要重新体验一次人物。我特别反对拿腔拿调，只要一有"翻译腔"，就好像是译制厂的，这是不对的。有一次，要配一个女巫，我就对弟弟的女儿念台词，她那个时候很小，听着听着就往后缩，缩到沙发的角落里，"哇"地大哭起来，我把这个小家伙吓得够呛，但心里觉得，感觉找到了，让人觉得恐怖，女巫说的话就是要让人发瘆。

在我当了译制片导演之后，我还和孙道临老师合作过，他来录《战争与和平》的旁白，我就站在他旁边。那么大的演员可以做我长辈了，但他却还是很认真，非常尊重我的意见，就像是一个新手。电台让我做音乐家的节目，我就写故事，他们提供材料，然后组成广播剧，我就想到道临老师，他喜欢音乐，可想录了，录着录着他就唱起来了，唱舒伯特的小夜曲，唱《菩提树》。

"门前水井旁边，有一棵菩提树……"

一个辉煌的成就

◎孙渝烽

孙渝烽，1940 年出生。主要作品：电影《南昌起义》、《革命军中马前卒》、《佐罗》、《望乡》（译制导演）、《国家利益》（译制导演）。

象是最温馨的。任何人都离不开家。上海电影演员就是这样一个温暖、温馨家。我就生活在这个大家庭里快乐成长起来！

我爱这个家！

孙渝烽
2022.11.23.

1963 年，我从上海电影专科学校毕业就分到了上影海燕厂，报到的时候，就有师哥跟我讲，你们都是属于演员剧团，有什么活动都是跟着剧团走的。我当时住在厂里，叫三角地集体宿舍，三角地有一个"天鹅湖"，每天清晨可以听到刷马桶的声音，晚上可以听到蛙叫声，还有蚊子的嗡嗡声。有一天，我遇到了电影专科学校的表演系主任布加里老师，布老师说，剧团正在永福路 52 号筹备，以后会给我们整理出一间房间，让我们这些光棍都搬过去。没多久，大约在 11 月底，我们就从三角地厂宿舍搬到永福路 52 号居住了。真没有想到我们住进了花园洋房——一幢欧式的别墅，我们住的那间宿舍里还带有卫生间，达式常、周康渝、达式彪、徐俊杰、徐阜、美工师王大光和我，我们 7 个人住在一起也不觉得挤，平时自己炒个菜蒸个饭吃，闲来锻炼身体，一住就是 5 年。永福路还有一个大的游泳池，康泰、陈述、茂路几位老师经常来这里游泳，后来剧团的"大管家"朱江说游泳池换水花费太大，比你们去游泳馆买票花费还大，就停掉了。

▲ 电影《革命军中马前卒》剧照

我记得，我们在剧团还和"电影皇帝"金焰打过乒乓球。金老师就住在复兴路，离我们 52 号很近，有一天他过来一看，说："你们这儿很不错啊！"我说："我们每天晚上都在这儿打乒乓球，欢迎您也来一起玩！""太好了！"金焰老师当时穿戴整齐，短袖香港衫和西装短裤、袜子、皮鞋，很正规，慢慢地，他就开始穿球鞋来了，再慢慢地把衬衫也脱了，最后跟我们一样穿背心短裤，非常有意思。有一次他还发现一个日光灯老是不亮，我们告诉他上次电工来看过，说可能是管子的问题。那天礼拜天，金焰老师来的时候腰上绑了一个工具袋，里头有螺丝刀、钳子等非常齐全。他要上乒乓桌子去看看，我们几个人赶紧扶着他，他仔细检查了一遍，说是一根线要换。我们就准备要去找根电线，没想到金老师自己已经带了一根，很快就换好了，还用胶布绑好，我们一开灯，就亮了。我们说："金老师，您是大演员，还会修电灯？"他说："你们不知道我们老一辈演员所有生活上的那些事情都懂，你们也要学会，将来演戏的时候就不会有负担。"

还有张翼老师也是这样的，在"五七"干校时他的床底下有一个小工具箱，里面锉刀、钢条锯好多小工具应有尽有；我的套鞋坏了，我说只能回上

▲ 话剧《南海长城》剧照

海去补，没想到第二天他就从破轮胎上剪了一块皮，然后拿锉刀一锉，胶水一粘就搞定了。他对颜色还不大满意，之后休假回去又带了一块黑色的胶皮重新给我换上，认真极了。陈述老师在这方面则是个全能，他会把自行车全拆了，轮子上的弹子拿出来加油，然后又装回去；还教我晚上在浴室里面怎么冲洗放大照片。最有意思的是，有一次我和陈述老师、曹铎老师、于飞老师一起吃饭喝啤酒，要了一盆炒花生米，陈述老师一尝，"还缺二十秒火候！"老板不相信，回锅又炒了一次，果然就不一样了。老同志称他是万宝全书，有时缺一只角。剧团这样的能人很多。他们告诉我们年轻演员一个真理：演员生活经验越丰富，演戏就会越松弛，因为你没有负担。

跟老演员们在一起，会觉得非常温暖，他们总会在无形中教会你许多东西。我要讲讲我在剧团里做人从艺的三个标杆：道临老师、瑞芳老师和秦怡老师。1964年春节慰问演出的时候，我和剧团一起到部队演出，孙道临老师给我们排了个轻喜剧的戏，叫《一百个放心》。史久峰老师演爷爷，我演他孙子，刚参军的新兵。在剧中，我在部队学会自己缝袜子，爷爷来部队探望我，我随手把带针的袜子放在凳子上，请爷爷坐，一不小心扎到爷爷了。我们都觉得喜剧效果特别好。道临老师看了这段戏，他说这样不好。"你们怎么能让爷爷扎屁股呢？这多么不好。"于是帮我们修改，我看到爷爷要坐下去的时候，急忙喊停，爷爷就僵在那里，我就赶紧把针拿掉。这么一来，也有喜剧效果，同时也没有伤害到爷爷。道临老师对我们就说："在舞台上要表现美，喜剧也要高雅！"我联想到韩非老师也曾告诫过我："演喜剧一定要做到三点，不俗、不媚、不脏！"

瑞芳老师有几件事情让我

▲ 孙渝烽与孙道临、王文娟夫妇合影

一辈子忘不了：我们毕业的时候，南京前线、武汉人艺等好多单位都要我们，他们看了我们的戏，觉得我们条件都不错，但一看家庭背景，都不行。于是，瑞芳老师尽了最大的努力给电影局、电影厂人事部门做工作，说我们都是在红旗下戴着红领巾长大的，又经过表演专业训练，演员剧团正缺年轻演员，应该吸收我们。就这样，我们 10 个同学（郑梅平、张雪村、吴文伦、黄达亮、孙栋光、祁明远、徐阜、姚德冰、包奎生和我）统统进入了上影演员剧团。1964 年，我又和瑞芳老师一起去安徽搞社教体验生活，安徽的条件极差，很多人家冬天就一条棉裤，谁出门谁穿。我住的那家的朱老奶奶，她十几年的老烂脚，都能看到骨头。瑞芳老师心很疼，就说，小孙你们无论如何想办法把老奶奶的脚治好。后来她问了来巡视的医生，要坚持用淡盐水每天洗干净，再敷上药膏包起来，这样才会慢慢收口。我就每天晚上用烧开的淡盐水冷却后给老奶奶洗伤口，再给她包好，几个月过去老奶奶的烂脚就慢慢不流脓了，也结痂了。瑞芳老师有一次去公社开会，问其他医生，医生说要用蛋黄熬油，抹了会长肉。她高兴极了，回来我们熬鸡蛋黄油，每天给老奶奶抹，大概过三四个月，老奶奶脚上的肉长出来了。后来老奶奶到处讲："演李双双的那个人把我十几年的老烂脚治好了，我一辈子都没想到！"在我们结束社教

▲ 张瑞芳、孙渝烽重访南塘大队

工作返回上海时，瑞芳老师还特地把我们 5 个演员集中在一块儿，让我们排一套节目，无论如何把南塘公社十八个大队去走一遍，老百姓已经好多年什么演出都没看过，一定要让他们看个文艺演出。我、顾也鲁老师、康泰老师、吴云芳老师、曹雷就每天换一个大队演出，顾也鲁老师那时已经 50 多岁了，跟着我们一块儿扛着行李一个大队一个大队巡回演出。有时农民白天要生产，我们就晚上演，找来八张八仙桌搭一个台，四周吊 4 个煤油灯。演出很受欢迎，所以为工农兵服务不是一句空话，那时候我们真真体会到为他们服务的必要性。瑞芳老师后来还表扬我们，还给局党委说。我感觉她对很多事情都十分关心，晚年的时候她住在华东医院我常去看她，那天正好秦怡老师也去看她，她就拉着秦怡老师的手，说："记住，上影演员剧团这个家一定要保住，不能打散！"秦怡老师说："我会坚持的！"两位老姐妹的手紧紧地握在一起！

秦怡老师也是在无私奉献，1999 年我退休以后，应邀去东海学院成立影视表演系，我就想着请瑞芳老师、道临老师和秦怡老师来当顾问，三位老师都同意了。而且给我定了教育宗旨："先做人，后演戏。"我一直坚持这么做。整整 7 年时间，三位老师都一直来看学生的汇报演出，秦怡老师鼓励孩子们："你们演得真不错，我在你们这个年龄演起来都会感到很困难。"一位大表演艺术家竟然会给给十七八岁的孩子这样鼓励！有一天她来看同学的毕业演出作品，晚上 1 点多了，秦怡老师又给我打来电话："我明天要到北京开会，想来想去，有一场戏你们改一下，女演员不要正面跑出来，让她背着观众慌慌张张地出来，这样才能带戏上场。"秦怡老师是多么认真，又是多么关心关爱孩子们。她 90 多岁还坚持登高到 4 千多米的山上拍戏，她把她的一生都献给了中国的电影事业！秦怡老师、瑞芳老师、道临老师永远是我的学习的榜样，永远是年轻演员"做人从艺"的榜样！

▲ 孙渝烽与秦怡合影

我在 1970 年后调到上海电影译制厂工作，去之前我对上译厂老厂长陈叙一说："我对剧团是有感情的，以后剧团有合适的戏，能不能也放我去参加？"老厂长说："可以啊！"就这样，我前前后后也在上影厂拍了不少电影：《南昌起义》《楚天风云》《特殊任务》《革命军中马前卒》《秋瑾》……我这一生一半在演员剧团，一半在译制厂，虽然到了译制厂，但跟演员剧团始终在一块，我很怀念剧团老一辈的艺术家，他们始终坚持着演员剧团不能散，要把这个温暖可亲的家维持下去，我们上影演员剧团的 70 年走过的是一条辉煌的路！上影演员剧团的历史将会永远记载在中国电影的史册里，中国的亿万观众会永远记住上影演员剧团众多老艺术家在银幕上所塑造的光辉人物形象，这些也将会激励我们永远为民族的复兴去努力奋斗！

澄怀观道塑艺魂

◎乔榛

乔榛，1942年出生。主要作品：电影《珊瑚岛上的死光》《R4之谜》，译制片《魂断蓝桥》《寅次郎的故事》《叶塞尼娅》《廊桥遗梦》。

澄怀观道

为上影演员剧团
建团七十周年题
壬寅秋日
乔榛

凡是上影演员剧团的重要活动往往都会想到我。不光是近几年，包括瑞芳老师、铁牛老师当团长的时候也都一直想着我。其实，我自己也觉得我就是一个上影人，一个上影演员，每次回来都像回娘家一样，特别高兴。

1965年我从上戏毕业，就来到了上影演员剧团。后来才知道，是瑞芳老师、道临老师到我们这届毕业班来挑选人才。老师跟我们说："把你们都要下来，你们不仅是接班人，你们是无产阶级革命电影的开拓者。"所以当初，我们觉得肩上的担子是很沉重的。作为年轻人，刚刚出学校，踌躇满志，同时也想到自己是一个典型的知识分子形象和气质的人，如何接好无产阶级革命电影的班？首先要改变自己的气质，好好锻炼，改造世界观，就是这样一个初衷，因为需要我们饰演的是工农兵的形象。

我被分到了海燕厂，我们对门就是天马厂，当时还不叫演员剧团，是两个演员组，后来才又一次合并成上影演员剧团。

▲ 年轻时的乔榛

一到海燕厂，厂领导知道我在语言方面有一些特点，就让我担任一部纪录片《上海轿车》的旁白。后来又有一部大型彩色纪录片叫《大庆战歌》，总导演是张骏祥老师，天然老师是执行导演。有人就问我说："乔榛，你刚刚从学校出来，自己有没有单独一个人到外地去过？"我说这倒没有。"现在有个任务想给你，担任《大庆战歌》的旁白，现在要参加创作，必须要体验生活，你敢不敢一个人出差到大庆安达？""敢啊！"我就一个人坐着火车到安达，去钻井队下生活，跟他们一起劳动，向他们学习。他们上夜班，我也上夜班，他们上白班，我也上白班，因为旁白也必须有真实的生活体验。那时我看了很多资料，铁人王进喜跳入冰冻的大池子化油的镜头真让我感动极了。那时候，我真切地感受到就应该这样，没有这种体验，你怎么投入创作？

1970 年，我就开始接触译制片，并且深深地爱上了它（那时候根本不拍故事片）。我心里想，参加译制片的创作，是可以学到很多东西的。不光是演员的表演，包括导演、编剧、剪辑，特别是语言表达，于是就要求调到译制厂，领导没同意。1975 年的时候，上译厂有一大批译制任务，组织上就把我和道临老师调到译制厂。此前在剧团期间，我参加了话剧，演男主角，还兼演仲星火老师的 B 角，有一次仲星火老师病了，导演瑞芳老师非常着急，说：

"乔榛，我们平时排的时候你在场，老仲的戏你都记着吗？""我都记着。""词有吗？""有！""今天老仲身体不行，上不了台，你能顶上去吗？"我说试试看，结果演出效果还挺好。他们说你跟老仲比，他是一个北方老头，你是一个南方老头，都很好。我特别感谢那些前辈如此用心培养我，给我实践的机会。后来，我已调到译制厂，剧团排话剧《曙光》，还想着我，让我过来演男主角岳明华。最难得的是，20世纪80年代初拍摄新中国第一部科幻片《珊瑚岛上的死光》，又让我演男一号，乔奇老师演老教授，凌之浩老师演我的老师，还是丈人，导演是张鸿眉老师，她也是从剧团调到导演部门的。上影演员剧团的演员都很优秀，上影厂其他部门的创作人员，包括全国各地的，很多都是从上影演员剧团走出来的。现在还有人会提起这部电影，说小时候看过《珊瑚岛上的死光》，我由衷地感谢老师们对我的信任和器重。

不过，更吸引我的还是译制配音的创作过程。我觉得，无论是拍电影、拍电视剧、演话剧或者配音包括朗诵，其实都是"魂的再塑"。要捕捉住角色的内心世界，融入他的灵魂。演播小说，我就得融入作家的魂，以他的视角来给读者们讲述故事。道临老师多么出色，20世纪50年代的《哈姆雷特》，多棒啊，他是一个全能的艺术家，演戏、配音、写作、翻译，又能做导演，我第一部导的译制片请的就是道临老师，他配得出神入化。有时候道临老师处理一个角色的词，我大胆地指出，你如果那样会表达得更到位。于是，道临老师习惯地

▲ 电影《珊瑚岛上的死光》剧照

说："试试啊。"然后说，的确这样更好，如此的谦虚，丝毫没有大师的意识。其实有时候是这样，旁观者清。我和道临老师合作得很好，我就是想向前辈学习。包括我们的老前辈卫禹平，他的关系很早就调到译制厂来了，他和我一样，原本也是上影演员剧团的演员。他在电影《牛虻》中塑造的亚瑟也影响了几代观众。

这里，我还想说一说我的座右铭，四个字，"澄怀观道"。我觉得作为一个演员，是创作精神作品，必须把自己的灵魂荡涤干净，把人做好，要把那些私心杂念去除。自我意识作为一个演员来说，是一个大忌，其实不是展现自己，是展现作品的内涵。只有热爱这个作品，感悟到作品内涵了，才会有一种动力，让你有种激情去创造它，去感悟它，去诠释它，这才是真正的艺术创作。我一直用这四个字来激励自己，也要求自己每一次创作都做到。记得有一年，给瑞芳老师颁发终身成就奖，让她说获奖感言。瑞芳老师就说两个字：不想。台下一片寂静，大家都在思索着这两个字。确实，她没有什么

▲ 2020 年，乔榛参加剧团重阳敬老活动，与剧团同仁同游迪士尼

▲乔榛与夫人唐国妹参加"声·影"第一季——"大师名
篇经典诵读"演出

好想的，她这两个字的含义太深刻了。我们就得这样淡泊名利，去做自己应
该做的事情，做到生命结束为止。就是这样，不想！

上影演员剧团，是我的娘家，一个非常温馨的家，我希望现在的年轻人
都把剧团当成自己的家，作为这个家庭的成员，彼此扶持，彼此学习，团结
起来。上影演员剧团有的是工作好做，有的是作品需要我们去创作，去施展
方方面面的才能。大家热爱这个家庭，人人都发挥出自己的光和热，让我们
共同努力奋斗，让上海电影依然成为中国电影的半壁江山。

"渡江"，进入上影

◎王惠

王惠，1943年出生。主要作品：电影《渡江侦察记》《白莲花》《双雄会》《哈尔滨大谋杀》，电视剧《花都梦》《解放云南》。

关于我有一个说法，说我是演员队伍里的"二级运动员"。其实，那是我在西安读中学时，打棒垒球比赛，我们学校拿了冠军，主要的运动员就全部评为二级。很多人说我是运动员出身，不是这样的，我就是正规的中学毕业。毕业之后，如果是二级运动员可以免试报考体育学院，可我不想去体育学院，我那时候已经有些血压偏高。这时兰州空军文工团招人，我就去那儿了。在兰空，我一待就待到1970年，之后回到西安，成了西安话剧团的演员。

刚开始，我要求休息一段时间，之后就连续演话剧，一年多的时间上了3个主要的角色：《槐树庄》《延水长》《春风杨柳》。在演《槐树庄》的时候，上影厂的导演于本正正好到西安看了我的戏，他就到后台找我，问我第二天是不是能到西影去试试镜头。我就

▲电影《渡江侦察记》剧照

答应了，那时我对镜头还不太熟悉，只是在部队的时候参加拍摄了八一厂重拍版的《万水千山》，王心刚和张勇手是主要角色，我演了个陕北赤卫队队长，就一点戏。第二天我感觉试镜头也不是很顺利，我是按照演话剧的方法去表演的，于本正就跟我说："你听！"我自己听了都觉得不对，他就说："要生活一点！"试好了镜头之后，一个多月都没有消息，我想没消息就算了，也没指望会去上影厂拍片子。结果消息还是来了，要我尽快去上影试镜头，剧团也同意我去。到了上海之后，上影说已经定了，要我去蚌埠下生活，就是重拍版的《渡江侦察记》。夏天、陈述、石灵、吴喜千，好多演员已经去了，就差我。

下生活的时候，我们每天摸爬滚打，侦察部队比我们以前的部队辛苦多了。我就记得吴喜千背上全部贴满药膏，都是伤。侦察连的伙食是按照标准来的，一帮年轻的演员都不够吃，春天到了就天天吃蚕豆。之后我们回到上影，稍稍休整就到安徽泾县。《渡江侦察记》这部电影整整拍了两年半，在那个时候也算时间长的。在此期间八一厂的《侦察兵》也上映了，轰动全国，其中有一些情节与我们类似，我们担心会不会影响上映。后来就说，他们管他们的，我们拍我们的，风格不同。电影拍完之后拿去送审，就有人提出，我一直戴着帽子，需要一点脱帽的镜头，我那时候发髻高嘛，只能再补。我就赶到大丰农场，化妆师杨龙生给我织了个头片，补了我救张金玲那场戏：刘四姐的父亲死了，她在芦苇丛里哭，然后我打走国民党。最后，送出国的电影拷贝按照修改后的，国内的版本已经发行了就只能算了。

我正式加入剧团是 1976 年，但是从 1973 年拍《渡江侦察记》之后，我就开始在上影拍戏，等于已经是剧团的人了。在大木桥路上影新村的时候，我和马冠英、卢青、胡大刚等

▲ 电影《白莲花》剧照

就住在剧团办公室的对面。在那期间我拍了《平鹰坟》，男主角是张伐老师，我们那时候是小演员，拍完戏要请张伐老师吃饭，张伐老师就"骂"我们："你们几个人有几个钱请我吃饭？不要请，挣了钱干脆买点花生带回去。"他是害怕我们花钱。在外景宿舍，我和茂路、夏天等住一个房间，一人一个蚊帐。晚上，我们听见"咔嚓咔嚓"的声音，夏天就故意开灯，"有老鼠！""老鼠在哪？"我们把茂路的蚊帐一掀开，他正在那儿吃东西，眼睛直直地看着我们，手里吃的都没放下。"你吃就吃吧！躲在蚊帐里干什么？"原来那是夏天故意要"整"茂路。

后来我又演了很多外厂的戏：长影的《奔向银幕的马》、北影的《拓荒者的足迹》、西影的《苦果》……拍完八一厂的《飞虎》之后，我回厂就碰到了中叔皇老师，他问我上哪去了，我说到八一厂刚拍完戏，他说："你早一点回来啊！我刚把这个事情定下来！你就演个老头吧！""行，你叫我来我就来。"我就又在上影演了《白莲花》里的师父麻叔。1985 年的时候，我主演了《哈尔滨大谋杀》，导演在之前看过我的电影，就直接打电话给我，"李兆麟你知道吧？"我说知道，"火烤胸前暖，风吹背后寒"就是他写的。"对对对！有兴

▲ 电影《哈尔滨大谋杀》剧照

趣吗？有兴趣你就过来。"这个戏拍得也比较辛苦，我要演真假李兆麟，零下 30 多度，就穿着一条短裤。

在剧团里，我跟瑞芳老师感情最深，她一直对我很好。我刚到剧团的时候她就跟我谈话，让我好好努力拍戏，我后来就自己拍了电视剧。在西安要搞首映式的时候，我也想请瑞芳老师，她那时候已经是上海市政协副主席了，我就告诉她这个戏的情况，没想到瑞芳老师二话不说，"好啊！在哪?"到了西安之后，因为我们拍的是劳改戏，所以就住在劳改局的招待所里，陕西省政协知道瑞芳老师来了，马上出面安排瑞芳老师换住处，瑞芳老师无论怎么都不肯去。交接处的处长急得焦头烂额，"我怎么回去跟省委交代啊?""不不不，我们的人都住这儿，我怎么能一个人住在别的地方?"铁牛、舒适老师也在一旁劝瑞芳老师："你去你去，大家都没啥意见。"可张瑞芳老师就是不肯去。现在我想起来也很难受，瑞芳老师去世的时候我在西安，没赶上见她最后一面。我还记得每次到她家去的时候，她都会问："吃了没有?"待我就像孩子一样。

我在北京碰到一些演员，他们都会说我们很幸福，有归属感。我们之所以还有剧团，一年还有好几次活动，我觉得这要归功瑞芳老师，瑞芳老师坚决不让剧团散掉。瑞芳老师的精神鼓励着我们剧团的每一任团长，他们对待我们这帮老同志都非常认真。现在我到剧团，会看到很多年轻力量，有些人我还不认识，我觉得这是好事，说明剧团在发展。希望剧团能一直保持，不断吸收新的血液。

那些难忘的老师

◎ 洪融

洪融，1945 年出生。主要作品：电影《年青的一代》《儿子、孙子和种子》《城南旧事》《少年犯》，电视剧《忠诚》《双响炮》《她在人流中》《温柔陷阱》。

岁月静好
国泰民安

雅福剧团
洪融
二〇二〇·九·八

我初二时，曾被选去参加上海芭蕾舞团、歌剧院、警备区文工团的联合招生考试，居然考上了！因家里阻拦没去报到。初三毕业的时候，在同学们的起哄下一起去参加上海戏剧学院的预科招生考试，家中依然反对，而我的班主任注意到我了，她找我家长谈话，觉得我身上也许有这方面的细胞。班主任曾经是《女篮 5 号》女主角的原型，喜欢文艺和体育。于是我就去考上戏预科班了，考的时候就照着课本念，又做了一套广播操，稀里糊涂就考上了。

预科班其实像高一一样，就是不学数理化，学的都是文科，除了语文、外语还有一些专业课，台词、形体、音乐基础知识、古典文学、戏剧理论等。一年之后，因为原本的政策发生改变，我们又被放回高

▲ 刚进上海电影厂的洪融

中，我就插入高二，等到高中毕业之后再考入上戏。1968 年毕业之后，集体下军垦农场锻炼了一年半，然后回上戏继续参加运动。直到 1972 年我才分配到上影。那时候重拍《年青的一代》已经开始筹备了，上影就来我们学院招人。进了上影之后就把我们领到海燕厂后面的小破屋，在那里我认识了瑞芳老师、李玲君老师，还看到了白穆老师、刘琼老师、张雁老师、达式常老师、朱曼芳老师、吴云芳老师、尤嘉老师……都是以前在电影里看到的人。在空档时期，瑞芳老师领着我们排一些小节目，到部队、工厂演出，我还记得除了歌舞，我们还有两个小话剧，我演过其中一个《送货路上》，导演是瑞芳老师，为这个小话剧我们全部到郊区公社下生活，"老中青"住在一起，我第一次体验了创作第一步的艰辛。瑞芳老师给人的感觉很严肃，严肃时你会害怕，实际上她非常和蔼可亲，私底下还很风趣。我就记得有一次要集合的时候我睡着了，醒来一看时间过了，赶紧赶到常熟路口的公安局门口集合点，一看一个人都没有，我就自己坐车赶到浦东钢铁厂，瑞芳老师见到我劈头盖脸大骂一通，我只好哭。

"我迟到了，我知道错了！""好了！现在情绪平静，马上要上台。"等演出完了，我还是觉得内疚，瑞芳老师就把我拉到一边，"怎么回事？"我说："我就是睡糊涂了。""那你身体上有什么不舒服吗？""没有啊……""你好好想想。"我就说，好像的确某方面有点问题，她就说："这可不是小事，不能拖，我认识医生，带你去看！"瑞芳老师就是这样的人，错了就批评，内心却很柔软，她的关心是实质性的。瑞芳老师还跟我说过："你是戏剧学院出来的，完全可以多演话剧，要承担起剧团的责任！"舞台演出是锻炼演员的，为此我在剧团排演的话剧《飞吧，足球!》《万水千山》《曙光》中都担任重要角色。

不久，剧团重新成立，绝大多数的演员都可以回来了，我们都到天马厂的一个修道院的祈祷室集合，那里的地板是斜的，房间很大，没想到一圈儿坐满了人，我竟然看到了默片时代的老演员宣景琳、王汉伦，她们俩年纪很大了，但是非常清秀。我还看到了秦怡老师、赵丹老师、魏鹤龄老师、林彬老师……都是塑造过很多不朽银幕形象的演员。后来和他们接触，我发现每个人都有每个人的特点，譬如张伐老师，平时比较沉闷，不大言语，但是对人非常好，尤其对年轻的演员，他觉得你缺些什么，就会介绍你看什么书，很文雅，脾气又很犟。张翼老师呢，就把我们当小孩，"来，过来!"然后给我们一块糖。他们经历了磨难，但是没有流露出沉重，很乐观，这一点深深感染了我，我觉得他们每个人身上都有宝藏。

我和王丹凤老师合作过《儿子、孙子和种子》，这还是一部黑白农村片，我年轻的时候在军垦农场锻炼过，而丹凤老师就非常不容易，农村生活对她来说差距很大，但她还是接下来了，而且非常刻苦地去让自己的气质接近农村女性那种刻苦耐劳、雷厉风行、泼辣的感觉。我们去学划船，其实是很难的，要有巧劲。天晚了，大家都要回去了，丹凤老师还要练。我们俩在这个组里接触很多，彼此熟悉，跟她渐渐消除了敬畏感、隔阂感，多了一份相濡以沫的姐妹感。丹凤老师跟我说，你不要把眼光放在自己的小世界，要放大放宽，别

▲ 洪融在电影《儿子、孙子和种子》中和王丹凤合影

人可能比你还困难，要去关心别人。在她的真切关心帮助和介绍下，我加入了中国民主同盟。

剧团的很多老前辈都对我非常好，在他们的鼓励下我度过了坎坷。刘琼、狄梵夫妇也跟我相熟。刘琼老师一直保持着一股帅劲儿，有时候看他吃东西我真是害怕，生牛肉、生洋葱拌着就吃，说这是高蛋白。他一直坚持体育运动，参加"古花"篮球队，所以身材保持得很好，他经常提醒我减肥保持身材。狄梵老师也是著名演员，但是生活很节俭，年纪那么大了出去都坐公交车，两元钱的空调车都不坐，要坐一元钱的普通车。

在我的演艺生涯中，参加《城南旧事》的拍摄是值得一提的，有幸这部散文电影至今仍有很多年轻的观众喜爱。当时我正在做另一部电影的后期工作，就接到了《城南旧事》的本子，扮演英子母亲。我不知道前期筹备是怎么样的，就去开了一次会，然后定妆，吴贻弓导演阐述非常简洁，他对于演员表演要求含蓄，"某种东西你感觉没有到，这就对了，恰恰是导演需要的"。我记得造型时给我化妆的李萍老师，当时年纪也不小了，她把我脸上的汗毛用一种古老的手法全部薅干净，我感觉好疼，她告诉我这叫开脸，那个时代的贵妇人，脸都是很干净的，很光。她给我拔了眉毛、梳头，根本不跟我交流，妆化完，我一看，这不是我奶奶吗？一个古老的形象就浮现了，我的奶奶经常哼唱"人生在世，幻梦一场……"我很快找到了代入感，那个年代似驼铃沉重缓慢的节奏、淡淡的哀愁，还有女性的拘谨、收敛……我似乎懂得了导演阐述里比较模糊的"收"是什么意思了。这

▲ 洪融在电影《城南旧事》中扮演英子妈妈

部电影拍完我就去演别的戏，没有太在意，直到第一届上海国际电影节开幕式，给了我通知，让我去影城，到了之后看到严翔老师也在，然后有两个人冲过来，"您就是演我妈妈的吗？您真像！"原来她就是作者林海音，后来我们剧组上台了，林海音和她先生又从台下捧着鲜花上来，对我一鞠躬："母亲大人您

▲ 洪融和秦怡合影

好！"那一刻我真是感动，自己只是演了一个戏份并不多的角色，却得到了作者那么大的认可和鼓励。

1993 年的时候我和秦怡老师还一起合作过《梦非梦》，她那时候年纪也不小了，还要自己筹钱拍戏，是个能"折腾"的戏痴。老同志对艺术的精益求精值得我们学习，记得有一场戏是在岑范导演的家里拍的，我们在一个很小的房间，摄影机和灯都很大，搬来搬去很麻烦。有一个长镜头，始终差那么一点，秦怡老师就问摄影行不行，摄影说，把握不大，秦怡老师就要重来，也不管胶片的费用，一定要达到要求。

我的一辈子在上影演员剧团受益匪浅，老同志对我点点滴滴的教导，让我在表演上、做人上得以领悟和提高。表演艺术本身就不是长篇累牍的灌输，有时候哪个老师一点拨，就能理解了。剧团前辈的雨露灌溉了我成长的土壤，很幸运能进入这么一个大家庭。时间过得很快，我现在也不怎么拍戏了，可还是能得到剧团年轻一辈的关怀，有时候能在电视里看到他们，就会自豪地跟人说："这是我们剧团的！"

我们的好时代

1953—2023

▲ 上影演员剧团演员培训班合影

▲ 剧团下工厂演出

▲ 话剧《万水千山》合影

▲ 1999 年重阳敬老节合影

师恩难忘

◎上影演员剧团演员培训班

不忘恩师

上影演员剧团培训班

陈鸿梅 谭增卫

薛国平

2022年11月9日

1976 年，为培养新一代电影演员，上影演员剧团开办了"演员培训班"，众多老艺术家分成几个小组，到工厂、农村、学校等地挖掘新苗。当年夏天，24 位年轻人来到了大木桥路上影演员剧团，开始了为期一年的学习。张瑞芳、王丹凤、孙景路、温锡莹、王静安、张庆芬、梁明、林榛、朱曼芳、包奎生等演员纷纷授课。后来，演员培训班的部分学员留在了上影演员剧团，部分调入上影各部门，成了新一代电影力量。

陈鸿梅：他们待我们就像孩子

陈鸿梅，1957 年出生。主要作品：电影《爱情啊！你姓什么？》《播种幸福的人》《飞来的女婿》《女大学生宿舍》，电视剧《玫瑰香奇案》《断奶》《小爸妈》《大好时光》。

演员培训班招生的时候，我还在读高中，是学校的播音员，与同学相比，普通话还比较标准。那天，

▲ 话剧《万水千山》定妆照，左一为陈鸿梅

我们举办一个大型的活动，我看见两个人围着我们的场子转，她们不像是我们学校的老师。等她们走了以后，学校的老师对我说："你知道她们是谁？著名电影演员王丹凤和朱曼芳。你到上影厂去一次，她们想看看你。"我说："好啊！"但心里很担心，觉得自己恐怕不行，后来觉得，去玩一把也好。到了上影，洪兆森老师给我排了一个《送货路上》，跟我搭戏的是张建民，台下坐了很多剧团的老师。其中有一段戏，我在送货的路上，收到一封信，说是爸爸病了，一开始我不信，可打开信之后，真的是爸爸病了，也许见不到了，我一下子号啕大哭起来。演完之后，我就记得洪老师跟瑞芳老师说了一句："哎？这个小丫头演得挺投入、挺真实的。"

没过多久，我就要毕业了，在那个年代，我的两个哥哥姐姐都在国企，我理所当然会被分配去农村。但是，比较幸运的是，我考取了南空。于是，我们家里就开了一个小型的座谈会，爸爸问我，你自己怎么想？我说我也不知道。他就说："算了，南空不去了，整天在天上飞危险，还是去上影吧，如果演员干不了，以后还能干别的。"我就一心想着去上影，可是其他同学的通

▲电影《女大学生宿舍》剧照

知陆陆续续都来了，我的还没有，当时有一个说法，叫工农兵学员，我以为我不属于工农兵，就没戏了。这时，学校把我分到奉贤星火农场的食堂，我就在那儿待了半个月。有一天，我在洗菜的时候看见一辆上海牌的小车驶过，第二天，场部的领导告诉我，是张瑞芳老师和铁牛老师来送我的录取通知书了，要我明天就把东西拿好，到上影去报道。

培训班的时光是终生难忘的，我们遇到了很多老师，除了台词课、表演课，还有观摩课。梁明老师和朱曼芳老师告诉我们，除了多读书、多观察生活细节以外，还要学会去看画，因为人物最经典的美往往都在画里表现了。这些老师真的就像自己的母亲那样，毫无保留地教我们。

我从学员班毕业之后，演的第一部戏就是和秦怡老师合作的《风浪》。秦怡老师每天都带着她的儿子小弟，后来我们去青岛、威海出外景，小弟也跟着我们一起。我就觉得秦怡老师特别不容易，她是女主角，还要照顾儿子。最让我钦佩的是，秦怡老师的每一场戏都要做功课，金焰老师当时生病住院，但秦怡老师一天不落到船厂去学电焊。我说："秦怡老师，您不用来了！""那不行，演出来是假的。"秦怡老师说得很坚决。

要说的老师太多了，韩非老师请我吃西餐，张莺老师陪我买过鞋，朱莎老师也请我到她家做过客……这些老艺术家待我们就像自己的孩子。我们班一共18位男生，6位女生，我可以代表这些培训班同学说，我们一辈子都会感谢我们这些老师和前辈。

薛国平：从音乐到电影

薛国平，1955 年出生。主要作品：电影《心弦》《快乐的单身汉》《上海舞女》《仇恋》《团圆》，电视剧《铁道游击队》《红伶泪》《儿女情长》。

　　我原来在南汇东海农场文艺小分队吹笙，1975 年的时候，我和农场另一个同学来考试，来到了大木桥路 41 号当时的演员剧团，由孙景路老师给我们辅导了一个星期。有了这一个星期的辅导，才使得我能够在 1976 年的时候，正式参加了上影演员剧团培训班，我们班一共有 24 位同学。

　　我的班主任老师是张庆芬和王丹凤两位老师，她们给我们排小品《出发之前》，我演小战士，方舟波

▲ 上影演员剧团演员培训班寝室生活照

▲ 电影《心弦》剧照

▲ 话剧《万水千山》定妆照，左二为薛国平，右一为谭增卫

演指导员，戴兆安演班长。有一次，跟我排同一角色的同学顾雪华在排练场内，把球一抛，正好砸到了王丹凤老师的头上，我们都吓呆了，王丹凤老师也被砸蒙了，然而她却说："小心点，砸到我没关系，千万不要砸到你们自己而没法排练。"因为培训班有规定：学习一年，有发展前途的留下来，没有发展前途的回原单位。所以王丹凤老师担心我们受伤而影响发展。丹凤老师和张庆芬老师也特地关照我："小薛你也要注意，你有时球也掌握不好。"果然，在一次演出当中，我把球抛到了台下，我们的两位老师在台下接住球，张庆芬老师还把球抛到了台上，演出照常演了下去。

1977年，我们演了《万水千山》；1978年，我们演了《曙光》。这两部话剧对我们来说是极大的提高，为我们打下了基础。之后我们就出去拍戏了。我拍的第一部戏是跟达式常老师演的《东港谍影》，演了一个有三四场戏的服务员，还是比较顺利的。到了1980年的时候，我拍了凌之浩老师导演的一部戏《心弦》，这部戏我很有感触。凌老师让我演阿妈妮的儿子，这个角色需要拉小提琴，凌老师说，只要我拉得好，就给我多一点镜头，少用替身。因为这个角色要拉的曲子很有难度，既有快节奏，又有柔弦慢节奏，我就努力去练，结果没有白练，到了正式拍摄，凌老师不但没用替身，全部由我自己拍，还给了我一个大特写。其实，他就是想要培养新人，以练琴作为激励，让我勇于克服困难。

我在此要感谢我们的老师和前辈，我们不会忘记他们，哪怕是在天堂，我们也祝福他们！

谭增卫：心存敬畏，认识自己

谭增卫，1955年出生。主要作品：电影《从奴隶到将军》《小金鱼》《走出地平线》《生死抉择》，电视剧《卖大饼的姑娘》《孽债》《儿女情长》《完全婚姻手册》。

我初中毕业分配到崇明东风农场，后来进了宣传队。宣传队农忙时回连队干活，农闲时集中排练演出。一天，我在去场部招待所还道具的路上，看到两位气质很好的女同志远远地看着我窃窃私语，后来才知道她们是向梅老师和朱曼芳老师。那天吃晚饭的时候，宣传队领导就让我去招待所，说是上影的人要找我。到了那儿，我见到了洪兆森老师，他要我念了一段报纸，念完后，就让我回去了。接着就是一轮轮考

▲ 上影演员剧团演员培训班录取
　　通知书（王伟平提供）

▲ 演员培训班生活照

试，后来，又让我去当时剧团所在地大木桥排练小品《出发之前》。那是更高一级的考试，由丁嘉元老师辅导，他排得非常细致。排了一个星期后，又演给剧团领导看了一下，大家就回去了。然后接到通知，7月6日，演员培训班正式开班。

当时，只要是有空的老师都会来给我们上课，有梁明老师、孙景路老师、朱曼芳老师……印象深刻的是温锡莹老师，他很耿直，我们不会演戏，他就一句一句台词掰，教我们怎么听对手的台词，从对手的台词中来确定自己如何说词，甚至连在舞台上的站姿也悉心辅导。我演完戏嗓子哑了，他还特地带我到文艺医院扎金针。因为我们都是上海本地人，发音需要矫正，林榛老师就特地复印了很多绕口令，根据每个人的特点分别辅导。剧团还特地把人艺的乔奇老师请来教我们语言，他就先从笑的呼吸开始教，非常生动。

在培训班的时候，对我们影响最大的，应该是排话剧《万水千山》。这部剧是夏天、冯笑、高博导演的。那戏里，王丹凤老师演一个农村大娘，戏虽然很少，但感情充沛，那控诉的台词声泪俱下令我感动，同样让我感动的还有杨在葆老师，当时他身体不太好，大冬天排练就一头一头地出汗，在排练场我还看见他大把地吃药，那种敬业精神不只是在排练场，就是在演出过程中他也在不断琢磨人物。在一次演出时，他突然给自己演的解放军角色设

▲ 电影《小金鱼》剧照

计了腰里围着红缎子，扭着秧歌步上台的动作，因为刚刚打完胜仗，这动作非常符合人物心情，所以取得了很好的剧场效果。当时，许多老演员都是非常敬业的，还有一次大幕一闭，朱曼芳老师就晕过去了，她身体不好但是一直撑到了最后。我们当时年轻，很多事都不懂，有一次同学们在演出中笑场，闭幕后张瑞芳老师到台上厉声谴责……时间过去很久，自己才知道敬畏是件多么重要的事情。这部剧给我们上了非常生动的一课，学到了很多课本上学不到的东西。

我演的第一部电影是《从奴隶到将军》，演一个 AB 团分子。有一天在拍戏的空隙，一些人在现场聊天，导演很生气，转身冲着杨在葆老师说："不要说话！把你的戏想想好！"其实在葆老师根本没说话，但他一句话也不说，似乎就是他说的话。过了几天之后，王炎导演向他道歉。这件事给我的印象深刻，现场安静，全身心投入剧情中对演员来说是多么重要的事。还有一场戏，杨在葆老师演的罗霄将军一枪把我"击毙"。我站的地方，是一个人工搭的斜坡，有一根横出来的方木条，我没注意。枪一响，我"嘭"一下磕到木条上就坐到地上，痛得我一句话也说不出来。只听见远处他们在喊："小谭小谭，好了！"是李纬老师最先发现不对，他从摄影机边上跑了过来，把我扶了起来

并问我怎么了。

李纬老师是我很敬佩的老演员。有一次我跟他演电视剧，我们俩对词，我说完之后他笑嘻嘻地说："小谭，你刚刚的那段话里，少了一个'的'字。"我说："不可能！""你把剧本拿出来看。"我一看，一点不错。李纬老师能把对手的台词都背出来，令我愕然。这让我想起以前梁明老师、温锡莹老师对我说的话，要研究对手的台词。李纬老师不但研究对手的台词，还把对手的台词都背下来，这太厉害了。而在拍另一部电影时，李纬老师跟我闲聊说，20世纪80年代拍戏时，主演住在厂招待所，有一部电影，一个男主演和他住在对门，每天晚上都有一堆人在那里聊天，嘻嘻哈哈到很晚。后来他实在忍不住了，一脚把门踹开，指着那个男演员厉声斥责道："你是这个戏的男一号，所有戏都压在你身上，你天天这样子，对得起谁！"说完摔门而去。李纬老师真是非常有个性的人，这种个性让人肃然起敬！这样的老演员还有很多。

听我们同学戴兆安讲，他当年和张瑞芳老师在北京拍《大河奔流》的时候，瑞芳老师得知有些同学回去原单位了，便说："我要是在上海，一个人也不让回去！"瑞芳老师是个很通透的人，我们从入学到毕业整个过程都是她关心下的结果。

▲ 陈鸿梅、薛国平、谭增卫与佟瑞欣重游大木桥路剧团原址

转眼间，我们毕业也40多年了，我想用四句话总结我的心情：前辈可敬，后生可畏，心存敬畏，认识自己。

▲ 上影演员剧团演员培训班在大木桥路 41 号合影

· 上影演员剧团培训班 24 位成员包括：

陈冲、陈鸿梅、闵安琪、周玲芳、周振英、朱延芹（女）

王伟平、韦国春、薛国平、谭增卫、戴兆安、方舟波、程玉珠、黄葆华、

高根荣、唐洪根、葛伟家、王国富、聂春申、石倜、张建民、顾雪华、

刘文献、许忠平（男）

"繁漪"把我领进了家门

◎顾永菲

顾永菲，1946 年出生。主要作品：电影《但愿人长久》《雷雨》《莺燕桃李》《荆轲刺秦王》，电视剧《田教授家的二十八个保姆》。

上海电影制片厂
上影演员剧团
永远是我心中最
高的艺术殿堂
顾永菲
2022.11.0.

离开剧团很多年了，此次重新回到武康路上影演员剧团，尤其是看到了孙道临老师的铜像伫立在这个承载着我们共同记忆的地方，我感受到了一种神圣感。时光的距离仿佛被拉近了，我的耳畔又回响起道临老师的谆谆教导，他曾经告诉我，如果一个人的性格可以用颜色来形容，那么繁漪应该是紫色的……

也许是天生和《雷雨》有缘，我曾在电影《雷雨》中扮演繁漪，在明星版话剧《雷雨》中扮演鲁妈，当我还在南艺附中上学时，我就演了四凤。因为喜欢文艺，那时，我心目当中最高的艺术学府就是上海戏剧学院；少女的时候，心中的最高艺术殿堂就是上海电影制片厂。1966 年上戏毕业的时候，我 20 岁整，正值最好的年华……当然，之后的那段生活也给了我很大的经历和启迪，我一直把"经历是智者的财富"这句话当成我的座右铭——在我出演《荆轲刺秦王》时，陈凯歌导演说，赵姬这个角色第一个就想到了我，她的戏份不多，但脸上要有12个字：历经沧桑，雍容华贵，风情万种。我就想，雍容华贵，我气质里有这么一点；风情万种，虽然我没有，但是可以演出来；历经沧桑，那是我。

▲ 年轻时的顾永菲

说起我的第一部电影，就是在上影拍摄的，那时候我还在新疆军区，演话剧《从头越》的女主角，正好赵焕章导演的副导演和我的同班同学叶志康来看我们的演出，叶志康就把我推荐到电影《风浪》里演一个角色，本来是演秦怡老师的女儿，后来又换成了儿媳妇。那时候拍一部戏要很长的时间，经常改剧本。我的戏份虽然不多，但却是生命里第一次"吃胶片"。

之后，我在三年里拍了长影的三部电影，第一部是赵心水导演的《瞬间》；第二部是白德彰导演的《但愿人长久》；第三部是荣磊导演的《雨后》。这三部电影都是"伤痕文学"作品，所以没有怎么轰动，但是因为这三部戏，才有了我后面的《雷雨》。

那是我在广西厂拍《港湾不平静》的时候，上影厂的副导演王洁老师正在筹备《雷雨》，她在长春见过我，就把我推荐给道临老师了。道临老师那时还不认识我，就发了个电报让我来试镜头，我没想到我会被选上，就跟王洁老师在电话里说："对不起，我要拍戏来不了，而且这个角色没有40个人定不下来。你们看我的戏，觉得行我就来，如果不行的话，那我也不来试了。"

▲ 电影《雷雨》剧照

结果他们就真的把《但愿人长久》调出来看，道临老师还邀请了曹禺先生一起看，曹禺看了说："这个演员，她怎么没红呢？"道临老师就说："她拍完《雷雨》就红了！"

所以，我特别感谢上影厂给了我那么好的机会，尤其是感谢道临老师，因为像我之前演的角色，在生活里还能找到原型，而我的个性和繁漪是很有差距的，是要重新去塑造一个人物，没有孙道临老师的帮助，我是成不了繁漪的。道临老师首先问我喜欢什么样的颜色，我就说我喜欢紫色。道临老师眼睛一亮，"为什么？"我答不上来。"紫色是红色和蓝色的结合，有红色的热烈和奔放，又有蓝色的高雅和浪漫，所以紫色才那么美。你记住，繁漪就是紫色的！"那一刻，我觉得道临老师好有学问，能够跟着这样一个导演非常幸福。生活中，我的语速非常快，他就说："你能不能慢一点，声音不要那么响，从现在开始你就是繁漪了，你的整个生活节奏就要同步。繁漪是那个时代的女性，她只能坐椅子的三分之一，要戴紧身的小马甲，不能显出线条露出风情，所以她才压抑。以前有演员把繁漪塑造得有些神经质，其实有些过了……"道临老师把我一点一点"捏"成了繁漪。

孙老师还是一个家长型的艺术家，每个星期都会把王洁副导演叫上，然后约着我们住宿舍的外来演员马晓伟、钟浩、胡庆树、梁同裕到他家里阳台上聊天，到了吃饭的时间，王文娟老师就来了，"道临！你们好了没有，差不多了！"给人温馨的感觉。

后来，道临老师还让我去瑞芳老师家，瑞芳老师是多么和蔼可亲，她来

▲ 顾永菲向孙道临铜像献花

念周冲，和我排戏。念着念着，瑞芳老师问我："你为什么忽然说冲儿，你有十七了？"我就说自己稀里糊涂的，连儿子年龄都忘了。"哎？那为什么你忽然现在又想起来了呢？"我被瑞芳老师问住了。瑞芳老师说："你不是给他擦汗吗？擦到这儿的时候，你发现儿子怎么长小胡茬了，哦，他开始发育了，你想想自己儿子都这么大了……"我一下子明白了。这就是好演员，以前在戏剧学院的时候，朱端均先生就说过，没有"细"就没有戏，我只在理论上学到了，如今瑞芳老师给我上了生动的一课。她也不是我们的导演，但对待表演就是在奉献，我们上影的老艺术家都是这样的。譬如赵丹老师，他和我的伯父顾而已很熟，一次我见到他，在吃螃蟹，还留着胡子，因为他当时想演鲁迅，所以生活中也一直保持这个妆发。这些老前辈把表演艺术当作一生的追求——这就是上影几十年积累下来的优秀传统。

在拍完《雷雨》之后，我又面临了几个选择。第一是八一电影制片厂，

▲ 电影《莺燕桃李》剧照

我可以军调过去，比较方便；第二是北京电影制片厂，厂长汪洋希望我去，我也是在北京入伍的；第三是上海电影制片厂，进上影其实是最难的，但是我觉得我要争一口气，因为本来我就是上海的演员，再者我要感谢上影。最终，徐桑楚厂长和宣传部领导为我牵线搭桥，把我从新疆转到了武康路小院。

然而，让我今天感到可惜的是，在我加入了上影演员剧团之后，就只拍了一部《莺燕桃李》，我从小喜欢越剧，上影的这部电影让我圆了一次越剧演员的梦，这个我真是想不到的。在这部电影里，所有的身段都是我自己的；我的高声没那么美，所以找了何英来配唱。不过，袁雪芬、傅全香老师看了都说："看这演员蛮有米（味）道的。"这给了我很大的鼓励。

还有一位导演来找我拍一部名叫《黑玫瑰》的电视剧，开价也蛮有诱惑的，我说，你剧本好了给我看了再说。"这个价钱你还要等剧本好了？现在就定了！"演员不看剧本怎么演戏？还不如摆地摊去挣钱，我立马拒绝了他。

上影培育了我，让我遇到了那么好的剧本，那么好的角色和那么好的导演，我也变得有些"曾经沧海难为水"了，后来，我也成了剧团的"过客"……

遗憾总是难免的。但是如今，当我看到了上影演员剧团蒸蒸日上，我又想起了儿时的梦、成年后的成就和未来的畅想。又想到了那些老前辈，他们永远在刻画人物，享受创作的过程，看重艺术价值，从来不经营自己。希望剧团70周年能有新的面貌，获得更多观众由衷的掌声，"上影出来的演员真棒！"

剧团，"三进二出"

◎吴竞

吴竞，1948 年出生。主要作品：电影《拦灵车的人》《战争，让女人走开》《第三个男人》《家在树德坊》，电视剧《传奇夫人》《金粉世家》《红颜的岁月》。

希望剧团能
像盛开的花一样
美丽！久长地
久！吴竞
于2022·大连

我跟上影演员剧团的缘分是很早就有了，应该说，是"三进二出"上影厂。

那时候是上影重拍版《渡江侦察记》第一次招演员的时候，我还在农村插队落户，原先是在浙江，后来到了江苏。有一天，我正好回来走在武康路，碰到了上影厂的一个副导演，看见了我之后，他就找到我们家，说起这件事情，问我的父母是否愿意，还带着我去了上影厂。为了能上戏，人艺的老演员周谅量老师还为我辅导。然而，因为父亲的历史问题，这个角色只能换人，我和上影的第一次缘

▲ 年轻时的吴竞

分只能到此结束。

第二次的时候，是上影招人，需要新人加入排演话剧；我也不知道怎么想的，胆子会那么大，就这样过去面试了。我是一般的中学毕业生，没有什么演戏的底子。给我们面试的有瑞芳老师、舒适老师、夏天老师等一波老艺术家，他们看了我之后竟然说可以，要我第三天就参加剧团的话剧排练和演出，那时我就对朱曼芳大姐印象特别深，是她特地坐轮船到苏北我插队的地方给我办理关系转移。我的关系过来之后，还是因为家里的原因，铁牛老师找我谈话，说我政审没通过，瑞芳老师就跟局里面申请半天，力争要留我，最后还是不行，又一次与上影演员剧团失之交臂。

我后来就到了南通歌舞团，直到 1979 年，向梅老师当上团长之后，朱曼芳大姐又去外调，才把我正式调了过来。因为之前的"二来二去"，我对剧团已经很熟悉了，和曼芳老师都已经建立了情感关系，对老一辈也比较熟悉；那时候瑞芳老师感觉挺严肃的，但是当我慢慢和她接触之后会变得放松，就像家里的老人那样亲切，她跟我们说过，说话一定要自然，表演一定要生活，千万不能像别人那样拿腔拿调。白穆老师就很幽默，一直喜欢和年轻人在一起吹牛聊天。我跟刘琼老师后来也合作过，他跟我的丈夫张元关系也特别好，我们在一起拍电视剧，拿到的酬金也不高，他就给他的女儿寄过去。他在创作上非常严谨，我们到了现场，有些

▲ 2021 年，吴竞参与录制央视"上影演员剧团 @《我的艺术清单》"

演员就演完了，没有对词这一说，老爷子就反复再三和我们走地位。他有修养，也热爱生活，有人会问他怎么养生的，他就说想吃什么吃什么，想干吗干吗，其实就是讲一个精神快乐，他的表演也收放自如。舒适老师和刘琼老师年龄差不多，舒老师的太太凤凰老师当过办公室主任，舒老晚年不便出门，凤凰老师就在家陪着他。我们每年三八妇女节都会到他们家聚会，有向梅老师、吴云芳老师、永瑄老师、曼芳老师、陈鸿梅……老爷子后来有些糊涂，就管凤凰老师叫妈妈。他100岁的时候我们去看他，要拍照时凤凰老师就让他把眼睛睁开，给他吃橄榄，我们看着真是羡慕。无形当中不知道什么原因，从老一辈开始，我们就有这种凝聚力，每次聚会只要一打电话，就特别兴奋，像回娘家那样。

关于我们剧团的录音棚，我就想说一下我的丈夫张元。录音棚建成之后，张元就扎在那里，当时剧团已经开始接外面各个电视台的活了，人艺青话的演员也来我们这里录音，张元就自学，把基本录音技术学会了，打点打得特别快。有时候闲暇里，张元还打扫卫生，这些他过去从来都不跟我讲，我都是听别人说的，他非常热爱剧团。后来他病重的时候，我问他，你这辈子有什么遗憾吗？他就说："我遗憾的是我接下来就不能工作了。"

▲ 吴竞丈夫张元给青年演员说戏

上影的创作氛围特别好，只要拍戏，用的大多是上影演员剧团的演员，

▲ 电影《家在树德坊》剧照

我在厂里演戏，也在外面演戏。在徐耿导演的《家在树德坊》中，我扮演的女主角获得了百花奖最佳女主角提名，这也是我拍的最后一部上影厂的电影。我就希望上影能够继续保持曾经的传统，把大家凝聚起来，共同创作影片，我们年纪大了，哪怕在里头走一圈，当一个群众也非常乐意。前几年我们剧团排演的首部原创话剧《日出东方》，我就参加了，那场戏是毛主席接见文艺界人士，我就在其中客串一个代表，没有一句台词，但我很开心，几乎每一次排练我都来，就是希望能和大家聚聚。在大剧院首演谢幕，观众鼓掌鼓了很长时间，我也请了一些朋友来观看，他们告诉我，走都走不出去，因为观众都拥到台前，真是没有想到……

我感觉目前的演员剧团是最好的时候，就像人的青年、中年、老年，剧团在经历了那么多风雨之后又一次成熟，慢慢地盛开，尽管大环境变了，但是人与人之间的情感纽带不会变，观众对于电影演员的期待和要求不会变，我们剧团的团风真的很好，我为自己当年的"三进二出"而光荣。

海员、演员

◎ 何麟

何麟，1951 年出生。上影演员剧团第八任团长。主要作品：电影《侠盗鲁平》《禁烟枪手》《黑狮行动》《燃烧的港湾》，电视剧《儿女情长》《何须再回首》《人生有情》《人生有缘》。

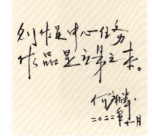

我从农场回上海后，就进了海运局油轮船队当上了一名海员。由于常常晕浪，人事部门的领导照顾我，让我回到地面上，去油轮船队航修站工作。当时我在浦东高化厂对面的江边上班，交通不便且路程又远，但可在延安东路外滩坐交通艇。干装卸起重的活饭量大，计划分配的粮票不够吃，无奈我又回到船

▲ 电影《燃烧的港湾》剧照

上。记得那是条从芬兰买回来的旧船，能装载 4500 吨，航线也较近，大都在长江中下游装卸作业。在船上工作约一年的时间，我从生火干到了机匠，大概由于我工作积极、努力肯干，组织上派我到海运学院进行较为系统的船舶轮机学习。据说学成后提拔当管轮，跑远洋去世界各地运油。就在期满准备回船之际，未曾想到我又被推荐报考电影学院。我曾疑惑是不是把事情弄错了。几天后，见到了两位形象和气质都非同常人的招生老师，《红日》里扮演张军长的舒适和在《蚕花姑娘》里扮演柳巧莲的朱曼芳，我才相信这是真事儿。我很喜欢看电影，在重要的时间节点和重大的"奋战农活"结束后一定会看露天电影。可根本就没想到在同一座城市里、在生活中，能见到走下银幕的电影人，更没想到这之后的我进了上影演员剧团，职业从海员转换成了演员。

在此之前，北电、上戏等艺术院校都没了正常教学，年轻演员就成了断代。为了恢复电影的创作生产，所以上影就直接到工矿企业去物色选拔年轻工农兵形象，让年轻演员从实践锻炼中边学边演、揣摩领悟。一年的实习观

▲ 何麟（右一）与舒适、曹铎、于飞等到矿厂慰问演出

察期间，由于我对表演艺术属于白纸一张，所以日常表现得拘谨不自在，精神上也感到压抑，原来的饭量也没了，茶饭不思，甚至夜半梦里还在学讲普通话，身心很难入局。客观上，剧团和海运局两边的待遇福利也相差很大。有一天，舒适老师在给我单独辅导的休息时劝我："回海运局吧，领导很看重你，福利待遇也好得多，你在这边的发展不一定会比海运局好啊。"看着舒老师，我脑子里想：来海运局招生时，他和曼芳老师淋雨往返数次，为了让我表演考试有个好的成绩，三伏天在大木桥老片场的食堂里一遍又一遍地辅导。而且，说这些话显然是冒着风险的。舒老师作为长者前辈的好心与善意让我感动。几天后，我和海运局领导说了想回去的话。领导一脸严肃："你是代表工人阶级登上上层建筑的，是去掺沙子的。如果自己提出回来，打退堂鼓，这是给工人阶级脸上抹黑！"我绝对没想到这份责任如此重大。我把这一段话在没别人的房间里告诉了舒老师。他很久无语，在我转身准备退出时开了口："那就好好干吧，相信你能行的。"这一些场景几十年过去了，记忆却一点也

▲ 何麟主持剧团每周例会

▲ 何麟与张瑞芳出席活动

没有淡。我和舒老师接触得不算多，但感情挺深的。我因为工作调动而离开剧团后，只要时间合适，我会去看他。只是他晚年眼睛看不见了，耳朵也不大好使。多亏有老伴儿凤凰老师的细心照顾，快百岁的人了还那么的精神矍铄。最后收到二老的一张相片是舒老师百岁的生日照，凤凰老师在照片的背面写了一句：老头百岁存念。如今二老驾鹤西去，留下不尽的长忆。

人这一辈子肯定会有一些机缘巧合，这大概就是常说的天命，但人事不可不尽努力。我没有出局，得有闹市求前，得一步便紧一步的自省，更是离不开前辈的引领、提携和帮助。我调动工作离开剧团后，会借时机方便或日常得闲去探望我的老导演、老前辈、老同事。彼此见了面就如回到摄制组、回到片场、回到电影的春天。上影就像个大家庭，年轻后生犹如棵棵苗木花草，无言的家风恰似源头活水，润物无声才得见簇簇花红叶绿。

岁月如风，顽童成翁。我跨入剧团大门时不到而立岁，如今已是年过古稀。予老矣，虽鹤发鸡皮，蓬头历齿，然心在，情在。苍天若能遂人愿，还我剧团再当年！

之所以坚持　是因为热爱

◎马冠英

马冠英，1952 年出生。主要作品：电影《特殊任务》《飞吧，足球！》《绞索下的交易》《洱海情波》，电视剧《蛇侠》《新梁山伯与祝英台》《心术》。

因为热爱
所以坚持
因为他值得我们爱

马冠英
2022.2.7

剧团成立到现在已经 70 周年了，我是 1975 年进的剧团，转瞬间 47 年了。进团的时候，剧团还是厂里面的小白楼，就是教会的房子，后来又转址到了大木桥，大木桥又到了武康路，武康路又到了广播大厦，最后回到武康路，非常圆满。进厂的时候，我感到非常庆幸，我们的前辈都还在，那都是我从小崇拜的偶像，赵丹老师、白杨老师、瑞芳老师、秦怡老师……虽然他们现在已离去，但我非常庆幸能跟他们在一起工作。

也许是一种缘分，当年我在部队文工团的时候，上影厂排话剧来找演员，就找我来试戏，定下来让我演一个角色，结果部队不放人，但是就此跟上影厂结下了缘。1975 年底，我就要离开部队，因为我被北京

▲电影《连心坝》剧照

▲电影《飞吧，足球！》剧照

广播学院录取了。这时候瑞芳老师知道了，说："那不行，既然你们部队放了这个人，我们就要他。我们现在要充实新鲜血液。"这番话就把我半路截掉了。于是乎，我提前脱了军装进了上影。

进厂后我马上开始了第一部电影《连心坝》的拍摄，一个对电影陌生的人，初次上镜就担当戏的男主角，压力太大。好在，组里有很多我们的前辈，像陈述老师、顾也鲁老师、茂路老师，我还跟洪融老师演一对。他们让我懂得了怎么拍电影，怎么在镜头前面表演，就像学生上学一样。顾也鲁老师演一个老农民，他告诉我电影和舞台不一样，表演一定要掌握分寸，要走向生活。刚开始的时候我的台词处理还是像话剧那样，就是观众说的那种"舞台腔"。不过，我演这个角色也有优势，这部电影写的是一个复转军人，跟我的身份、年龄、生活经历有很多接近的地方，在找到我之前，全国大概有三十几个演员来试这个角色，不仅局限于本剧团，他们都已经拍过电影了。而且那个时候一个戏的男主角不是导演一个人说了算，厂领导、艺委会、局党委……就像打擂台一样。所以我非常感谢上影能先想到一个没拍过电影的新人，当时是有两部片子同时找我，导演徐伟杰坚持让我上这部戏。

　　我有幸在拍完《连心坝》之后，紧接着又演了《特殊任务》的男主角，由于本正导演，这部电影是黑白电影，在这之后基本就开始只拍彩色片了。第二年，我又拍了《飞吧，足球！》，这部电影是我比较喜欢的，其一，圆了我的一个足球梦；其二，这是一部体育片，很难遇到。当我在厂里拍摄《等到满山红叶时》时，剧组在找演员，其中就有一条，不许替身，所有的足球场面必须自己完成。为此，找了好多演员，足球顾问都不认可，怎么办？又找了一批足球运动员，像后来国家队的教练朱广沪当时都在。他们踢球是没问题的，但是戏里有一大半的文戏。后来就说了，别到处找了，找剧团马冠英，他会踢球。厂里马上打电话给《等到满山红叶时》剧组，问我还有多少戏，要我拍完以后马上回来，把我拉到体育场就开始了。

　　从 1975 年进来，我就开始一直在厂里拍戏，大概到 1981 年底就开始外出拍戏，那时候叫外请，西安、长春、北京、广西、云南……我都去了，当时厂里是拍大电影，赵丹老师就提出来，要锻炼一些青年导演，适当拍一些小电影，就是时间比较短的，于是就拍了好多部，我参加了两部，一个是《御马外传》，一个是《清水店》。《御马外传》和程之老师在一起，《清水店》是和孙景路老师、石灵老师一起。程之老师多才多艺，京剧唱得好，字也写得好，拍戏之余没事就是写字。表演上，他会随时给你提出意见。那时候拍电影和现在不同在哪？过去接到本子，下到摄制组以后第一件事情就是去体验生活两个月，必须去体

▲ 2017 年，马冠英在上影演员剧团参与出品的话剧《大世界》中饰演黄金荣

验，还要掌握一些戏中的特殊技能，比如开车、划船。两个月回来以后进行案头工作，导演谈阐述，演员谈角色，要写角色自传，把自己角色的三代都要写进去，一定要想象，你的爷爷干什么，父亲干什么，尽管戏里可能没表现，但是你要有依据，要清楚。然后再进行片段的排练，这样下来又是一两个月之后才进入拍摄阶段。

我就想我们的前辈好在哪？那么多故去的前辈，包括刘琼、舒适、白穆、李纬，我们在一起的时候可以说既是前辈又是忘年交。过去每年年底的时候，我们都会请他们一起吃涮羊肉。我和这些老前辈合作都很多，像高博老师、陈述老师。那都是对自己要求非常高。我媳妇就这样说："你一天到晚穿衣服，穷讲究，哪儿学来的？"我说："不瞒您说，您也知道，我跟刘琼老师学来的。"刘琼老师就是这样的，我跟他见面的第一印象就觉得："老爷子太酷了。太帅了，太有范儿了！"后来接触下来，我才知道老爷子是非常的讲究，他去做西装，肘上的一块皮子，要自己准备好。包括我跟他一起去吃饭，80来岁的人下楼不准我们搀扶他。白穆老师就比较幽默，没事会写首诗给我看。老人家平时生活不像刘琼老师那么讲究，但就那么一个不讲究的人，有一天要到我家来。一开门大吃一惊。老人家西装革履打着领带，从我进剧团就没见过他这样。我说："白穆老师，上我家是很随便的。我就给你吃饺子，你也不要穿西装。"我这是调侃，但他对这方面很注重。我们也非常敬老，在李纬老师住院的时候，我跟崔杰去看他，帮他洗脚，最后老爷子含着泪："我跟你们走，我跟你们在一起，别让我在这待着，别把我留在医院。"剧团的第一部电视剧就是李纬老师导演的，叫《新郎之死》，我和张瑜演的男女主角。

我们这一代人正好是承上启下，来的时候前辈还都在，等我们老了，前辈也大都故去了。从计划经济走到了市场经济，没想到能再回到武康路，回

▲2019 年，马冠英在话剧《日出东方》中饰演赵丹

到这来就是真的回家了。特别是我们这代人，回想这一点一滴过往的事情，前辈给我们留下的印象。先不说对艺术有多高的热情，就从我们本身来讲，我所选择的职业是演员。演员干什么呢？就是要演戏。我们不会把它局限，演员什么都要演。我到剧团 40 多年了，到现在一直还在坚持着银幕和舞台，我就想说一句：之所以我能坚持，那是因为我对它的热爱。

剧团，两代人的情缘

◎ 崔杰

崔杰，1956年出生。上影演员剧团第九任团长。主要作品：电影《生死之间》《股市婚恋》《危情血案》《三毛救孤记》，电视剧《何须再回首》《安居乐业》《茶馆》。

　　上影演员剧团成立70年了，不容易。我当了10年团长，遇到的幸福、收获、困难、坎坷，如人饮水，冷暖自知。在剧团成立60周年的活动上，我反复给支持剧团的朋友鞠躬，我就觉得，有那么多人能够给予剧团方方面面的帮助，我站在台上公开给人鞠一个躬不算什么。我所做的一切，都要对得起哺育我几十年的家。

　　我也算是很早就和文艺沾边了。最早在北京，我是一个普通的工人，首钢宣传队普及样板戏，我就演《红灯记》里卖木梳的。后来，南京前线话剧团来招人，工会主席就叫我去见一面，人家问我会什么，我就唱了毛主席的诗词"山下旌旗在望"。没想到那会儿部队招人快得不得了，一个礼拜后工会主席就通知

▲ 剧团演员在央视《向经典致敬——上影演员剧团成立 65 周年》中合唱《春天里》（左起：刘磊、郭凯敏、马冠英、毛永明、崔杰、林麟、陈龙、张晓林）

我去南京报道了。回家路上，我就开始掉眼泪，觉得非常对不起爸妈，因为要离开他们，那时候我才 17 岁啊。后来，部队的人还来我们家做思想工作，我妈咬咬牙，点头了。从此我就走上专业文艺的道路，整整 50 年了。

到了前线话剧团，先开始跑龙套，譬如一台淮海战役的戏，3 个钟头，我在台上就 4 点几秒，我演一民工，扛一车弹药支援前线，从一侧幕条跑到另一侧幕条。我估计我在前线至少跑了 7 年左右的龙套，没演过任何有名有姓能上说明书的角色。不过有时候，我们去海岛演出，大的布景上不去，我就上去给人说快板书，这时候我就是主角了！

在部队待了接近 18 年，这给了我巨大的锻炼，也让我收获了甜蜜的爱情和家庭。后来，我的孩子出生了，我太太徐东丁先回了上海，1988 年，我也脱下了军装，来到了上海。最早的时候，我的档案被上海电影译制厂拿走了，因为我在南京的时候，经常在星期天坐火车来上海配音，然后当晚回去。但

▲ 崔杰岳母孙景路、岳父乔奇合影

是，我是演戏的，我还是希望自己能去上影演员剧团，我的丈母娘孙景路就帮我圆了这个梦，译制厂一个管人事的姓朱的同志特别好，他理解我，就把档案还给我了。

说起我的丈母娘孙景路，我还想多说一点。孙景路老师最早被中国旅行剧团的唐槐秋发现成为一名话剧演员。她小时候在武汉，拿着旗子游行宣传抗日，后来唐先生觉得她普通话好，嗓子也好，就让她去演话剧。孙老师在旅行剧团演过金子、翠喜，包括陈白露都演，20世纪80年代《日出》被上影拍成电影，也是老太太担任表演辅导。电影在国外放的时候，美国的华人写了文章，说看了中国新拍的电影《日出》，又想到了当年的孙景路小姐。我有一次也差点和老太太合作，演她的女婿，这样就是戏里戏外的女婿了，可惜很多事情都会有遗憾。那时候，我还没进上影，老太太就让我去外面集市买两只鸡，晚上让大家一块聚聚，包括照明、美工、摄影，借机会和大家认识。后来马冠英和我说，老太太作风几十年如一日，她身上仅有这么一点钱，都愿意拿出来营造这种氛围，让所有人都很高兴。

在演戏上，老太太也给我很大的帮助。我第一次演戴笠的时候，对他不了解，托人家查资料。老太太思路敏捷，她说你打一张机票去北京，我写一个条子，你找个人，然后叫他大舅，他是民国时期一家报社的总编，在重庆被戴笠抓过。后来，我到了北京，老人家告诉我在重庆的时候，戴笠怎么看着他吃饭：面对面坐着，隔个五六分钟就拿卫生纸擦鼻涕，然后往托盘一扔，再看着我吃，多恶心啊！这一下子把我点的。在电视剧里，要是哪个手下犯了规矩，我就拿着一块手绢，走到面前然后一擦鼻涕往他脚底一扔，他就完了……

话说回来，我进了上影演员剧团之后，老太太就跟我说，团里面的老人都是你的长辈，你一定要学会敬着人家。还有就是什么事你都别管，就是把戏演好。所以我压根都没想着后来会当团长。那时候我和一帮同事都是好朋友，大家在一起排戏演戏打打

▲ 电视剧《追杀袁世凯》剧照

闹闹，没想到有朝一日还成了领导。那是在新千年之后，有一个晚上，任仲伦总裁突然找我谈话，说剧团需要一个团长，问我能不能担当。我说，我是后进团的，那么多人都比我早进团，他们比我更有资格。任总很真诚，他说我们必须谈出结果，不然谁都别回去。我就跟家里人商量，我的太太说，她也想了老半天，但是我如果当团长，管理好这个剧团，妈妈在天之灵会很高兴的。我想着，也真是，如果女婿接了班，老太太一定很开心。而且，当年我进了剧团，包括瑞芳阿姨、秦怡阿姨、李纬伯伯、刘琼伯伯、舒适伯伯，他们都对我特别好。所以我带着一种家庭的责任，不能给孙景路丢脸，她真的很爱这个团，她是 1953 年第一批进团的，所有的事情她都经历了……

那时候我们的剧团已经搬到了广播大厦，我就骑着自行车，或者走路来上班，大概到 2013 年的时候，剧团给安排了一辆车，我们就用车来接一些参加活动的老同志。当时有一个不成文的惯例，每周五上午大家都会来聚聚，也讨论一下集团和党组织上的一些重要文件。我就想着，要搞一些活动能把大家都凝聚起来。所以，我也策划了一台情景诗剧《军魂》——里面所有的台词都是以诗歌的方式写的，合辙押韵，但是又不能像朗诵诗歌那样念。这台戏的影响还是挺大的，团里 30 几位演员都来参与，平时准时排练，还在郊

▲ 2007 年，《军魂》剧组全体演员合影

▲ 崔杰与时任上影演员剧团党支部书记严峻合影

区找了个剧场彩排合成。瑞芳老师、秦怡老师、白穆老师都来关心我们的排练演出，向梅老师、吴云芳老师、张文蓉老师都上台了。王志华老师，看完之后跑到后台，他说："一台都是主角！一台都是明星！"我就特别有感触，那一年正好是建军80周年，我也还了自己一个军旅情结。

　　每年重阳节的时候，我们也要提前准备，因为这是上影演员剧团的传统，从我之前就一直有了。每到这一天，全团的老前辈都会来剧团，有的坐轮椅、有的拄着拐杖，当年轻的演员为前辈敬酒、叫着老师的时候，我相信这些老师有成就感，他们就会认为自己是这个家里的长辈，在社会上别人熟悉他们，但在这个家里，就是老大哥、老大姐、叔叔、阿姨。这其实就是我们的初衷。现在，佟瑞欣团长还会为每年退休的、到了80岁的老人做一个小仪式，我觉得特别好，他们觉得自己为电影做贡献了还能得到表彰，特别光荣。

　　上影演员剧团，对于我是两代人的感情。70年了，我希望剧团能够红火，有一代一代的接班人。希望能有真正热爱中国电影、热爱上影的年轻人进入剧团，让他们来传承，做更多有意义的事情！祝福我的剧团长命百岁！人丁兴旺！

从"上影一枝花"说起

◎吴海燕

吴海燕，1956 年出生。主要作品：电影《海霞》《等到满山红叶时》《白莲花》《特区姑娘》《加州来客》，电视剧《卖大饼的姑娘》《聊斋》《杨贵妃之谜》。

演员剧团
永远是我的家！
吴海燕

　　很有意思，曾经有报道称我为"上影一枝花"，我那时年轻，并没有太在意，更不知道怎么会有这么一个称呼。我到了剧团演的第一个话剧就是《于无声处》，徐桑楚厂长跟赵丹老师来看戏，在走廊里，看见我就说："海燕，看得出你的戏路子能走得很宽！"紧接着赵丹老师很关心地说："我们是邻居，往后有什么业务上不明白的地方可以找我和宗英老师！"我感动得不得了。现在想起，可能是当时厂里特别是徐桑楚厂长他们老一辈要培养年轻的接班对象，就把我也当作代表突出了。

　　此前，我在北影厂拍摄了电影《海霞》，那时我正好在福建演京剧《龙江颂》，北影厂的人来了，他们已经把话剧团、歌舞团找了个遍，最后看了我扮演

▲ 电影《海霞》剧照

的江水英。那时纪律很严，北影一个负责人到后台跟我说："小同志，能不能到公园去照个相？"我约了几个同学一起去，但也没什么概念，那个年代大家没有照相机，觉得有人给你拍照挺开心的，也没想到电影摄制组会来选京剧演员。过了一个月之后，京剧团要学《杜鹃山》，我想应该是有我的戏，结果宣布的时候没有我的角色。领导就把我叫去了，他说："现在北影厂要你试戏，但是没说定下来。你准备好，我们还是希望你回来的。"然后就安排了一个办公室主任跟我一起去，主要是不想放我，希望我还能回来。没想到的是，我从此一脚踏入了电影圈，一路吃胶片。

进入我们上影演员剧团，是瑞芳老师选的我，她是铁牛老师的后一任团长。我先到上影厂，然后到大木桥路上影演员剧团报到（分配给剧团的就是曾经修马路工人休息的地方）。没想到，上海作为中国电影的发祥地，上影演员剧团又有那么多闻名退迩的艺术家，但眼前的剧团竟是那么质朴，我内心很受触动，就像是小鸟到了天堂，想到了周恩来总理说过："上海电影制片厂

▲电影《等到满山红叶时》剧照

是里弄工厂，但是出好片！"剧团办公室就是三四间小平房，我就记得王丹凤老师一走进去"跨"一下踩进木地板，当时的条件很简陋。

我在上影拍摄的第一部电影就是舒适老师导演的《绿海天涯》，男主角请了王心刚老师，我演王心刚老师那个角色的太太，结果觉得年龄差距太大了，就要换演员。另一个摄制组知道了，就说："你到我们这个组吧，演女一号！"舒适老师知道了，赶紧说："我们不放你。"我说："另一个角色是个勘探队员，我不太熟悉，可能不合适吧。"他说："你小的时候我就看过你，你合适！"舒适老师是那么著名的演员、导演，他能这么说我就很有信心，继续留下了。舒适导演和上影厂的其他导演一样，从来不会训斥演员，有的时候演员演得不到位，他就走过来耳语："你可以再过一点……"我们在西双版纳，农民要杀牛，舒老觉得太残忍了，但是没办法。他看见那人身上溅了一身血，就问："你怎么不换衣服？"那人回答，我没衣服，当时大家都艰苦。舒适老师一共就带了两件的确良，马上叫服装拿来一件送给人家，他真是太善良了。

上影拍摄电影的过程中，大家在一起都非常融洽，不管什么戏，创作的

▲ 电视剧《卖大饼的姑娘》演员合影

氛围都非常浓。在《等到满山红叶时》剧组，我们几个演员何麟、丁嘉元、马冠英，每天就拿着剧本对词，正式拍摄的时候都是一条过，累了在船上倒头就睡，生活规律、单纯。我还参加了中叔皇导演的《白莲花》，他也像个老小孩似的，关键的时候要亲自演一遍做示范，他自己也很得意，大家也放松下来了。后来，我参与了上影演员剧团拍摄的电视剧《卖大饼的姑娘》，那时上影刚开始拍电视剧，负责人是团里的演员张雪村大姐。张大姐很关心大家，给我们吃得好极了，我们凌晨4点就去下生活，去学和面。导演说"搋面"，我们南方人也不懂，其实就是揉面，亏得我以前学过。切面什么都是近景，我都是现学的。这些难忘经历，带给了我许多美好的回忆。

在团里，赵丹老师对我影响启发很大，我家到他家就两分钟的路程。他经常会让我跟他一起画画，所以我现在也喜欢画画，这是我演戏之外的修养。我还和黄宗英老师学习写作，这是张瑞芳老师推荐的，她在业务上很关心我们，告诉我说："你哪怕一辈子当演员，学一点写作也是有好处的。"黄宗英老师先给我看她写的文章，然后告诉我故事该怎么写，我特别喜欢她的文章，想着将来如果自己戏路子没有了，就能去写作。还有王丹凤老师也对我特别好，我们一起到福建和观众见面，她一路上跟我讲很多好玩的故事，还问我："要吃什么，老师给你买？"其他演员就起哄，"说呀，你要吃巧克力！"这些前辈在为人处事上潜移默化影响着我们。

▲ 2019 年，话剧《日出东方》演员合影（左起：吴海燕、徐东丁、于慧、向梅、崔杰）

　　上影演员剧团能够发展到今天，是一代又一代人努力的结果，传承了老一辈艺术家的优良作风，培养了更多新时代德艺双馨的优秀演员。上影演员剧团已经成为全国影视行业的榜样！

演员剧团的电视工作者

◎张雪村　曹坤其　毕远晋

上影演员剧团 1980 年拍摄首部电视剧《新郎之死》，1984 年扩建电视剧部，直属上影厂。剧团演员先后拍摄《父亲》《卖大饼的姑娘》《藏金记》《喜中缘》《长夜行》《上海屋檐下》《结婚进行曲》《这里也是战场》《何须再回首》《人生有缘》《人生有情》等数十部电视剧，多次获得电视飞天奖、金鹰奖。

张雪村：上影演员剧团是电影厂拍电视剧的"第一人"

张雪村，1942 年出生。主要作品：电影《年青的一代》《江水滔滔》《美食家》，电视剧《卖大饼的姑娘》（制片）、《上海屋檐下》（制片）。

1963 年，我从上海电影专科学校毕业进入上影演员剧团。最早是在永福路，后来到了大木桥路，当

时，剧团共有 100 多个人，大木桥就那么 4 间房间几十张椅子，显得很拥挤，在这样的情况下，瑞芳老师打电话联系了市委，让我和康泰老师去物色剧团的新址，我们就找到了武康路 395 号。现在回来，我发现武康路的剧团完全变了，新时代，新感觉。

▲ 电影《江水滔滔》剧照

1979 年的时候，向梅老师主演了电视剧《永不凋谢的红花》，我在里面扮演了大嫂。万万没想到，一个星期后电视剧就播出了，我的同学都纷纷告诉我，"我们在电视里看到你了！"哎？我突然一想，拍了好几部电影，有时候还找不着自己，电视剧才拍了一星期，就可以给千千万万的观众看到，影响特别大。瑞芳老师也说："我看了电视台拍电视剧的过程，不是和电影摄制组差不多吗？摄录美服化道，就是机器不一样。我们能不能自己搞？"铁牛老师是支部书记，他说："可以啊！为什么不能？"我们就讨论，这时周以勤拿出了一个本子，叫《新郎之死》。

我觉得这个名字很好，吸引人。但这时没设备怎么办？瑞芳老师说："你到电影局，找孟波！"我就骑着辆自行车过去了，孟波老师在吃饭，他说："你别急，我给高教局打电话。"于是我们又到高教局去借机器，那里有 6 个人，3 个同意 3 个不同意。瑞芳老师就又打电话，终于解决了。这部戏是李纬导演，叶志康副导演，马冠英、张瑜主演。那时一部戏只要几千块，服装都是家里拿来的，就是机器不太熟悉，拍出来的画面演员的脸上都像抹了酱油，怎么办？我就想到了奚里德，他是电视台副台长。晚上我又骑自行车去找他，他已经睡了，被我喊醒后在楼梯上跟我说话，"别急，明天礼拜六台里不录，我把电视台的机器借给你们，明天我也来！"

《新郎之死》拍完了，宣传很大，但是大家看了有点失望，因为第一部，不懂怎么拍。我们收到了通知：上影演员剧团不务正业！瑞芳老师就说："哪有娘胎生出来就会走路的？继续干！"这句话我永远记得。后来我们自己的机器，也是瑞芳老师去申请的，现在，这两台机器，一台在电影博物馆，另一台在瑞芳老师安眠的福寿园。

就这样，我们赶紧拍第二部电视剧《父亲》，张伐、赵静、翟乃社主演，张老师演得特别好，摄影师就跟着他走，他眼泪落下来，摄影师也流泪了。我们星期五在吴兴路的一个单位看景，双休日没人，我们就进去拍，那时还不懂场租费什么的，两天就把戏的内景全拍完了。奚里德台长也很支持我们，问我能不能在大年夜前把后期做好，台里要放。我们五天五夜通宵达旦，把这部剧赶出来了。

《喜中缘》《藏金记》《人之初》《燕尔窝之夜》……这些电视剧都是上影演员剧团出品，在中央电视台播出，多次获得飞天奖。我们的剧本基本上都是演员自己写，申怀琪老师就编剧了《卖大饼的姑娘》，于振寰写了《1+1=3》，《1+1=3》这部剧被国务院副总理陈慕华特别表扬，还写了一封信寄过来。

1982 年的时候，我们拍了上影演员剧团电视剧的代表之作《上海屋檐

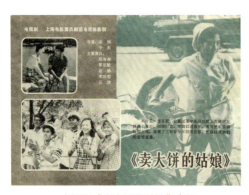

▲ 电视剧《卖大饼的姑娘》海报

▲ 电视剧《喜中缘》海报

下》。杨在葆老师是这部戏的导演，他既要演戏，又要导，还要照顾家里人。我们在交通大学拍摄，中途的时候，主演秦怡老师家的儿子遇到了点问题，送到了医院，秦老师当天去医院，第二天又回来，说没问题，继续拍。我真是特别感动，拍完后我和秦怡老师到北京夏衍先生那里送审，回来之后，听夏公说他很满意。

▲ 电视剧《上海屋檐下》剧组合影

　　因为我们剧团拍电视剧的缘故，文化部举行了首届电影厂电视剧评奖大会，上影演员剧团名列前茅，全国的电影厂都来学习取经。之后几年，我们得奖率还在三分之一以上。剧团跟着时代的脉搏，将演员的培养和时代的需求结合在一起，这点非常了不起。我跟着剧团，从演员成长为电视剧制片，直到退休那么多年，还能回到娘家，真是没想到！

曹坤其：更须回首

曹坤其，1951 年出生。主要作品：电影《奥菲斯小姐》《都市萨克斯风》《房东老爸》，电视剧《十六岁的花季》。

　　我是 76 年从上海戏剧学院毕业，进入上影演员剧团，到 2023 年已经 47 个年头了。最难以忘怀的是我们的老团长，德高望重的艺术家张瑞芳老师。记得那

▲电影《房东老爸》剧照

▲电视剧《人生有缘》海报

是 1983 年、1986 年我腰椎间盘突出住进医院，瑞芳老师安排剧团的两位老师到瑞金医院探望，时隔数年，还托人问，小曹腰伤好了吗，并转告我要保护腰，年纪轻身体好，才能工作好！这样一位老艺术家对一个小演员的关爱，使我终生难忘，她的伟大人格魅力值得尊敬！

作为剧团的一员，需要干什么就做什么，每人都做贡献。记得 20 世纪 90 年代，何麟团长大刀阔斧地带领大家从剧本创作、自筹资金到后期发行，共拍摄《何须再回首》18 集、《人生有情》20 集、《人生有缘》20 集、《天地真情》24 集，其间，还与上海市卫生局拍摄了《人与健康》40 多集。我担任制片工作，经历过的事历历在目，清楚记得武康路剧团成了行政部门和化服道摄录美的根据地。几乎每部戏的角色都是剧团的演员担任的，像《何须再回首》的导演由演员江澄担任，当时拍摄的是沪语版，之后重新配音发行了两个版本。以上 80 多集播放后影响很好，得到司法部门的认可和嘉奖。在拍了《天地真情》之后，何麟团长调任到文联工作，为了熟悉新工作，只能把《天地真情》放在一边，三年之后才播放，真是不容易啊！

现在我已退休十多年了，觉得心有余而力不足，但只要剧团需要我，一句话，我就来干。剧团是我们的家，传承着老一辈艺术家的优良品格，望剧团越来越辉煌。

毕远晋：靠努力把自己干成了剧务

毕远晋，1953 年出生。主要作品：电影《咱们的牛百岁》《黑狮行动》《燃烧的港湾》，电视剧《铁道游击队》《何须再回首》《水浒传》。

1979 年，我从北京电影学院毕业来到了剧团，和我同行的还有同学翟乃社、王卫平，我们仨都是山东人。

我参与了不少剧团电视剧的拍摄，有一部叫《洋泾浜兄弟》，牛犇老师演我爹，我是老大，郭凯敏是老二，周国宾是老三。在这部戏里，我既是演员，又要当剧务。因为我是农村长大的，从小闲不着，在拍第一部电影《海之恋》的时候，我们每天要上一个

▲电影《燃烧的港湾》剧照

▲电视剧《何须再回首》拍摄现场

▲ 张雪村、曹坤其、毕远晋与佟瑞欣团长在张瑞芳铜像前合影

小岛，就看见赵焕章导演自己背着一个三脚架上岛。作为年轻人，我觉得导演都扛着东西，我们更应该帮忙，而且我演一个海军战士，戏也不多。后来每次拍戏，我基本上都要帮着搬东西，导演就觉得我挺勤快的，帮忙干点事情吧。

还有一次吴贻弓导演在武康路写剧本，我每天晚上都看到他，那时候没什么事情，就陪着他。结果这个戏拍了，何麟演男主角，我演他弟弟，有时候也帮着买点水，播出后，也给我挂了个剧务的名，剧组并没有任命我去当剧务，是我自己干出来的。

我并没有觉得演员去当剧务有什么可丢脸的，这是我们剧团的好品质，我们很多老演员在拍戏的时候都要帮忙干别的，如果谁都不肯干，电视剧要怎么拍？在我多次担任剧务之后，突然一下子就被任命为制片主任，因为通过剧务工作，我对电视剧拍摄的流程门儿清。

我跟上影演员剧团是同龄人，进入剧团很幸运，能参与剧团的电视剧工作更是幸运，我们演员剧团是全国电影厂拍电视剧的开拓者，真是了不起。

代表剧团 70、80 年代演员

◎张芝华　周国宾

上影演员剧团自 20 世纪 70 年代起从社会上挖掘培育了一批青年演员，他们来自学校、工厂、农场、部队、文工团，有的甚至是在大街上被发现。后来，这批年轻人成了上影演员剧团的中流砥柱，在 70、80、90 年代大放异彩。他们中包括：张瑜、郭凯敏、毛永明、卢青、陈烨……作为其中的代表，张芝华、周国宾回忆了当时进入上影演员剧团的经历和那些培育了他们的老师……

张芝华：我与剧团

张芝华，1958 年出生。主要作品：电影《好事多磨》《赵先生》《我和我的祖国》《爱情神话》，电视剧《大上海屋檐下》《儿女情长》《宝贝》《心居》。

我和上影的缘分很早，那时，我高中就要毕业了，正逢上影筹备拍摄电影，由于此前已经定好的女

▲电影《雪青马》剧照

演员年龄偏大，不再适应该角色，所以需要更年轻的演员。当时，青年话剧团的马邻老师向上影推荐了我。我背了书包，坐着42路公交车到上影，给我们面试的有瑞芳老师、铁牛老师和《小将》的导演中叔皇，他们亲切地问我："会朗诵吗？"我的回答有些直接："不会，我只会京剧。"于是我就唱了一段《沙家浜》的选段，瑞芳老师笑了，说："声音挺好。"我就到了化妆组化妆试片，化妆师给我安个鼻尖，那是夏天，一不留神，我的鼻尖就掉了。我很不愿意装这个鼻尖，觉得这不是我的鼻子，就对老师们说："如果你们觉得我不好看，我可以回去读书！"或许是导演觉得我的个性很符合角色，还是启用了我。

戏拍完之后，瑞芳老师和铁牛老师就带着我和洪融老师一起排独幕话剧《送货路上》，那时我真是一张白纸，什么都不懂，瑞芳老师把剧本给我，我都不知道怎么念。第一遍是瑞芳老师替我念台词，我在旁边听。然后就让我们继续对台词，我就把瑞芳老师模仿了一遍。瑞芳老师打断我："你学我干吗？要自己去理解。"所以说，我很幸运，在刚开始演戏的时候，就有剧团的老前辈亲自教我们，我还在程之老师、牛犇老师导演的话剧《甜蜜的事业》中演招娣。通过几十年的实践，我逐渐体会到，演员要真诚，演戏要魂附体。当年的12月，我们在大木桥路41号的摄影棚里演出《送货路上》，然后就跟着剧团到国棉二十厂、金星电视机厂、好八连等单位慰问演出，凡是轻工业的厂我们都走了一遍。上影演员剧团历来就是面向观众，这是我们的传统，那时的老前辈为我们立下了榜样，告诉我们没有观众，就没有我们演员的存在。

后来，随剧团，我们又排了话剧《万水千山》《曙光》，在当时的徐汇剧场连演一个月，我在《万水千山》中演一个小护士，在《曙光》中女扮男装出演通讯员。现在回想，我们当初是如此幸运，能和剧团那么多的老师王丹凤、向梅、孙景路、高淬、朱曼芳、吴喜千、王惠同台演出，学习到演戏、做人

▲ 话剧《万水千山》剧照

的可贵品质。在拍《大刀记》的时候，我直接和李纬老师、仲星火老师、杨在葆老师对戏，零下十几度，李纬老师就穿一条毛料裤，我问他为什么里头不加棉毛裤，他说不能加，一加裤缝就没了，必须笔挺！

对待角色就应该一丝不苟，我也以此要求自己。拍摄《清水店》的时候，我早上4点就起床擀面，正式拍摄的时候，就很熟练了，我能把面拉到头发丝那样细。当时抱着一种想法：不能浪费胶片，因为胶片是用外汇买的，不能因为手艺不过关重拍。那个时候，如果要演一个战士，提前一个月就要去喂马。拍摄《雪青马》的时候，我骑在马上，过一个壕沟的时候缰绳拉早了，马没跨过去，直接翻了下来。其实我一只手已经受伤了，但是有千军万马等着，我就用受伤的手托着另一只手拉绳，重新再来。我觉得演员这一职业非常神圣，生为上影演员剧团的演员，感到无上光荣，因为剧团有那么多的老前辈赵丹老师、瑞芳老师、秦怡老师……给我们带来了荣耀，作为小辈，如果我们不认真对待这个神圣职业，有负于这些老师们的栽培，也对不起自己。

我真是在演员剧团的培养关心下长大的，出去演出的时候，程之老师拉

▲ 电影《清水店》剧照

二胡，我就唱民歌；他如果拉京胡，我就唱京剧。在拍《清水店》的时候，孙景路老师心疼我们年轻演员吃不好辛苦，会在自己没有戏的时候，把苹果削好，把黄瓜拌好，等着我们回来，如同家里一样。有一次，我穿着丝袜接待外宾，突然，韩非老师在背后悄悄地说："小张，你的丝袜上有一个洞。"我一惊，弯下腰一看，还好，洞在下面，问题不大，应该看不到。"不行，你一定要到厕所把袜子脱了！再冷也要脱掉，女演员绝对不能穿着破袜子！"我就赶紧把袜子脱了。韩老师又让我把油抹上，因为天气寒冷干燥。这些老师从生活的细节上关心我们、教育我们。

1979 年高考，剧团还为我们争取到学习的机会，让我们带薪上大学，我被送到了上海戏剧学院，这是我人生的一个转折点，我从心里感恩剧团培养了我们！我主演的电影《赵先生》、电视剧《这里也是战场》都获得过国际奖项，我的成长是演员剧团给了我滋养，刘琼老师曾经说过："从龙套出发，到龙套结束。"我继承了前辈对待演员的职业精神，从来不敢怠慢一天的戏。

现在退休了，只要剧团需要我，我会义不容辞地赶到，因为上影演员剧团是我的精神依靠。感恩剧团，继承和发扬演员剧团的荣誉，是我们应尽的义务，决心把演员作为我神圣的职业！

周国宾：做一个有情怀的人

周国宾，1956 年出生。主要作品：电影《难忘的战斗》《金钱梦》《心灵的火花》《偷拍的录像带》，电视剧《家在上海》《何须再回首》《舞台姐妹》《戒毒风云》。

　　我是因为拍摄《难忘的战斗》而来到了上影。那是 1974 年，张云立老师和崔月明老师来我们学校找演员，我那时又黑又瘦，和角色还挺靠，当时真是一张白纸。后来我才知道，当时为了找达式常老师扮演的田文中的警卫员，组里派了好多人到各个学校里去招，我就朗诵了一段《火红的年代》，就选上了。因为是上海人，语言不行，摄制组专门买了一个盘式的录音机，把台词先录好让我学。

▲ 电影《难忘的战斗》剧照

▲ 电影《金钱梦》剧照

▲ 话剧《万水千山》剧照

我第一次看到陈述老师的时候，真是吓一跳，因为新的《渡江侦察记》已经放了，眼前的情报处长穿得比老工人还要朴实，他跟我们讲话也非常谦虚，就说："小家伙，你看这个地方这样，我认为比较好。"还有一次我们在试胶片，突然边上走过一个老头，任申老师就问我："这个人你认识吗？"我说我不认识，"这你都不认识？赵丹啊！"

按照我们家的情况来讲，我应当是分配到农场，演完戏之后，我觉得哪怕是在上影厂门房看门也不错。这时候，剧团对我们非常关心，觉得这帮孩子既然来了，就不能放他们出去。跟我们同样性质进团的，还有张瑜、卢青、陈烨、毛永明……如果摄制组需要，我们就直接演戏，如果没有剧组，就跟着剧团活动，我们还在龙华下生活，前后共4个月的时间。

上影演员剧团的"帽子"太大了，在大木桥路，如果你不了解，看过去都是路人，但凡是电影爱好者，一眼望去都是大演员：一个小房间里，韩非

▲ 剧团演员在大木桥路 41 号合影

老师、梁波罗老师在印刷；不远处方伯老师在和我们打牌；有时候看参考片，一打开大门，林则徐赵丹！我之后拍《平鹰坟》，跟张伐老师在一块儿，他是个多才多艺的人。拍戏的时候就一条长炕，我就睡在张伐老师的边上，估计他也睡不好，但是他不说话。

很多事情都已经成为过去了，我对我演的角色并没有特别满意，觉得有时候用劲太足，无意识的东西反而是最好的。我只要接到通告，前一天都会睡不着觉准备角色，这的确是我们剧团留下的传统给我的鞭策。我是上影演员剧团的人，要对得起自己，对得起剧团，老前辈留下的财富让我们的剧团有着强大的凝聚力，一直在往前发展，我也要回馈剧团，做一个有情怀的人。

人退了，心还在

◎ 王诗槐

王诗槐，1957 年出生。主要作品：电影《漂泊奇遇》《日出》《午夜两点》《诈骗犯》《月落玉长河》，电视剧《儿女情长》《一号机密》《太平天国》《没有冬天的海岛》《你是我的荣耀》。

祝贺上影演员剧团
70周年快乐 祝愿
剧团平安 顺利！

剧团演员
王诗槐
2020.9.6.

回首我的经历，从踏入上影演员剧团的大门到退休，已经快要 30 年了。2017 年一年一度的重阳敬老活动上，剧团贴心地为我举办了一个退休仪式，我很意外，也很感动，因为我是第一个享受退休仪式的剧团演员，我说："我不舍得剧团，人退了，心还在。"因此，凡是剧团的活动，只要需要我，我一概义不容辞。这些年我出演了电影《邹碧华》，话剧《大世界》《哈姆雷特》，感到久违的温暖和创作快乐，因为舞台演出比镜头前表演要连贯得多，这也许与我最早是舞台剧演员有关吧。

我在中学毕业后就进了巢湖地区文工团，麻雀虽小但五脏俱全，我们到农村去演出，文工团其实是最锻炼人的，舞蹈、话剧、相声、唱歌、快板书什么

▲ 2017 年，王诗槐主演上影演员剧团参与出品的话剧《大世界》，与赵静演
对手戏

都来。那年高考之前，我就在《霓虹灯下的哨兵》里扮演陈喜。演出的时候，我还发着 40 度的高烧，一谢幕，就赶紧回去抓紧时间复习迎接高考。幸运的是，我第一次考，就考进了上海戏剧学院。

那时候是工农兵学员结束后的第一届，就是恢复高考的第一届，一切教学都恢复了正轨，从最初的无实物，到小品、片段、大戏。在毕业大戏《家》里，我演了三少爷。在戏剧学院的时候，很多学生都会对上影充满向往，因为从小就是看上影电影长大的。所以毕业之前，大家的心愿就是能进上影演员剧团，或是译制厂。记得还有一次，上影的前辈赵丹老师来给我们演讲，他在讲台上展示他的舞台魅力，印象最深的是他拿了一个气球，然后烟一点，气球"啪"一声爆掉，我们都觉得很生动。

可惜的是，毕业之后我没有实现进上影的愿望，一直到 1984 年。中间还有一个小插曲，我在大四的时候，上影厂颜碧丽导演要拍《笔中情》，看上了我，后来学校觉得毕业班要参加公演不放，最后摄制组等了我两三个月，就是为了去泰山拍红叶。那时候学校管得很严，但是对学生来说，能够拍电影，也是一个很大的心愿。

当时我觉得失去了非常重要的机会，但是可能也是因为这件事情，在上影的一些领导和导演心目中，就对我有了印象：本来定的王诗槐，这个学生怎么了？我觉得这件事对我后来调进上影也留下了伏笔。

毕业后的我被分配到了安徽省话剧团，但是我一部话剧也没演，一直在上影拍戏，包括第一部电影《张衡》，导演是黄祖模老师。当初最早定的是我演张衡，可是毕竟年轻，资历太浅，再加上经历了一次挫折，和张衡意气风发的状态不符合，于是我就演了配角冯少卿。在剧组里我遇到了秦怡老师、高博老师等前辈，我和他们一起到河南下生活，这个过程我懂得了拍电影是要一步一步从案头工作，从了解历史、了解生活慢慢进入人物中。所以这部电影对我以后在上影所拍的其他电影起到了打基础的作用，对我的从影经历至关重要。

1984 年，我拍摄了上影于本正导演的《漂泊奇遇》，根据艾芜小说《南行记》改编。这是上影老演员高淬老师把我引荐给导演的，我至今仍感激她的牵线搭桥。拿到剧本之后，我觉得这部电影是文艺片，实际上我扮演的这个角色就是艾芜本人。这个漂泊者对于我是一个很好的磨炼机会，他没什么太多的台词，更多的是通过眼神、心理活动，把这些和所谓的土匪在一起生活的经历，对生活真谛的理解传递出去。这部戏让我受益匪

▲ 电影《漂泊奇遇》剧照

浅的是，我遇到了李纬老师。李老非常敬业，也爱护青年演员，他在整个篇幅中戏份不是很多，但是他能够在建组初期，就把整个剧本每个人的台词背下来，太了不起了。这样严谨的作风，就很自然而然地印在了我们的脑子里。所以当时我们拍戏很认真，要试镜头、要排练、要技术掌握，最后在有把握的情况下才开始。通过《漂泊奇遇》，使我对摄影机前的表演更近了一步。

《漂泊奇遇》上映的那一年正好有一个电影学术会议在合肥召开，就把这部电影作为观摩片，这时候安徽话剧团就有点舍不得放我了，不过经历了种种，我还是调进了上影演员剧团，实现了我多年以来的夙愿。那阵子，我们每个星期都要到剧团开会，出去拍戏要签合同。而恰恰那些年我来剧团的时间不多，因为都在创作。我记得那时候挂了一个小黑板，谁出去拍戏，谁生病了，都会写在上面的小牌子上，由陈述老师亲手写。

进团第二年，于本正导演又一次找到了我，让我演《日出》里的方达生。我那时候比较瘦，属于文弱书生的形象。方达生在戏里还是比较难演的，因为他身上没什么戏，戏都在陈白露身上。我就觉得这个角色是一个气质型的人物，代表着一种希望和光明，这种能量需要把握，其实舞台剧里的方达生更难演，他经常会站在台上不动。所以摄影机给一个近景，我就要更多展示心理活动，电影能帮助演员塑造，为方达生提供了很多方便。

之后，我又拍摄了《美食家》《午夜两点》《卧底》《开天辟地》等

▲ 电影《日出》剧照

电影，我的电影作品中百分之九十以上都是上影的，因此我要感谢上影，改变了我的命运。所以我进剧团之后，就觉得我必须要演上影的片子。那个年代上影的电影很多，跟自己剧团的同仁们在一块合作是一种享受。譬如夏天老师，他有很多动作是习惯性动作，手在身上搓一下什么的，这都是生活当中的小细节，但是他无形当中会带到人物中，我就觉得这种随意性的东西，是很珍贵的。

还有《诈骗犯》和《同归于尽》，这是两个完全不同题材的戏，故事背景都在旧社会，沈耀庭导演跟我说，两部戏五十天之内一定要完成。我们就在同一个地方，上午拍完《同归于尽》这个景的所有戏，中午我们去吃饭，美术部门开始改景，下午拍《诈骗犯》。这个过程很累，一个人物刚演完马上要改装，改好拍另一部戏。我有个习惯，第一天晚上必须把第二天的戏全部捋一遍，要做到心中有数。这两部戏里和我搭戏的也有老前辈，比如仲星火老师，最后的戏我要用剃头刀把他杀了，我说，您小心点，我也手下留情。他

▲ 2017 年，剧团在重阳敬老活动上为王诗槐举办退休仪式

▲ 2016 年 10 月，上影演员剧团演出《长征——不朽的丰碑》

说，没事儿，你来吧。也没有要求换个道具不能用真的。还有冯奇老师，我们在宁波拍外景，他很早就赶过去了，没有一天耽误。这种习惯跟我们剧团有关系，我们剧团的团风就这样传承下来的。

前几年剧团要我拍《邹碧华》，只有一句台词，但是我觉得这是应该的，这是传统。过去的电影，很多老演员就只露个脸，没有谁觉得是龙套，不稀罕演，一个作品如果大家不去捧场，怎么立起来？近几年，我们的剧团还打造了"声·影"诵读品牌节目，多次邀请我参与，我非常乐意，因为朗诵艺术也是我们演员需要不断加强的基本功之一。剧团创造了这么一个平台，就是为演员提供了新的舞台，通过诵读，继续将演员剧团的形象展示给观众。所以我说我退休之后会一如既往支持剧团，希望有生之年能够尽量为上影演员剧团这个值得尊重的团队尽心尽力，为新的 70 周年发挥热量！

电影是我毕生的追求

◎赵静

赵静，1957年出生。主要作品：电影《海之恋》《车水马龙》《闪光的彩球》《笔中情》《街上流行红裙子》，电视剧《聊斋》《岁月如歌》《豪门惊梦》《北平往事》。

群贤毕至.
少长咸集.
赵静
2022.9.6.

前些时候，网上流行了一段视频，那是 1980 年，上影演员剧团自己办了一台春晚，金焰、赵丹、张瑞芳、秦怡、孙道临、仲星火、白穆、高博、韩非、程之、康泰、杨在葆等几乎老一辈的前辈都在，节目很简单，很多都是即兴的。那时我才 23 岁，还不是上影演员剧团正式的演员。当赵丹老师问起我时，杨在葆老师抢着回答说："她关系还没有转过来，但是人已经到了，我们很快就要把她调来。"现在回看这些视频，我真是很庆幸自己来到这样一个大家庭里，受到老前辈们的呵护，和同辈们一起成长。那么多年过去了，和我一起的小伙伴如今都已退休，而那些前辈老师，大多都不在了……前辈的鼓励和扶持让我终生难忘，上影演员剧团是我永远的家。如今每次走进武

▲ 2018年，赵静在央视《向经典致敬——上影演员剧团成立65周年》中独唱《我爱你中国》

康路上影演员剧团的大门，总是能带给我沉甸甸的回忆。

我1973年到河南省曲艺团工作，在团里演唱河南坠子、大调曲子，1976年参加全国的曲艺汇演，所有河南省被选的曲艺演员都集中在黄河饭店封闭排练准备进京，我不仅要演出，还要担任晚会的报幕主持。这时候，上海电影制片厂的摄制组来我们这里选演员，当时的我没有一点感觉，一心想着要去首都北京。没想到，就在有一天我睡午觉的时候，突然被叫醒，随便洗了一把脸也没有化妆，就稀里糊涂地站在上影导演的面前了，他们让我来一段唱，然后就让我等通知、试镜。等到试镜那天上午，副导演给了我一段很长的台词，然后给我排练，结束了就让我休息，我竟然照习惯的午休那样睡着了。大概快下午3点了，他们就把我叫醒，我又搓了一把脸就去试镜，赵焕章导演说："这小姑娘真可以，叫她休息还真睡，台词都睡忘了吧！"说完只见其他人哈哈大笑起来，反正我也没啥负担，叫怎么演就怎么演吧，也不紧张。一条下来，制片主任迟习道就和我说："小姑娘，头发不要动了，等我们的通知。"

后来，我就接到通知，去剧组拍戏，这部电影叫《新风歌》，我在戏里扮演一个窑场场长，是一个刚过门的新媳妇，那时候我还没有恋爱的经历，演我丈夫的达式常老师一直在帮助我，谢怡冰老师是专门辅导我的老师，还有冯淳超老师、李农老师、刘非老师、于明德老师……我们在一起下了近一个月的生活，学习窑场里的各种技能，和农民打成一片。我看到他们为了让自己更像农民，把自己新做的衣服给了农民，把农民的衣服要来自己穿。那一年河南的夏天温度有40度，农村很苦，没有水，我们就在大缸里舀水，很多人身上都是过敏的疙瘩，还有人拉肚子。晚上打上地铺，铺的都是草，上面再铺褥子。原来拍电影那么苦，再看看现场的照明工人，头顶烈日还要举着反光板，爬在高梯上为演员打光，有时还要把很重的灯具手提着站在梯子上，汗流浃背的他们，没有叫一声苦，当时真是受感动啊！这就是我对电影的第一个印象。电影拍摄过半，制片主任迟习道老师就说，想要把我调入上影。我愣了半天，心想：我能拍好电影吗？上海离家太远了。我那时候还不到20岁，从来没有离开家出过那么远的门。

▲ 电视剧《岁月如歌》剧照

电影拍完了，我回到了河南，就想着把拍电影学到的东西用到曲艺表演上。不过没过多久，1977年珠影厂又找我拍一部反映女飞行员的电影《凌云志》，最后也没拍成，但那时候我们去部队下了半年的生活，把所有伞兵的训练项目参加完，还经常跟着飞行员上飞机做本场起落飞行训练，人是非常难受的，就连真正的飞行员都吐了好几回，但是我们得适应，在这样的氛围里，我们就觉得这是一种工作。通过这次下生活，让我充分感受到生活就是创作的源泉，是创作的灵魂。

1980 年，我正式调入上影厂。我很感激上影演员剧团，调了我整整 4 年。1978 年我在峨影厂拍摄了《冰山雪莲》，并获峨影"小百花"最佳女演员奖；1979 年又在上影拍《海之恋》，这时候我才觉得，自己的命运和电影分不开了。拍完《海之恋》，剧团就问我，小姑娘你来不来。我说，调得来我就来，调不来我也没办法。当时河南已经不怎么放人了，因为外流的人太多了。但是，当时的剧团团长铁牛老师，亲自四赴河南，最终把我调来了，我特别感动。

到了上影，剧团还在大木桥路，那时候有个排练场，正好在排《万水千山》。一到星期五，所有的老演员都要来开会，屋里坐不下了就坐屋外，拿个长板凳。我还看到过白杨老师在化妆间化妆，我也不敢打扰她，就远远地看着。赵丹老师跟我们很亲近，让我们多学点古诗文。还有一个老大爷，戴一个口罩，穿一身工作服在上影招待所打扫，那是钱千里老师，也是上影的老演员、老导演。我就觉得在我们上影演员剧团这个大家庭，每个人都有自己的闪光点，尤其是那些前辈，他们没有把自己当成"大咖"，而且各个多才多艺。譬如陈述老师，跟他在一起永远会被他纠正普通话的发音，他在画画、写字的时候也是那么一丝不苟，如果他看到街上自行车没停好，他会把它们全都搬整齐。又比如程之老师和于飞老师，他们俩搭档说相声，观众在台下笑，都已经很成功了，他们还会讨论怎么改进。当然还有秦怡老师，和她接触多了，慢慢

▲ 电影《车水马龙》剧照

的我会把她当成自己家里的长辈，她永远关心着别人，为他人着想。

之后，我陆续拍摄了电影《车水马龙》《闪光的彩球》《奇迹会发生吗？》和剧团电视剧《卖大饼的姑娘》。在《车水马龙》这部电影中，我挑战自己，扮演了小马办艾京华，在体验生活的时候，我来到了北京市体委，骑上运动自行车，因为这个人物是自行车运动员出身。刚开始的时候，剧组派了一个老师保护我的安全，就是刘非老师，我在前面骑，他在后面跑，跑着跑着他说："你慢慢骑，我就不跑了，我腰都要掉了。"我一下子感到这老师真好，我怎么就没有意识到他在后面跑呢？他就是为了保护我的安全，万一我摔下来有什么闪失，他就得陪我回剧组。还有电影《笔中情》，那是我第一次尝试古装造型，剧组请了京剧团的老师给我们辅导，服装都是用真丝绸缎做的。要求我们，一定不能像现代人那样无所顾忌地走，笑起来也不许夸张，因为戴着头饰耳环。有时，我从早上3点开始化妆，化完妆坐着，不能靠，更不能躺，怕把衣服坐皱了。我还学了一段古琴，音乐事先做好，拍的时候放，我就能跟着音乐弹琴，手指一个不错。我还跟着张森老师学书法，每天早上5点起来写一个小时的字。所有这些都没用替身，全是自己完成。这就是那个年代的我们，拍一部电影，能学到很多东西。电影《笔中情》获得了法国鲁瓦扬国际电影节外国影片奖，将中国传统文化推广到了国外。现在再看这些电影，我就会想到我们在一起排练的情景，想起那些一起合作过的老师前辈……

▲ 电影《笔中情》剧照

我没有正儿八经学过表演，都

是在实践中慢慢悟到的，所以，我一直想系统地学习表演。1985 年，我拍电影已经将近十年了，那一年我和剧团的同事郭凯敏、韦国春一起考入了北京电影学院进修班学习。我们排了许多小品，都得是自己编创的；也选了一些片段，都是和自己反差很大的。李苒苒是我的表演老师，她在分给大家片段的时候，其中就有《骆驼祥子》没人选。她就问："赵静，你选什么？"我就说我跟别人的差不多，"那你就演虎妞吧！"我吓了一跳，以为老师在逗我，就说："我不行。""试试吧！我来给你排！"因为老师点名了，我想那就试试呗。最后汇报演出的时候，还挺成功，我和扮演祥子的谢园老师被称为"袖珍版"祥子、虎妞。

一回想往事，历历在目，一转眼，我从艺也 50 年了。回首 50 年真是收获满满，学到了许多，除了电影表演，唱歌、绘画、摄影、朗诵、写作是我的新爱好，都取得了成绩。2023 年是我们剧团成立 70 周年，我能在剧团的雨露阳光下一路走来，到退休，觉得很幸福。现在越发觉得，自己还有许多东西要学，觉得时间不够用。作为演员，应当多读书，多培养个人的兴趣爱好。这几年我参与了诸多诵读活动，剧团的"声·影"平台更是与我的追求一拍即合，通过这些活动，我接触了不少新的经典作品，也和众多同行共同切磋，提高自己的业务水平。我也希望我们剧团的青年演员能够多参与上影演员剧团活动，我们一起不断提升、不断追求，紧跟时代的脉搏，把电影作为自己的追求，为上影演员剧团的未来谱写更辉煌的画卷！

感谢上影演员剧团，感谢剧团的前辈、老师、同仁。我是在剧团加入了中国共产党的，在剧团学得本领，在剧团的帮助下，多次被评为先进生产工作者、优秀党员、上海市"三八"红旗手、徐汇区人大代表。我会更加努力，开心、健康过好每一天，我爱上影演员剧团这个大家庭。

▲ 2021 年 5 月 10 日，为纪念宋庆龄先生逝世 40 周年，剧团与上海宋庆龄故居纪念馆联合举办"声·影"第六季——"致敬国之瑰宝"名家诵读会。达式常、梁波罗、朱曼芳、王诗槐、佟瑞欣、龚雪、奚美娟、赵静、于慧、孙清、李宗翰等参与诵读宋庆龄讲话、书信、文稿以及友人撰诗文等精选篇目

剧团的历史是我们每个人的历史

◎ 张晓林

张晓林，1960 年出生。曾任上影演员剧团副团长。主要作品：电影《残酷的欲望》《上海舞女》《都市刑警》《偷拍的录像带》《可爱的中国》，电视剧《大酒店》《封神榜》《黑雾》《李克农》。

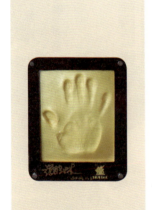

2020 年，我退休了。没想到，剧团还特地为我办了一个退休仪式，佟瑞欣团长为我佩戴了金质的纪念徽章并为我颁发证书，让我激动不已……我从毕业分配到剧团，一下子过去了那么多年。从一个演员，到担任副团长，后来又因工作安排，调到了译制厂；然而，庆幸的是，我最终又回到了哺育我的上影演员剧团，还担任了剧团的艺术总监直至退休。所以我想说，剧团的历史就是我们每个人的历史。

1986 年，我和我的同班同学严晓频、张康尔一块儿走进了武康路 395 号上影演员剧团。我们上学的时候，上影在我们心中的地位是很崇高的，当时北京电影学院毕业的学生，就是想去北影演员剧团和上影演员剧团，那里是出人才的地方。所以，我一进剧团的楼，就感到这是一个圣殿。记得那一天，剧团的办公室主任凤凰老师高兴地拉着我们的手，"来来来！见见向梅老师！"然后，我们就见到了当时的团长向梅。向梅老师鼓励我们说："多拍戏，好好干，剧团特别需要年轻人。"可能是因为她接下来还有别的事，我们很快就走了，这就是我们第一次去团里报到的情景。

每逢星期五团里都要开会，我们这帮刚进团的年轻人，来的时候都是小心翼翼的，不敢大步走，就坐在最边上的几个位置，也不敢去看那么多的老师：陈述老师、仲星火老师、李纬老师、张莺老师、张伐老师……我记得，刘琼老师穿得特别帅，那一身淡绿色的西装外套显得格外精神。

还有一次，我同时见到了我们剧团的"四大名旦"。那是团里组织到宝钢演出，在一个化妆间，本来有四五十号人挤在里面，大伙儿边化妆边聊天。突然间，传来一个声音"白杨老师来啦！"然后就有人推来四个沙发，两个对门两个背对，所有的人都出去了。不一会儿，白杨老师就来了，再过会儿瑞芳老师、秦怡老师、丹凤老师也来了。我们就偷偷在旁边看着，房间里一点声音都没有，她们没有聊天，都在默词，因为每个人都有节目，她们每个人都对自己的要求非常严格。那时候连舒适老师、刘琼老师都出去了，就是尊敬她们，因为我们团里有个传统，都是男士谦让女士的。

所以我很幸运，进剧团的时候还能赶上见到那么多前辈，那些前辈老师都是我们一直仰视的大人物。我进剧团之后，戏也能一部接着一部拍：第一部是《女儿经》，然后是《残酷的欲望》，又被借到上海电视台拍《大酒店》，拍

▲ 电视剧《封神榜》剧照

完之后就是《封神榜》，再回厂拍《上海舞女》。这些作品在当时都有一定的影响，有时候走在马路上也有人指指点点，但是我们会时常告诉自己，不要为这些所动，要保持镇定，后面的路还很长。那几部戏的剧组氛围也很好，大家就是一门心思投入。在参加《大酒店》演出的时候，我还是凭直觉去塑造人物的；到《封神榜》的时候，就会有意识地去塑造人物了，因为它是古装戏，神态形体台词都不一样；到演《上海舞女》时，我觉得表演上又开拓了，因为我刚从《封神榜》的古装中走出来，一下子就来演国民党军官鲍望春，角色的不同，为自己今后塑造不同的人物积累了很好的经验。

后来我又演了电视剧《李克农》，这部戏我比较喜欢，下了很大的功夫。我跑了图书馆，翻阅了大量资料，还和李克农的儿子见了好几次面，主要聊一些他的家庭生活。拍摄 4 个月里，我睡觉也不平躺，只是靠着，因为有时候第二天起来脸会肿；在现场我也不会坐着，怕把前一天刚烫的衣服弄出褶子。这部戏的台词量非常大，一部戏抵得上四部戏的男主角，我每天晚上都要把第二天的台词过一遍，都成习惯了，因为这是我的事业，我必须得干好。

演员剧团的人心里都明白，当机会给你的时候，就看你怎么抓住，像我们那些老前辈，他们对待艺术真的认真得不得了。陈述老师，他的身上永远带着一面小镜子，在拍《上海舞女》的时候，他有事没事拿出来看。有一次我问他，"陈老师，你干嘛呢？"他就看着我，说："你学着点。"我就懵了，觉得不能跟他开玩笑，他是想把最好的状态留在镜头前，不会容忍自己乱七八糟就上镜

▲ 电视剧《李克农》剧照

了。陈述老师在不知不觉当中又教了我，这就是严谨的态度。

还有一次我和张瑞芳老师聊到我的外形，我说是不是有些宽胖了，她就说，你不胖，关键是要有个性，独特的个性别人取代不了。她就这么一句话，让我释怀了，我觉得我完全可以把这个包袱给扔掉，好好投入角色，胖不胖无所谓

▲ 电影《上海舞女》剧照

了，角色要我胖我就胖，角色要我瘦我就瘦，一切以角色为主。后来我自己也到学校去教表演，经常会拿我们剧团前辈的例子教给学生。

剧团在搬到广播大厦之后，我还当了剧团的副团长，应该说，能够为剧团直接工作，是非常荣幸的。我们的首要任务，就是守住这个剧团，剧团在，我们的阵地就在。所以每年有一些重要的活动是必须要办的，包括敬老节，这是之前就传承下来的惯例。当时没有微信，就得一个一个电话通知老艺术家，包括联系场地，我们干得不亦乐乎。广播大厦 18 楼还有一个排练厅，可以给大家业余时间排排小品片段，有一些比我稍稍年长的老师，他们愿意经常来排练，也没有任何报酬，就是愿意排排戏增加交流。后来，我们还和现代人剧社合作排了几部话剧，获得了非常好的社会反响。上影演员剧团是业务单位，我们应当经常为剧团同仁提供排演话剧的机会，在专业上会有所提高。

我之后又到译制厂担任领导，当然那里也有很多我崇仰的艺术家，可我心里始终觉得，想从一而终：从一开始进的就是上影演员剧团到最后在剧团退休，这样就圆满了。这个想法最终实现了，我不仅回到了剧团，还担任艺

▲ 2020 年，剧团在重阳敬老活动上为张晓林举办退休仪式

术总监这个职务，当时也排了几部话剧，包括前几年的《日出东方》。这个过程其实很快乐，因为所有的演员都是剧团的演员，不需要重新慢慢熟悉起来，该说什么就说什么，不会有太大的顾虑，作为专业演员，那些老同志的想法又能弥补我的想法，他们都会一遍一遍不厌其烦地来。后来复排了，我觉得需要排俩星期，但是瑞欣团长决定排一个月，他说大家聚在一起的机会很少，通过这个排练，大家都能高高兴兴地在一起。所以我特别理解，因为当时在一起的时候真的特别快乐。这个话剧凝聚了大伙，干了一件专业剧团应该干的事情。

这次录制《我和上影演员剧团》并结集成册，我觉得是在书写历史，我们的历史也是上影演员剧团历史的一部分。刚进团的时候，看着老前辈留下的足迹，引来一片钦羡，那么多人的历史，拢在一起就汇成了上影演员剧团一路走来的辉煌。到 2023 年，剧团 70 年了，我希望剧团长长久久地走下去，为中国电影做出应有的贡献！

还会有无数个七十年等着我们！

◎肖荣生

肖荣生，1963 年出生。主要作品：电影《义胆忠魂》《走出地平线》《都市情话》《奥菲斯小姐》《面对生命》，电视剧《大潮汐》《楚汉风云》《隋唐演义》《秦时明月》《袁崇焕》。

上影演员剧团六七周年。
还有无数个70周年
在等待着我们！

肖荣生
2012.9.8.

好久没回来了，感到陌生又亲切。陌生是因为好多年没有像以前那样天天过来，或者每个礼拜过来。记得我从上海戏剧学院毕业的时候，刚进剧团，特别是每周来开会，真是人才济济，满满一屋子人，说是开会，其实就是为了让大家能够一个星期见一次面，就像一家人坐在一起共进晚餐那样。那个时候就会感到特别温馨，有那么一个大家庭，有那么多了不起的艺术家就坐在你身边，看着他们，心里会很踏实，觉得有无数个榜样在你面前，知道自己该去做一个怎样的演员。我现在特地骑着自行车来剧团，大学刚毕业那会儿，我每次来也都是骑着自行车，我家离得不远，就在剧团附近，当时我们剧团团长是吴鲁生，他总是忙来忙去的。

以往戏剧学院毕业前夕，都会有各个文艺团体来学校，看我们的毕业大戏，哪个学生条件不错就可以要他。但是到我们毕业的时候，突然老师把全班同学都召集起来了："告诉你们，从今天开始，国家的文艺团体不实行这种招人方式了，你们要自谋生路，你们自己去联系，去适应社会的变化。"我们当时一下子就愣住了，当初入学的时候，就以为学了四年，会分配到国家话剧院、电影厂、各个省级剧团，都抱着这种心态，现在突然告诉你，不是这样的，你不是被别人选择，而是你应该自己去选择，人家要不要，你符不符合一个学了四年表演的年轻演员的资格，都得看人家。我记得有一次去配音的时候，遇到咱们剧团的张芝华老师，我就问她："上影演员剧团还要人吗？"她很热情，"我帮你问问！"我说："太好了！太感谢了！"我内心就很激动，期待着她的回音。过几天又配音的时候，芝华老师告诉我，她已经跟团长说了，哪天让我过去。我按照约定时间到了剧团见到吴鲁生团长和严永瑄老师，他们就让我的表演老师给我写一份推荐信，然后再往下走。我又激动了，觉得这个事情在往前推。过了一段时间，同学们都互相打听你去哪儿了？大家都很茫然，我那段时间也在房间里待着，之前的希望逐渐变成忐忑。突然有一天，学生宿舍的楼下，有一个声音大喊："肖荣生！"我一看，吴鲁生团长

▲ 电影《义胆忠魂》剧照

骑着一辆自行车叫我，然后竖起大拇指，什么话也没说，我愣了。他竖了一个大拇指肯定是好事！这么好的事情就突然降临了。

有时候幸福来得太快，都不敢去接受，我浑身是发麻的，

有轻微的颤抖：真就这样？可以去电影厂拍电影？在上大学之前，我也拍过电影，是在徐州拍摄《佩剑将军》。我很小的时候就在徐州话剧团的舞台上历练，有一次李前宽、肖桂云导演来徐州拍电影，我就去跑了一个小龙套，以为之后会在电影院里看到自己，但是没有，这就是我的第一部电影。

进入上影之后，我拍摄的第一部作品是和郭凯敏老师合作的《滴血钻石》，第二部是张建亚导演的《义胆忠魂》。我就记得印象最深的是：当时就住在厂里，虽然条件不是太好，但心里乐开了花，觉得天天泡在电影厂。那时正年轻，又喜欢运动健身，跟替身队的演员天天在一起练功，跟他们打成一片，好多武打戏都是驾轻就熟自己上，到现在有打戏我也愿意自己上。

拍完《义胆忠魂》之后，我们于本正厂长要拍一部主旋律的电影《走出地平线》，他就找到我，我那时 29 岁，对农村戏也没有什么把握，于厂长对我说："你应该相信自己，也应该相信我，既然我选你，那你就应该觉得你能做到，不要带着你固有的想法，觉得不行。"我就打消了杂念，跟着剧组一起去下生活，我们在农村待了一个多月，现在回忆，历历在目：那些日子我们坐车通过山道，整座山都是掏空的，是被当地的农民自己挖开，这样他们才能有路下山。我们在路上就感受到了农民的毅力、勤劳。一代代人经历了若干年，把一座一座山掏空，远远看去的时候，真是很宏伟，沿着山脚一圈一圈的山路盘旋上去。到了农村，里头就一个小卖部。大雪封山，拍不了戏的时候，车也无法通行，我们的粮食就上不来，到小卖部一

▲ 电影《走出地平线》剧照

▲ 2017 年 7 月，剧团举行"声·影"第二季——"向红色经典致敬"诵读活动，庆祝中国人民解放军成立 90 周年。牛犇、杨在葆、向梅、梁波罗、陶玉玲、袁岳、王诗槐、马冠英、崔杰、赵静、何政军、张晓林、周国宾、肖荣生、于慧、刘磊、吕洋、佟瑞欣等用电影人的独特方式向人民子弟兵致敬。剧团前辈王丹凤现场观看演出并登台与观众见面

看，也就一两瓶酒，我们几个演员就围着火炉一起喝酒，各自备了点小菜。晚上回去我们和农民住在一起，下地跟他们探讨如何生活，如何开山。这部电影题材很好，讲了中国农村历史上一个开天辟地的事情，几个农民决定包产到户，我演的是一个支部书记，带头按手印，这是要冒着风险的，但是没有办法，为了留住村里的人。这个手印的原件现在还在博物馆，改革开放到了今天，中国能产生那么伟大的成就，也是有很多人带头去做这样大胆的事情。

2002 年的时候，我还拍摄了一部电影《面对生命》。这部电影触及的范围也比较大，医生每天都要面对无数条生命，或许你可以挽救一条生命，让他的生命继续延续下去。我接到剧本也是要求体验生活，而且提出，想去产房，现在想想有些非分。导演有些犹豫，觉得不太方便，但我坚持想法，我说不知道生命如何降临，我就不会去珍惜生命。一个孩子呱呱坠地来到世上，靠着父母把他抚养，一步步长大成人，没有源，就找不准生命的方式，所以我必须要看。后来他们同意了，我穿了一身医生的服装，戴了口罩进产房，医生也很专业，让我站在一边看，但是产妇不同意，"你们怎么可以让外人来看我生孩子呢？"我也没法跟人解释，人家就躺在那里，我说了一句安慰的话："我一定站在一个看不见你身体任何部位的地方，我

▲ 电影《面对生命》剧照

一定会尊重你，如同尊重你的小生命那样。"这必须要经过人家的同意，最后她就说："我相信你！"我就以一个特殊的角度站得远远的，其中印象最深的动作，我用到了戏里，也得到了很多人的认可，这个动作如果没有体验生活，是想不到的。主治医生给产妇接生的时候，手上都是血，还拿着刀子剪子，他身上流的汗会影响他的视线，护士就站在边上，医生会直接毫不客气地在护士的肩膀上蹭一下。这个动作被我捕捉到了。只有在现场才能够真正感受医生在最忙乱的时候，该如何处理这些小细节，怎么不让汗水滴到伤口里，我觉得这就是我们表演的源泉。这个角色也让我获得了金鸡奖最佳男主角提名。

我通过电影收获了许多，也从剧团的前辈身上感受了他们独特的魅力。比方说孙道临老师，在上大学的时候，大家都会模仿他在《王子复仇记》里为哈姆雷特配音的大段台词。孙老师的女儿孙庆原是我们学校的英语老师，我就跟老师说，能不能要一盘道临老师的录音卡带？孙老师就说："我可以答应你，你外语要好好学。"我说一定的！第二次上课的时候她果然就给我带来一盘，到现在我还保留着，特别珍贵！

上海电影制片厂是全中国最好的电影制片厂，拍了那么多优秀的作品，引领着我们，我们童年的时候就看了很多，所以能进入这样一个艺术殿堂，是我此生最大的荣幸和心愿。上影演员剧团到2023年70年了，不管多少年，还会有无数个70年等待着我们！

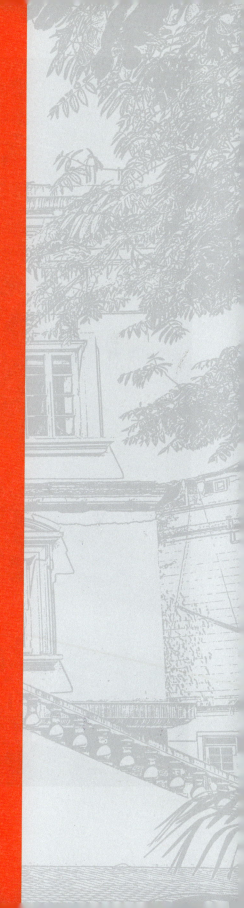

星光熠熠，艺脉绵延

1953—2023

▲ 2018 年 6 月 16 日，剧团在上海国际电影节期间"上影之夜"隆重举行上影演员剧团成立 65 周年纪念活动

▲ 2018 年 11 月 25 日，剧团与巴金故居联合主办"声·影"第三季——"今天是您的生日"巴金、萧珊作品诵读会。
梁波罗、达式常、陈薪伊、奚美娟、王诗槐、赵静、佟瑞欣、于慧、杨晨、贺根启尔等参与诵读，钢琴演奏家孔祥
东现场伴奏

▲ 2023 年 6 月，在上影演员剧团团长佟瑞欣的带领下，赵静、于慧、肖荣生、黄奕、陈龙、孙清、赵雅莉、李宗翰、王维维集体走上了第二十五届上海国际电影节开幕红毯

▲ 刘磊、王景春、田海蓉、唐嫣、蒋婧、张恒、何琳、谢润、陈虹池、林麟、陈龙等参与央视《向经典致敬——上影演员剧团成立 65 周年》节目录制

长留一分敬畏，走进人物内心

◎佟瑞欣

佟瑞欣，1965年出生。上影演员剧团第十任团长。主要作品：电影《陌生的爱》《大山深处的保尔》《难忘的岁月》《遵义会议》《邹碧华》，电视剧《鬼丈夫》《弘一大师》《上海沧桑》《大宅门2》《光荣与梦想》《天下同心》，话剧《雷雨》《哈姆雷特》《日出东方》《牛虻》。

　　一个角色工作的结束，也意味着为下一个角色的塑造诞生在积累营养的成分。近期我塑造最多的就是在电影、电视剧、话剧中毛泽东主席的形象。如何不用经验套路完成一个重复塑造过的角色，这就需要我们对角色、对人物保留一份新鲜感、距离感。如何在这种频繁、重复中保存些许创作冲动，是应该让我们警惕并思考的问题。

　　记得《长征大会师》杀青时，剧组的跟拍纪录片导演问我，塑造毛主席你有什么感想？我说依依不舍，意犹未尽。而2022年我近一年时间将自己放在舞台上，放在有关《牛虻》创作上。先是几个月的时间完成话剧《牛虻》的排练与舞台演出，又用下半年时间与达式常老师等几十位剧团老师和演员们关在录音棚录制有声读物《牛虻》。2023 年在镜头前再次塑造毛泽东主席，对人物在历史进程发展中的体现有了新认知。《长征大会师》塑造的是长征时期的毛泽东主席，一直到甘肃会宁三军大会师，而 2023 年

▲ 电视剧《天下同心》剧照

拍摄的《天下同心》是从黄河到西柏坡再到进京"赶考"，成立中华人民共和国时期的毛泽东主席。虽然是两部戏，但对我而言，就像是一个角色的延续，有机会通过二到三部戏走近并体验塑造毛泽东主席不同时期的革命历程与情感和波澜壮阔的人生，真是一段特殊的创作经历。长留一分敬畏，走进人物内心，用敬畏之心走进人物，用平常心塑造人物，恐怕就是我所说的要持续保留的那份新鲜感和距离感吧，在几年重复饰演毛主席形象的过程中，自己也不断通过学习和总结建立信念。

塑造毛主席形象时，我觉得其中很重要的一点就是警惕概念化。演员在塑造角色时，首先要建立人物的自信，有了这种自信，方能使演员本人，使对手戏合作者相信，使创作氛围融洽，这对帮助饰演者建立信念都是非常重要的，于是查阅资料了解历史背景是必不可少的，而抓住外部形体特征，比如毛主席习惯手叉腰，习惯讲话爱挥手等，变成了包括我在内很多演员在扮演毛主席时的一个手段，从这样的人物外部特点细节入手，未尝不可，但是作为一个演员，不能作为一种依赖，千万避免形式大于内容。要警惕因为流畅的表演而忽略了内容，有的时候要勇于打破行云流水的顺畅，敢于成为自己的绊脚石。

所以这次在《天下同心》中再次扮演毛泽东主席，首先选择克服掉过多手势，坚决回避无畏的叉腰。导演董亚春跟我有共识，我们希望呈现出来的毛泽东主席形象，不仅是人民心目中的伟人，更是平凡生活当中活生生的一个人的形象。

很多戏中处理主席与民主人士在一起，主席的调度位置一定是在居中的位置，而我们这次多了一条小板凳，或是一把椅子。所以我们经常呈现的无论毛主席是和五大书记在一起开会还是接见党外人士民主人士，常见的核心位置都会让给其他角色，然后习惯性地拿一把自己的板凳，面对面与他们沟通。这个调度大大地帮助了我，帮助我克服掉一个概念化主席的形象，所以我和导演开玩笑讲，这是一把神椅子。

在与刘江导演合作拍摄《光荣与梦想》，有场戏也让我一直念念不忘。就是与从小陪母亲杨开慧住过监狱，在上海当过流浪儿的毛岸英从苏联归来后的两个人的一场戏，我想主席面对历经磨难和骨肉分离的儿子内心一定非常复杂和内疚，毛泽东用杨开慧送给自己的梳子给儿子梳头，瞬间就想到自己当年和她们母子分别的场景，忍不住伤感，父子相拥而泣。剧本到这里就结束了，但是现场导演并没有喊停，大家都沉浸其中。而此时主席抱着久别之后长成大人的儿子心中似乎有句话不能不说，在相互静默了许久后，我说出"爸爸永远不让你再离开我了"。这是一个父亲说的话，我想也许真实生活中的主席从没有说过这句话，但却符合一个父亲的真实情感，符合人物关系，符合规定情景，同时对之后主席闻讯毛岸英在朝鲜战场牺牲后的一场戏做了一个最好的伏笔和铺垫。正是这句真情流露的台词，让很多观众感动落泪，感受到父子情深和一个父亲对儿子的内疚甚至自责，也让坐在监视器旁的刘江导演说出了"太感人了"，伟人也是凡人。

石挥先生在谈表演时提出两个观点，他认为演员创作角色有"迎头抢"和"由根起"两条根本不同的道路。"迎头抢"就是从一切最表面下手，把一切应在面前的东西——角色、台词、地位、上下场、动作……都在急忙中抢了过来，幕

▲ 2017 年，上影演员剧团举办重阳敬老活动，佟瑞欣（中）与王丹凤（左）、秦怡（右）出席

一开就演戏，幕一落就完事。知其然不知其所以然，这样的演员我们就叫他"匠艺"，而不是真正的艺术家。"由根起"是从根本上着手，第一步工作是研究剧作者，研究剧作者所处的时代与社会，作者是在怎样的环境下写下这个剧本的，此剧在当时社会上引起了怎样的反响，在今天又有什么存在的价值，角色的个性，全剧的主题是什么，高潮在什么地方，每句台词为什么这样写……总之，这一切是从最初最起始最根本的路上下手，一步一步走过来，最后是开幕与观众见面，把消化过的、安排过的、计划过的东西搬演起来，目的不是争得观众的哭笑和鼓掌，而是获得他们会心的了解。

石挥总是先拿定角色的灵魂、角色的哲学、角色的性格，其他都从这上面发展起来。他说："如果认为演戏就是那么几套把戏，只要观众能笑能哭能鼓掌这便是天下第一天才，那就请走'迎头抢'的那条路，如果认为演戏并不是化妆、上台、鼓掌、闭幕而是建筑在一切经过实践而产生的合理基础上的艺术品，那只好花费些功夫走'由根起'的那条路。我则始终认为演戏是件艰苦的工作！"

▲ 佟瑞欣与妻子夏菁合作电视剧《顾城与英儿》

师者如光，微以致远，石挥先生通过实践得出的真知不仅令我受益匪浅，相信也有益同行们。

另外，我还想谈一谈演员在角色塑造当中如何克制表演欲。能否克制欲望，不被脱离了角色的表演欲望所引诱。

近一阶段因工作需要，我请很多优秀的演员来上影演员剧团进行访谈，这里有牛犇、达式常、向梅、梁波罗等前辈们，也包括奚美娟、王景春、唐嫣等中年演员，与刚刚喜获金鸡奖最佳女主角的奚美娟，谈话的主要内容就是聊演员在舞台上和镜头前表演欲的节制。年轻时在表演中追求表达，几十年后不仅懂得并能发挥表达时，却要克制表达是件不容易的事。

我们谈到了一个角色的完成，是由镜头或是舞台上的演员独立完成的，还是我们和受众的观众共同完成了一段情感发展的旅程？谈到了拳击，也认同收回来的拳头再打出去一定更有力量。

而家人的提醒又是最毫不掩饰的，我与爱人夏菁聊到 7 年前她在国家大剧院看我的《哈姆雷特》和 2022 年的话剧《牛虻》后，她提醒我不要将人物之外的情感混淆在人物创作上，谨记用力过猛。我自我审视了两个戏在彩排和首演时的状态，当时酣畅淋漓的情感表达，是否有可能偏离了塑造角色的私心杂念，是否霸凌了观众与角色情感发展的空间。而调整后"留有余地"的定位和观众共同完成情感发展的共鸣，这两者之间的尺度确是值得我们思考的问题。

我们一直以来认同所有生死离别的眼泪都是合理的，所有喜从天降后的幸福欢呼雀跃也同样是不违背生活中逻辑的。可同时一定也存在着另外一种的情感抒发，更容易使受众者

▲ 话剧《哈姆雷特》剧照

感同身受，感受到伤感中的伤感，悲伤中的悲伤，幸福中的幸福，快乐时的快乐！

而我记忆中有一个亲身经历也使我常常思考人在极端痛苦中的极端状态到底是什么样的？我当年在母亲病房里看到母亲去世后，没有掉一滴眼泪，而是呆滞地看着一切发生，但半个多月后在某地嘈杂的小饭店与好友喝酒时，似乎是毫无抵抗力地将克制了半个多月的痛苦、难过用泪水宣泄。

我一直认为昨天的生活与日常的积累永远会成为下一个角色诞生的储备能量。当然在角色塑造中一切的情感流淌，哪怕是极端克制的状态都不能变形为脱离了人物关系、人物性格和规定情景基础上的自我欣赏。

我与达式常老师聊到演员在镜头前如何做到一种刻意追求下的随意状态，刻意追求是理性的，但表演时又是感性的，所谓高度理性又充满激情，这种状态很难达到，但值得去不懈追求。

与王景春，我们除了谈他塑造角色的体会，也聊到了同期声和录音棚的再配音，是否对演员塑造角色的完整性造成减分，这个矛盾如何解决等话题，

▲ 2019 年 7 月 15 日，为庆祝中华人民共和国成立 70 周年、上海电影制片厂成立 70 周年，剧团首部大型原创史诗话剧《日出东方》在上海大剧院首演

▲ 2022 年，重阳敬老活动举行《我和上影演员剧团》开机仪式

景春讲到他塑造每一个角色都会花费大量的时间使自己靠近角色，用大量的时间去体验生活，的确，在这一点上，我非常认同，在创作上不能行色匆匆。

2023 年就是上影演员剧团成立 70 周年，一年来我们请了很多优秀的演员们回到剧团参加拍摄《我和上影演员剧团》，目的是为了梳理历史，回顾剧团前辈们在创作上给我们的影响，谈角色塑造中体会。作为聆听者，我有机会跟几十位优秀的演员，共同寻迹剧团的历史，分享一些前辈优秀演员的优秀作品，分析他们的表演特色创作经验，收获颇丰，信息量非常大，价值很高，宏霞老师跟我谈得最多的是上影的老前辈，《我这一辈子》的导演和主演的石挥先生，牛犇老师谈得最多的是赵丹先生，达式常老师、梁波罗老师谈得最多的是孙道临先生，我听的多问的少。我体会塑造好一个角色，是需要一步一个脚印的，前辈们是榜样，如灯塔照亮我们的前行之路。

路虽远，行则将至；事虽难，做则将成！

我们都是剧团的孩子

◎ 严晓频

严晓频，1965 年出生。主要作品：电影《绞索下的交易》《午夜两点》《太阳雨》《罪恶》，电视剧《在水一方》《北京人在纽约》《国民大生活》《今生有你》《妻子的选择》。

成为一个更好的演员，努力塑造自己的角色，为剧团添砖加瓦，是一种幸福感。

严晓频
2022.12.6.

　　我的父亲严翔、母亲徐帼莲都是演员。小时候，我经常去安福路的人艺排练场看他们排戏，从小耳濡目染。长江剧场、兰心大戏院后台的这些记忆在脑子里的印象非常深刻。我觉得这也是我走上这条道路的原因。

　　1986 年夏天的时候，我从北京电影学院毕业到武康路报道。我们班就 3 个人分到上影演员剧团，张晓林、张康尔和我，还有一部分同学去北影了。严永瑄老师是我的姑姑，当时来团里的时候，她是副团长，是我的领导。我还记得楼下有个小屋子，是财务室，凤凰老师一个小小的办公室就在旁边。会议室的两间大屋子总是敞开的，大家一周在这里聚一次，有时候要学习，非常温馨的画面，感觉就像此刻看出去一样，一个大花园，很绿。大家都非常友爱，平时都在天南海北拍戏，所以回到团里相聚，都很珍惜在一起坐一坐，聊一聊的机会。我现在还有一个印象：瑞芳老师有一次跟大家讲话，她是老团长，那一年好像是要过春节了，大家相聚。瑞芳老师用手指着大家，"我看见你们一个一个的脸，我现在怎么这么高兴！"我当时就觉得她好感性，她的话语让你觉得很想听，好的演员其实都是有个人魅力的。

　　我来剧团后不久，上影组织了一个跟新加坡华人联谊的演出活动。我们和乐团去新加坡待了两三个星期。有刘琼老师、白杨老师、王丹凤老师、程之老师、陈述老师。王丹凤老师好像是唱歌，白杨老师是念一段东西，我看着她们化完妆了以后在台侧候场，是有一种状态的，上台以后真是能够把舞台点亮。丹凤老师非常可爱，她说话的声音有点轻哆，看着你带着笑意。我还记得她会告诉我孩子的事情，也会讲她年轻时候拍戏。白杨老师我也印象很深，她说话总是娓娓道来，有一次我们大概在新加坡酒店的楼下等车，大

▲1987年，上影演员剧团赴新加坡演出

家围坐在一起，她就很开心，这个时候听她谈一些事情，像母亲一样。我觉得她们平时待人接物、穿着打扮，非常符合作为一个有成就的演员，却也很平易近人。

▲ 电影《罪恶》剧照

在那一次的演出，我和达式常老师排了一个半小时的话剧《哑妻》，我演一个不会说话的妻子，达老师演我的丈夫，导演是刘琼老师。所以在刘琼老师的教导之下，我算是完成第一个在剧团演出的话剧。刘琼老师是一个非常感性的绅士，站在那儿，就会觉得他身上带着那么多的岁月给他的馈赠。他会给你很多很好的建议，一个人站在台上的时候，该怎么站？我们可能那时候很年轻，他就说站的时候一定不要很僵硬，脚要一前一后，在台上，要展现你的松弛，但又是在一个特别正规的场合。现在回想就觉得非常的珍贵。

在进剧团之前，我读大三的时候，我和达式常老师就在温州拍了个电视剧，叫《吴百亨》，那是温州的一个民族资本家，达老师演吴百亨，我当时就看见他怎么在现场工作。达老师对位置、速度、光影，自己和机器的关系是那么细致，在学校，这些东西还没有人这样清楚地告诉我，我就在边上看他怎么拍，学习到了很多。我记得他的眼神总是非常有戏，非常有人物的那种伶俐、机敏。我们小时候看过《难忘的战斗》，他又和严永瑄老师是上海电影专科学校的同班同学，所以在一起工作的那种感觉多么神奇。有这么好的工作氛围，对演员来说是一种成长，工作环境就会教给你很多，静静地看老师

▲电影《午夜两点》剧照

是怎么拍的。这几年，我和达老师经常会在朗诵舞台上遇到，那一年我们参加纪念普希金演出，我觉得他念的《海燕》是我听过的最棒的。作为演员，拿到了稿件，要自己去丰厚，为此他去找很多的资料，包括作者当时为什么要这么写，我估计达式常老师做了这些功课，所以他念得很好，是文学上的享受。我的父亲也讲过，他和吴贻弓导演拍《城南旧事》的时候，吴导就要求非常生活化，所以前期的案头工作很重要，案头做得充分，现场就不会乱。我们有时候是演员，很多时候也会成为观众。在这个过程中，如果是一个非常过瘾的情感戏，其实观众的情感也在释放。所以演员要留这个空间，让他来释放，不要演得太满，留有空间是很对的。

在剧团的时光，我们其实是学了很多东西，尤其是在新加坡的那次演出。包括后来我在上影，拍的第一部戏《绞索下的交易》，有黄达亮老师、马冠英老师；第二部戏《女儿经》，有狄梵老师；第三部戏《午夜两点》，和王诗槐老师、张文蓉老师都有合作。所以我对上影的情感是非常浓重的。还有跟黄蜀芹导演的3次合作，每一次都会感受和我演对手戏的演员，他们身上带的在上影演员剧团那么多年养成的一种工作的态度，也是有魅力的。

道临老师那个时候也邀请过我一次，但我太年轻了，说实话，有点没有准备好，因为参加那次演出的全是大家，所以当时我就跟道临老师说，我很有兴趣，但是觉得可能还得过两年。道临老师也说："没关系的，你就来吧。"我现在心里很感恩他当时对我的邀请。大概七八年以后有这么一个机会，是

▲ 2021年，严晓频参加剧团重阳敬老活动，与她的姑姑严永瑄，佟瑞欣、夏菁夫妇合影

纪念话剧百年的演出，陈薪伊导演排了一台话剧《吁天》，我就去了。后来肖雄老师就说："晓频，你在舞台上挺好的，你要多上舞台。"很快，下半年在沈阳有一台演出，我印象很深，叫《再别康桥》，其实也是道临老师他们那个时候"唐诗宋词名篇吟诵"的延续，篇目都是他那时候定下来的，我就从此一发不可收，真的是挺享受朗诵舞台的，因为舞台上就自己一个人。

在演员这个职业里，我们都是非常幸运的，和这些大家们有过合作。上影演员剧团的70周年其实是一个很长的时间段，我很幸运身处其中。我们都是剧团的孩子。在这样一个珍贵的时间点上，祝我们的剧团越来越好。有这么多优秀的演员，也有这么多大师级的前辈在我们的前方，作为一个演员，我要更加努力地奔跑，热爱这个职业，付出，收获一个个自己完成的角色。

剧团——哺育我的摇篮

◎于慧

于慧，1965年出生。主要作品：电影《地狱·天堂》《金秋桂花迟》《喜莲》《巧凤》《邓小平小道》，电视剧《聊斋》《围城》《武则天》《金达莱》《星辰大海》《破晓东方》。

剧团的辉煌是我们
每个人奋斗的目标

于慧
2022.11.23.

2022年，我凭借在电影《邓小平小道》中扮演卓琳，又一次入围了金鸡奖最佳女配角的提名，时隔26年再次邂逅金鸡奖，也是对我这么多年来执着追求表演事业给予的鼓励。每当我接受一个新的角色，我都会认真研究剧本、努力把角色完成得更好。塑造

▲电影《邓小平小道》宣传海报

领袖人物的妻子卓琳这样一个特殊的角色，对我来说是个很大的挑战，她的学识、经历都需要我去认真翻阅大量的历史资料，通过和当时与卓琳熟悉的同事沟通交流，慢慢的，我对塑造卓琳有了一定的信心。作为一个演员，就应该不断挑战自己，而今在我入行 30 多年之际，我又一次想起了当初求学的情景……

1985 年，我踏入了上海戏剧学院的大门。在我们上一届的表演系里有两个女生近视，就被劝退了。所以到我们这一届的时候视力检查特别严格，那一年，我们班有 6 个人的视力都达不到 0.8，而表演系的要求是 1.2。我们班一共就 20 个人，如果 6 个人全走的话，我们班也办不成了，所以就留了 3 个走了 3 个，我就属于要走的那 3 个之一，太残酷了！那时候我眼睛才 0.2，当时还有师哥跟我说，让我第二年继续回来，第二年我就真的回来了，还是那个视力。所以我非常感谢戏剧学院，尤其是我们当时的系主任陈明正，他把我叫到系办公室，问我文化课怎么样，让我明年参加高考，因为我专业课没问题，所以第二年就很顺利。

在上戏读书期间我就和上影演员剧团的艺术家有了较多合作，1989 年我拍了第一部电影《地狱·天堂》，这部戏对我影响太大了，里面的演员都是我初中、高中读书时在《大众电影》杂志上看到的。当时我们 4 个特别要好的朋友中有一个人家里订了《大众电影》，我们就每个月都到她家去翻看。

▲ 于慧与严永瑄（右二）、乔奇（左二）、任伟（左一）在《地狱·天堂》剧组合影

我到现在还记得，拍这部电影的时候，遇到了我曾经在电影里见过的前辈艺术家，和他们合作感觉特兴奋！

我是 1990 年毕业的，毕业之后就分配到了剧团，当时团长是何麟老师，剧团就在武康路 395 号。我的印象里，每一个房间都挺小的，一间一间的就像办公室那样，我们每个星期五还要开会，只要不拍戏的演员都要来。我还记得那时候我刚拍了长影电影《喋血金兰》，就买了一部手机，开会时突然手机响了，所有人看着我，我赶紧关机，那个年头有一部手机还是比较罕见的。

进了上影之后我拍的第一部戏叫《千里寻梦》，女主角是秦怡老师，男主角是奇梦石老师。秦怡老师对我讲她过去拍戏时的一些经历，那时候体验生活就要半年，一部电影要拍一年，她们都是自己背着铺盖，从家里边带着暖水壶，所有的事情都是自己亲力亲为，这些都是我在学校里学不到的。我特别喜欢那时候的氛围。这部戏之后我又在厂里拍了《燃烧的婚纱》《情洒浦江》等几部电影。

1996 年的时候我主演了长影的影片《喜莲》，获得了中国电影金鸡奖最佳女主角奖和中国电影华表奖最佳女演员奖，虽然很多人觉得我很幸运，但我知道自己付出的努力。《喜莲》是一部农村题材的电影，其实，我进了上影演员剧团，特别期待能和谢晋导演合作。后来有机会认识谢晋导演，谢导觉得我长得洋气，不适合演农村戏。看到了《喜莲》的剧本后，觉得塑造喜莲这样一个农村妇女，对我来说也是一种挑战，我就去体验生活。其实我没去过东北农村，对农村生活不熟悉，我进剧组的第

▲ 电视剧《破晓东方》剧照

▲2020 年，剧团在重阳敬老活动中为于慧、张晓林举行退休仪式

一天，化妆师看到我长长的头发，怎么也下不了手，孙沙导演就亲自为我剪。这部电影获得的成绩归功于剧组每一个主创人员的努力，影片上映期间，地方的电影院宣传这部电影时写上了"喜莲，当代的李双双"。作为晚辈，我永远要以张瑞芳老师为榜样。瑞芳老师和我接触挺多的，她每次见到我们眼睛里都会透露出一种很慈祥的目光，她还教我怎样训练自己的形体。所以说很幸运，我能遇到这些前辈，我在上影演员剧团这个电影的摇篮里和他们亲近，真的觉得好幸运。

一转眼我也退休了，2020 年剧团在每年的重阳敬老活动上还特别为我举行了退休仪式。这些年我也一直参加剧团的活动，譬如 2019 年的话剧《日出东方》，虽然在台上只有一点点戏份，但是感到非常震撼，因为我看到了剧团的凝聚力，如果剧团接下来再排话剧，我还是要参加。我们都把剧团当自己的家，只要不拍戏就想回到这个家。希望我们剧团越来越好，有更多的新鲜血液，一代更比一代强！

外造角色，心塑艺魂

◎傅冲

傅冲，1971年出生。主要作品：电影《枪神无畏》《真假英雄兄弟情》《毛泽东和斯诺》《留住心中的月亮》，电视剧《红十字方队》《共和国往事》《旗舰》《好歹一家人》。

成为演员剧团
演员,我此生
无憾！
　　傅冲
2023. 3. 13.

1995年的时候，我毕业分配来到武康路上影演员剧团，我们班就我一个人到上影工作，我还很小，刚来的时候很紧张，又感到新奇，因为眼前这些艺术家以往都是在电影屏幕上才能见到。我记得之前上影演员剧团和人艺都考虑要我，我毅然决然选择了演员剧团，因为这里有我很喜欢的演员，包括老艺术家秦怡老师、张瑞芳老师、牛犇老师，我很小的时候我的母亲就会提起他们，就好像亲人一样，这对我是很大的吸引力。

　　在武康路的时候，我们每个星期五都要一起开会。剧团后来搬到了广播大厦，我就去得少了，这次又回来，我觉得变化很大，当年的剧团还是有些老旧的，今天看来焕然一新，有种恍如隔世的感觉。我确实是百感交集，觉得很长时间没来，有些惭愧，好像一下子回到了年轻的时候。刚进团的时候我的状态很局促，不知道接下来应该怎样，因为还没拍过戏。何麟团长、丁嘉元副团长给了我很多关怀，他们找我谈话，告诉我没有关系，剧团会照顾我的；马冠英老师也很关心我，我当时还不知道他叫什么，他对我说："这小姑娘来啦！你们班几个人？"反正就是很亲切地和我聊天。慢慢地，我就熟悉剧团的老师们了。

▲电影《枪神无畏》海报

　　1995年的时候，电影厂有蛮多拍摄任务，我的第一部戏叫《枪神无畏》。演了一个女枪手，其实是国民党特工，在剧中翟乃社老师扮演一个枪法很准的共产党员，他是一位非常优秀的演员，我就偷偷向他学习，他对我的帮助很大。我第一次拍戏，对镜头什么都不是很懂，他就经常作为对手来提醒我，一点一点告诉我，我很感动。神枪手要打枪，我练了无数次，因为枪的后坐力很大，一打枪我就闭眼睛，浪费了很多子弹。我演的是神枪手，不能闭眼睛，这是一个下意识的问题，需要去克服，乃社老师也告诉我怎么去克服，后来慢慢我就融进去了。

　　在我拍戏的时候电视剧的量也开始逐渐增多，有一次我BB机突然接到信息，让我回拨，我就在一个小卖部打电话，原来是《红十字方队》剧组说想要见我，我直接回绝了。因为他们在北京，我当时没有什么余钱买火车票。结果，电话里说我们给你钱。我考虑了一下，觉得还是去试试。没想到

▲ 电视剧《红十字方队》剧照

见了面我就通过了，制片人和导演说我外形看上去很正气，就让我签合同，真是很神奇的事情，可能是我骨子里有军人的血脉吧，我的父亲、爷爷都是军人，我了解军人是怎么样的，军校是怎么样的。这部剧拍了之后连着几年都播出，对我的影响是很大的。

很多老师都会帮助我，但是印象最深的就是牛犇老师。我跟牛老师演过一部电影《海上有片红树林》。这部戏就 3 个演员，所以就一直和牛犇老师在一起，从早到晚。一个人在密集的几个月里跟一位非常有能量的艺术家在一起，是非常容易受影响的。我们在岛上很枯燥，还有蚊子叮咬，他就天天很幽默地跟我聊天，只要有他老人家在，我们就会欢声笑语。记得他总是背着

▲ 电影《海上有片红树林》拍摄现场

▲ 录制访谈当天，傅冲为剧团成立 70 周年献上定制蛋糕

手走来走去，拿着他的道具大砍刀，走到哪里带到哪里，这是他的道具，他很会设计一些动作，演员借助道具来表现内心非常有必要。有一次牛老师一边跟我讲话，一边砍竹子，等我们聊完天之后，他就给我做好了一个小的挖耳勺，很细很圆滑，就跟买来的一样。我惊讶了，明明一直跟他聊天逗趣，他就在那么短时间内完成了一件作品，像变魔术一样。这些老艺术家真是太了不起了，他们怎么会有这样的手艺？和他们相比我感到自己学习的地方还有很多。

我对剧团一直有着深厚的感情，是我的老师们一直引领着我。我觉得自己没能给剧团做过什么贡献，所以现在能为剧团做一点小小的事情，就像个心理上的补偿。我一直默默祝福剧团，也知道剧团日新月异的变化，能够得到剧团的认可，就觉得自己没有给剧团丢脸，这是我一个很浅显的想法。如果能传承到老艺术家的一点点优良品质，我就此生无憾了。

似乎从未离开

◎ 刘小锋

刘小锋，1971 年出生。主要作品：电影《律师与囚犯》《死刑宣判之后》《王勃之死》《攀登者》，电视剧《春光灿烂猪八戒》《宝莲灯》《铁血尖刀》《浴血十四年》《国家孩子》。

热爱生活
体悟万千
从故生命
感悟光影

刘小锋
2023年3月6日

我接触上影演员剧团很早，1995 年的时候，第一次来武康路剧团的院子，转眼过了近 20 年，在我的心目中，似乎从没有离开过这个院子。虽然中间在北京国家话剧院待过一段时间，因为我是北方人，那时候想在北京发展，不过我还是比较喜欢上海的环境，尤其是上影演员剧团人和人之间的这种感情。2015 年的时候机缘巧合，我正式加入剧团，成为这个美丽小院中的一员，特别难得。

其实，我的整个演艺道路、成长都是在上影，很多老师给我栽培，我最早接触的一个副导演就是剧团的演员杨德根老师，他到上戏找演员，我就被他选中，之后还多次来找我。我拍的第一部电影就是上影出品，第一部电视剧也是上影的，甚至于 20 世纪 90

年代时候的 MTV，都是上影的团队。可以说，真正滋润我艺术种子的始源地是上海、上影，所以我回来觉得非常理所当然，而且很坦然，当然这里也有崔杰老团长对我的关心，能够认可我，让一个从上戏出来一直漂泊的孩子能够有归宿，回到这样一个正规的、有名望的团队。

▲ 电视剧《浴血十四年》剧照

我是半路出家的演员，小时候在东北长大，进入上海戏剧学院之前，我在银行、企业都工作过，从事跟表演艺术完全没有关联的工作 4 年。大学实习的时候，没有任何人脉和经验，是上影老师提携了我，我小时候和全国观众一样，在银幕上知道了剧团的老一辈艺术家，他们是我全家人崇拜和尊重的偶像，像张瑞芳老师、秦怡老师、梁波罗老师、达式常老师，包括我的师母洪融老师，都是在我到上海之前，仰视的对象。回忆这些年，一幕幕走过，我和他们合作相处，他们身上有一种特殊的人格魅力，你会觉得这是一个非常亲切的长者，之前社会所赋予的那些标签符号：艺术家、著名演员……恰恰站在你面前的时候，所有人给我一种共性，特别的和蔼可亲，不是演出来的，就是长辈对年轻人的欣赏和喜爱。在艺术上，我没资格去评价他们，大家有目共睹。我就举两个小例子：

梁波罗老师是我评职称时候的主审，我去考试的时候，有些不习惯，演了那么多年戏还要再去考声台形表，但他坐在我面前的时候，一开口的话："小锋，你来了！没想到是你，你看……"无形中让我把包袱放下了，我在表演之后，他也会给我很大的鼓励。

▲ 上影演员剧团联合摄制的电影《邹碧华》剧照

达式常老师和我在一部电视剧里合作，我非常紧张，达式常老师是那么优秀的前辈。我就天天跟着他，一起到公安局体验生活，去现场，练打靶，刑警队给我们400多发子弹练习，现在我枪打得还可以，完全是达式常老师带出来的。达老师会特别在意枪该怎么拿，该以怎么样的状态带着情节走入破案现场，怎样的脚步像个专家。其实对一个从业者来讲，老一辈艺术家对于自我的要求，我们在身边看的时候，影响非常深远，点滴中会给你潜移默化的影响。所以今天我见到达式常老师还是会那样亲切。

前几年，我参与了剧团拍摄的电影《邹碧华》。我们其实都是从市场化走来的，但这次参加的老师没有任何计较，他们演一个戏份不多的配角，也非常认真、传神，一出场就带着氛围和角色的需要，我就非常骄傲，这个剧组的人都是一家人，我每次都能看到大家对剧团的信赖。

最近我作为制片人拍了电视剧《国家孩子》，这部剧我只看了一集剧本就深深地被打动了，抢时间赶紧买下来，很幸运，正赶上我们祖国成立70周年，需要这样的剧本。我请了剧团的马冠英老师和张芝华老师，虽然他们戏份不多，但是看了这部电视剧的人都跟我说，看着这对夫妻遇到多年未回来的孩子的场

▲ 电视剧《国家孩子》剧照

景，我们都想流泪。这是戏里一个比较重要的泪点，导演就跟他们讲了故事背景、一些人物属性，他们超乎想象地完成了。两位老师其实就拍了一天，却丝毫不计较条件，因为我是剧团的演员，第一次当制片人，他们对我是一种帮扶，我特别感恩。其实一直当演员，有时候会脱离真正的生活基础，只有降下纬度，把纬度展开，才能发现生活中很多鲜活的人。

我庆幸上影演员剧团是一个充满了海派文化特点的团体，曾经的积淀、风度，这对我现在都是一个很好的学习方向。每次接受采访，我都会第一介绍，我是上影演员剧团的演员刘小锋，这是刻意而为的，我希望能把自己的本分做好，前辈曾经创造的那份辉煌，今天传承给我们，我们要不辱前辈的业绩，能够自信地喊出："我们是上影人，要承担这个责任和义务。"

剧团是我表演的土壤

◎王景春

王景春，1973 年出生。主要作品：电影《警察日记》《白日焰火》《我是证人》《地久天长》，电视剧《脱身》《隐秘的角落》《突围》《对决》《警察荣誉》。

4 年前的冬天，我又一次走进了久违的武康路395 号。掐指算来，我从戏剧学院毕业分配到上海电影制片厂演员剧团，已整整过了 20 年。我把许多剧团的艺术家前辈作为自己参照的灯塔，时刻勉励自己。而那一天，我最崇拜敬仰的前辈——著名表演艺术家赵丹先生的铜像在上影演员剧团的小院里落成了。我感到无比荣幸与兴奋，我们的愿望实现了。

我从小就热爱电影、热爱表演，赵丹先生是我们那个年代所有热爱电影的人心目中的偶像。他在《马路天使》《十字街头》《乌鸦与麻雀》《林则徐》《烈火中永生》等电影中的表演让人拍案叫绝，回味无穷。后来，我考上上海戏剧学院之后，更加系统学习了表演理论，也进一步反复观摩了赵丹先生的诸多作品，从

▲ 2019年，王景春为剧团捐赠赵丹铜像

他身上，我深深体会到，任何一个不具有性格的角色都是一个不好的、没有生活感的角色。因此，不善于再现人物性格的演员，也是一个不好的单调的演员。

在一次机缘巧合的谈话中，佟瑞欣团长正好提到想为赵丹先生塑一个铜像，我的心跳动了，作为年轻一代的演员，理应将前辈们的艺术结晶传承下去，更要把上影精神传承下去，更何况那是我仰慕已久的前辈大师啊。后来，佟团长还去探望当时已经90多岁高龄的赵丹先生的爱人黄宗英老师。黄老师再三表示："好，好，好。赵丹先生是上影演员剧团的演员，是一位为电影而生，为电影而死的演员，39年前他离开了这个世界，但这个世界从来没有忘记赵丹先生，他用自己的方式活在我们心中。"这番话让我振奋不已，我决心要把这件事情做好。终于，在佟瑞欣团长和各方面的支持下，赵丹先生铜像落成仪式圆满举行。当天，有记者采访我，说赵丹先生是我的偶像，我说，不是"偶像"，而是"坐标"，就像白天看着太阳的方向，晚上看着北极星那样，赵丹先生就是我人生和艺术道路上的坐标。

▲ 电影《警察日记》剧照

当然，在我们的剧团还有许多老师，他们也同样引领了我。在我1999年刚到剧团的时候，我就在每个星期的例会上见过很多之前只在银幕上看到却从未想着有朝一日能够和他们共同坐在同一个房间的老师们，我甚至还掐自己的大腿，觉得自己是在做梦。我进厂的第一部戏就是《死刑宣判之后》，在这部戏里有吴云芳老师、张芝华老师和周国宾老师。之后又参与了永乐出品的电影《我们结婚吧》，其中有毛永明、方舟波、朱玉雯等老师。他们对我这个新人小子关心照顾，这就让我感到了"有组织"的温暖。所以说，我的表演是从剧团起航的，无论是之后到北京拍戏，还是获得了一些奖项，我始终把剧团作为自己心灵的归宿。

再后来，我慢慢演了一些警察，从《疯狂的玫瑰》到获得了东京国际电影节最佳男演员的《警察日记》，从《我是证人》《引爆者》到《隐秘的角落》……也有些媒体称我为"警察专业户"，其实刚开始的时候有些疲惫，害怕自己一直在重复。但慢慢的，我想通了，每个角色其实都是不同的人，成长环境不同，身边亲友不同，性格爱好也不同，只不过他们都戴着警帽、穿着警服而已。警察只是一个职业，我最关注的是警察背后的那个人。我也有一些特别要好的警察朋友，有一次，一个警察找我视频通话，然后说一些警察同事特别想看看我，我就跟他们视频打招呼，结果一个警察看到我，对我说："某某某向你敬礼！"我就特别感动。我的父亲也是一名军人，戍守边防很多年，还曾亲手抓过特务……其实，社会上的每个人与警察都有交集，大家都要办身份证、户口本吧，我们每天能享受平安的生活也是因为警察这个群体的存在。

▲ 王景春从仲星火手中接过奖杯

在《警察荣誉》开播的时候，我还写下来一句话："在演员生涯中，我演过很多次警察，但这是我第一次饰演一位派出所所长，感受了一把生活的鸡飞狗跳。"现在，我并不排斥"警察专业户"这个称号，我还会时常想起我们剧团擅长饰演警察的仲星火老师——他在《今天我休息》《巴山夜雨》《405谋杀案》中塑造了各种类型的警察，让人至今难以忘怀。他也给过我鼓励和教诲，还为我颁过奖杯。仲老师当年在拍摄《今天我休息》的时候，还专程去当了一回警察，我觉得下生活非常重要，我拍电影也会主动要求下生活。譬如《警察日记》，虽然是10年前的电影，但创作过程还是历历在目。我和导演宁瀛一起早早体验生活。有一场戏是农民工要到市里集体讨要工资，我们找的演员都是从劳务市场拉来的真正的农民工，我就问他们：谁欠你们钱了？生活有什么困难？他们就跟我一一讲了。他们把我当成真的警察了。大家越讲越兴奋，纷纷向我反映情况。整场戏是用隐藏机位拍摄下来的，特别真实——所以，我也特别喜欢现场同期声录音，会有许多意想不到的惊喜，佟瑞欣团长也曾说过，他特别喜欢一些非常自然的"杂音"，譬如街头的汽车喇叭声，楼道里的切菜声……这些声音可遇而不可求，我说，由于技术原因和意外，很多时候我们必须得到录音棚去录音，这样感觉就不一样了，有点可惜……

我很高兴能以扮演警察给我所在的集体带来荣誉，更荣幸的是，我还凭

▲ 2019 年，王景春获得第 69 届柏林国际电影节最佳男演
员银熊奖

▲ 电影《地久天长》剧照

借《地久天长》获得了柏林国际电影节最佳男演员奖和金鸡奖最佳男主角奖，当时剧团也为我做了宣传，佟瑞欣团长还对我说，他特别欣赏其中一段戏：我弯腰穿风衣，咏梅看到了顺手就帮我整理好了。这其实就是我们的默契，我们在之前拍摄的期间无数次磨合，最终达到了生活中那种最真实的默契，这不是演出来的。拍摄时我们基本上没有调动情绪，选择了最克制的那种，其实人和人之间的情感很多时候都是克制的，尤其是中国人。但那些情感就像流水一样，无时无刻不在我们的日常行为之中，演员就应该捕捉这些无处不在的情感，达到下意识。所以在发表感言的时候，我说到了"愿全世界所有情感和爱，地久天长！"

我个人的荣耀和剧团的培养是分不开的，我经常说"给我一次机会，还你一个角色"。上影演员剧团优秀的"匠人"精神传统是我获奖的原动力，剧团是我表演的土壤，养育了我，造就了我。剧团组建就要 70 周年了，作为剧团的中坚力量，我要立足剧团，像前辈一样扎根角色，像赵丹先生那样留下"给人以真、以美、以幸福"的作品，也希望能对后辈们产生帮助！祝愿我和上影演员剧团，地久天长！

热爱电影的人永远年轻！

◎田海蓉

田海蓉，1973年出生。主要作品：电影《美丽的白银那》《第一次的亲密接触》《浪漫女孩》《一代女魂唐群英》，电视剧《雷雨》《黑冰》《关中匪事》《金枝玉叶》《正阳门下小女人》。

热爱电影艺术的人
永远是年轻！
让我们在电影艺术里
闪闪发光吧！

2023.3.4.

我是1999年从上海戏剧学院表演系毕业的。在1995年进入表演系之前，我主要是在学校的节目主持人进修班学习。在师姐吴越、金玉婷的鼓励下和佟瑞敏老师的帮助下，我考上了上海戏剧学院表演系1995级，为此后的表演艺术之路打好了专业基础。很幸运的是，我在1996年大一的时候就被李少红导演选中饰演明星版电视剧《雷雨》中的四凤。

1999年毕业之后，我没有选择去北京，而是选择留在了上海，记得一位著名演员也是我的好朋友，当时就问我："怎么不来北京发展？你不想当好演员吗？"我说："我特别想当一个好演员，我觉得留在上海就是当一个好演员最好的选择。"

因我从小在《大众电影》杂志上看到那么多的表

▲ 田海蓉在明星版话剧《雷雨》中饰演四凤

演艺术家，孙道临、赵丹、王丹凤、秦怡、白杨等，我可以如数家珍说出一大串他们的名字，他们都是上影演员剧团的优秀表演艺术家，因为他们在中国电影界如此的星光熠熠，我便更坚定地要留在上海，这里有我的初衷。所以，不仅是我选择了上海电影制片厂、上影演员剧团，也是上影演员剧团选择了我。

清晰记得 1995 年，在我参加上海戏剧学院表演系招生考试的时候，考场就是现在上影演员剧团所在的武康路 395 号旁。在等待进入考场的过程中，我看到一个身影匆匆往里面走，仔细一看，原来是我们现在的团长佟瑞欣，那时《梅花三弄之鬼丈夫》正在热播，我一眼就认出了剧中的"杨万里"，就像做梦一样，这是我第一次在生活中看到电视里的真人，英俊潇洒自如地出现在我眼前。后来，我在这里见到了孙道临老师，他有一部戏需要我出演角色。作为一个初出茅庐的新人，孙老师问我想怎么演、如何感受角色，他的和蔼可亲与我的年轻懵懂，在那时的碰撞中成了至今难忘的记忆。

分配到上影厂，第一次真正到剧团报到的时候，我内心非常喜悦激动又有点忐忑不安。走进武康路大门拾级而上，一抬头就看见一幅幅熟悉的艺术家的照片，挂满了整个走廊，原来他们都是上影演员剧团的！我久久地看着这一幅幅散发着神秘的、迷人的艺术气息与光芒的照片。即将在他们工作过的地方工作，这一切简直让我不敢相信，但又如此的真实。每周五开会的时候，我们围圈而坐，有仲星火老师、牛犇老师、向梅老师、陈鸿梅老师、张芝华老师、赵静老师等人，我才反应过来，原来我和这么多老师成了同事，而他们日复一日对我的影响，让我在表演艺术这条道路上走得更加扎实。

第一次接触电影，是 2000 年上海电影制片厂给我的机会，也许是巧合，那部电影的名字叫《第一次亲密接触》。执导该片的导演金国钊是上影请来的，上影的领导来找我的时候说让我演一个女主角叫轻舞飞扬的角色。可导演说，我演过《雷雨》，又演了董竹君，有名气了，观众也熟悉我了，但这个角色需要一个有陌生感的新人，这样大家容易代入。我以为就要错失这个机会了，导演又说："没关系的，我们还是想用你，你能不能演电影一开始就出场的丁宁？"于是，他们去跟厂里请示。厂领导说："如果田海蓉同意，当然没问题。"我说："这是和上影厂合作的电影，我作为上影的一员责无旁贷，我愿意把我的片酬全部打给上影厂。"有时候看似在舍，其实在得。

《第一次亲密接触》上映后，一位执行制片人打电话给我，说有部电视剧要开机了，女主角还没找到，但他看这个角色怎么都应该是我。我问他是什么戏？他说是电视剧《黑冰》，我说可能不行，我在拍电影《河流》，真是太遗憾了。等我刚准备从北京机场回来，又接到剧组电话，说还没开机，问我有没有档期，我就直接去剧组报到了。才有了后来《黑冰》里的经典角色刘眉。要是当初上影厂没让我演电影《第一次亲密接触》，我就不会从一个观众印象里的乖乖女转变成《黑冰》里气场十足的刘眉。

之后，我又被外借到长春电影制片厂，拍摄了《美丽的白银那》和《浪漫女孩》。这两部电影都是农村戏，因为我是在江南长大，没有去过东北的农村，这让我倍感压力。当时，我们坐了三天三夜的火车才到拍摄的地方，

▲ 电影《美丽的白银那》剧照

看着外面的树，我说这个地方太神奇了，怎么把白石灰刷到了树梢上，是不是防虫子？韩志君导演说："这叫白桦树！"我从没见过白桦树，更不了解东北农村生活。因为有上影演员剧团这样一个根基在，我才能有机会去长影拍戏。那时选演员，拍电影就是去电影厂选演员，拍电视剧就选的是电视剧演员，长影的韩志君导演知道我是上影演员又看了我出演的戏才最终选的我。

没过几年，我有幸又和达式常老师、顾永菲老师、潘虹老师、濮存昕老师、雷恪生老师、蔡国庆老师和佟瑞欣老师一起主演了明星版话剧《雷雨》，这是我再次饰演四凤。由我们现在剧团的话剧表演顾问陈薪伊老师导演。我每天演完就会觉得很憔悴，就是"让雷劈了我吧"那种劲儿。潘虹老师说："我没想过会来演繁漪，每演一场，我都觉得我的心脏承受能力不够。"我们这8个人都是用灵魂在演绎着《雷雨》中所分饰的角色。

因为太受欢迎，经常要加演，每次开演前我们都会相互鼓励，在每一次的开场前，我们8个人都会虔诚地把手放在一起加油。有一次，我演四凤对母亲发誓这场戏时，我和顾永菲老师距离特别远，我得跪步往前冲喊她一声妈，"唰"地一声，我的头就顶到了她的胸骨，只听到"嘎嘣"一声，演完之后我才发现自己腿软了走不了路。第二天，我觉得自己还行，可临到上场梳妆的时候，和雷恪生老师正对着开场戏的台词，我就突然失去了意识，晕倒在了地上。当晚的演出已不可能顺利进行，除了我之外的所有演员站在台前向观众道歉，表示可以全额退票，也可以拿着当天的票第二天再来，跟大家保证我们会为观众再演一场。"再演一场吧！"观众鼓起了掌，没有一个人选择退票，真是太感人了。演员是很幸福的，我们演着戏剧里的人，自己又过着戏剧人生，是没有其他职业可以比拟超越的。

四凤成了我表演道路上一个很重要的角色，我知道，我们剧团的前辈王

▲ 田海蓉与陈龙、何琳、王景春等代表剧团后辈参与央视《向经典致敬——上影演员剧团成立 65 周年》节目录制

丹凤老师也曾扮演过四凤，王丹凤老师也是我们全家喜欢的表演艺术家。从小，我们家院子里就会放"小燕子，穿花衣，年年春天来这里……"我问妈妈为什么唱这首歌，妈妈就说："这是电影《护士日记》里面的歌，唱这首歌的王丹凤，可美了！"因为我们太小了，没看过这部电影，但这首歌却深入人心，很巧的是，我的妹妹就叫田海艳。

有一天，我妈妈说买来 4 张票，一定要去看电影，我问什么电影，她说："王丹凤很久不演电影了，现在又拍了一部新的电影，叫《玉色蝴蝶》。"回头一想，我跟她真是好有渊源。从小听她的歌长大，又看了她最后一部电影，还演了舞台上和荧屏上的四凤，最关键的，都是上影人。

当听说我们要努力搬回武康路 395 号时，我真的觉得我们应该搬回去，那里非常干净、纯粹，有艺术底蕴，没有受到商业气息的污染，这样就可以更加追求艺术的本质。上影演员剧团应该真正散发艺术的光芒，小楼里承载了那么多演员的梦！我们是一群追求电影艺术的人，热爱电影的人永远年轻！

为剧团付出，是我应该做的

◎陈龙

陈龙，1976年出生。主要作品：电影《边城风云》《渡江！渡江！》《荒岛情未了》《火山迷案》，电视剧《少年黄飞鸿》《水浒传》《琅琊榜》《猎场》《燃烧大地》。

此生我会永远自豪的告诉大家"我是上海演员剧团的演员！"
陈龙
2022.12.2

说起我对剧团的情感，那是从小开始堆积的。还没入行的时候，我经常会故意路过武康路，因为那时候演员都会在剧团办公，有时也有演员来面试，我就在剧团门口溜达，试图邂逅曾经在大银幕上看到过的身影。武康路的剧团大门对我而言就是一个很神圣的地方，仿佛走进去，就开启了通往艺术殿堂的道路。我想着，什么时候我也能加入上影演员剧团——那时候我在从事别的工作，因为喜欢表演，就去考艺校。幸运的是，我结识了很多非常好的老师，像卢若萍老师、魏淑娴老师、姚家征老师……学了表演之后，我不知道去哪里施展，当时才十七八岁，只能演一些小角色，但是我不在乎，想着只要能去剧组，再远的路也不怕。记得那时候就在漕溪北路上影厂门口，冬天

▲ 2022 年，陈龙主持剧团重阳敬老活动

很冷，一群人等着坐大巴，然后去车墩。表演是我的个人爱好，我还得上班，因为我要有一份收入养活自己，至少有三四年，我都是这样的经历。

在这段时间，我开始和一直向往的上影演员剧团有了接触，剧团的许多老师都曾给予我关心、关爱。1995 年的时候，我在仲星火老师主演的《今天我休息》的续集《今天我离休》里演个警察，其实也就一场戏。那天，仲老师过来问我，你会敬礼吗？我说我不会，我刚学的。他说："那我教你吧。"仲老师就整个给我演示了一遍，告诉我举手得齐眉，讲得非常细，我觉得非常温暖。我还参加过一个合拍的电视剧，在里面只有两三集戏，拍完之后，制作方不给我结算，我当时只有十八九岁，不知道怎么办，跟他们理论也不搭理。让我特别感动的是，在这种情况下，我们上影演员剧团的黄达亮老师、祁明远老师，倡导所有的演员停工一天，他们说不给这个小孩把事情解决了，就不拍！我到现在都记得这件事情，这种力量到今天也会支撑着我。

▲ 电视剧《琅琊榜》剧照

▲ 2021年，陈龙参与录制央视"上影演员剧团@《我的艺术清单》"

对表演、影视的热爱引领我不断前行，我的戏也越演越多。然而，我自己也没想到有一天能够真正加入上影演员剧团，踏入这扇梦寐以求的大门，这个心愿就像一颗埋在心里的种子，终于有一天得以实现。2013年，我跟崔杰团长一起拍戏，他无意中问我，你有没有单位？我说没有，自己漂了很多年。他说你考虑一下想不想进我们剧团？我说，不是我考虑剧团，是剧团考虑我，因为这是我特别大的一个梦想。其实在之前，不管自己打拼也好，在剧组漂泊也好，哪怕是取得一些小小的让自己比较欣慰的成绩，我也总是感觉到一点缺失。特别是刚入行的时候，就怕有人问我，你是哪儿的？我只能说我是上海的，但是如果你说某某单位出来的，大家感觉就不一样。自从进了剧团之后，我就特别愿意别人来问我是哪儿的，感到特别自豪。特别幸运的是，我进团不到一年时间，就赶上剧团60周年的大庆，我作为青年演员代表上台讲话，剧团还介绍我说是新人，其实我有点心虚，那时我已经30多岁了。

记得佟瑞欣团长说过一句话：进剧团其实不是想来索取什么，而是要付出什么。确实是这样，如果不想要为剧团付出，光想着自己，那剧团可能就不太适合你。所以，剧团要我担任重阳敬老活动的主持或是其他什么活动，有时候觉得我忙，叫我来一次会说一些感谢、表扬的话语，我觉得我不该去领受那些赞美的词，这是我分内的事，是我应该做的。我站在台上看到台下坐着那么多老师，发自内心感到欣喜。虽然，主持不是我的强项，但我真的没有太大压力，因为大家就像家里人聚会那样，不会给你很多对于专业主持人的要求，就是图个热闹。很多老师都说，他们每年都盼望着这一天。这次，佟瑞欣团长又要我担任《我和上影演员剧团》的聆听者，我特别感激。通过聆听这些前辈讲述自己的经历，包括他们口中更年长的前辈——瑞芳老师、赵丹老师、秦怡老师……对我有了很大的提升。剧团的每一位老师，都特别纯粹，大家都在奉献。

我还曾邀请达式常老师观看我主演的舞台剧，达老师特别真诚，看完之后给我打电话，提了很多建议，他跟我说，表演上要再踏实一点，结构上可

▲ 2018 年，陈龙参与央视《向经典致敬——上影演员剧团成立 65 周年》节目录制

▲ 2021 年 7 月 6 日，剧团演员达式常、梁波罗、朱曼芳、王诗槐、佟瑞欣、赵静、于慧、孙清、王亚楠、陈龙、唐嫣等参加"光影颂歌——电影人永远跟党走"上海电影集团庆祝中国共产党成立 100 周年电影音乐会

▲ 电影《那些女人》剧照

能还存在某些问题，诸如此类。我也很希望剧团的前辈能多给我指点，因为在舞台上我的经验还是比较少的，这两年也在很努力地尝试。

剧团65周年的时候，我跟着剧团的前辈一起参与了央视《向经典致敬》节目录制，当时就感到很"高级"，这和参加综艺节目不同，能和那么多老艺术家站一块儿，我有种诚惶诚恐的感觉，他们熬到那么晚，没有一个抱怨的，上了台之后个个精神。而让我意想不到的是，在电影《那些女人》的拍摄中，我又一次地能同时和剧团那么多的前辈有对手戏。我演一个反面角色，那些和我"对着干"的百姓中，有佟瑞欣团长扮演的铁匠、肖荣生老师扮演的渔夫，还有柳杰老师、张莺老师、牛犇老师、张云立老师、吴云芳老师、严永瑄老师、张文蓉老师……这些老师每个人都在中国的银幕上留下过一道独特的风景，他们有的甚至都没有一句台词，认认真真甘当绿叶。而且，他们也都是我们父母辈敬仰的艺术家，我们能因为工作跟他们有延续，我们的家庭也会感到骄傲。

我是剧团60周年的时候进团的，到70周年正好10年。那天，我在剧团的花园里，在前辈赵丹、张瑞芳、孙道临的铜像前站了很久，这是我一直想来的地方，今天终于站在这里向外看了。这座小楼对那些前辈老师是多么重要，他们在这里度过了太多的时间。作为剧团的一员，我们要保护好剧团这片净土，守护好这块金字招牌，通过一代一代的人用作品去把它擦亮！

此心安处是吾乡

◎李宗翰

李宗翰，1976 年出生。主要作品：电影《剑雨》《梦游 3D》《我不是潘金莲》，电视剧《梧桐雨》《恋爱先生》《安家》《如果岁月可回头》《一脚定江山》《水浒传》《陪你一起长大》。

认真演戏
真诚做人

2023.3.4.

　　我是上影演员剧团的新人，一直以来对剧团有着浓烈的向往。当我成为剧团的一员，就觉得好像又一次拿到了大学录取通知书。可能是因为从小在集体宿舍长大，我特别喜欢大家坐着车一起出去春游的感觉，在剧团有那么多的前辈，他们对我来说是爸爸妈妈、姥姥姥爷，所以我迫切地想进入这个大家庭，一直坚持，最后终于如愿了。我经常跟剧团说，只要能调出时间，无论在哪我都会来。我想用我拍摄的两部电视剧的片名来形容我的心情：如果岁月可回头，此心安处是吾乡。

　　我小时候是在艺术家庭长大的，最早学的是戏曲，后来考取了北京舞蹈学院，跳了几年舞蹈之后又考取了中央戏剧学院表演系。到现在，我拍武打

▲ 2021 年，李宗翰参加上影演员剧团重阳敬老活动，与张云立（左）、吴云芳（右）合影

戏、古装戏，身段都会得益于小时候练就的基本功。很巧的是，我毕业之后的第一部戏就是在上海拍的，几乎所有的人都是上影的老师。在我拍《阮玲玉》的时候，吴冕老师演我的妈妈，吴竞老师演我的保姆；之后又和赵静老师合作，王诗槐老师也演过我的爸爸……在剧团，我大概有四位"母亲"、两位"父亲"。所以重阳节我和老前辈在一起的时候，不会觉得生疏，很多人就说："哎？宗翰你也来了！"包括那天我见到张云立老师就喊他"首长"，在我还没有考上戏剧学院，还是舞蹈演员的时候，张老师演叶剑英，我就演过他的警卫员。吴云芳老师也演过我的阿婆，看到我眼泪都流下来了……吴老师和崔杰老师是我最早接触的上影演员，那时候吴老师的年纪也不小了，演的是一个盲人老太太，我才刚出道，就觉得她永远是在准备，在默戏，很认真。而崔杰老师，就好像会有一百种演法，但是他又不油腻，演员应该就是这样的。后来我在拍戏的时候凡是遇到上影演员，每个人都会自豪地说我是上影的，都有一种荣誉感。上影演员剧团是现在唯一的一直能有活动、创作的剧

团，真是太不容易了。

21 世纪到来之后，是民国题材电视剧的高产期，有许多剧组都来找我，差不多连续 5 年我都在演民国戏，当时的媒体给我一个称号"民国第一小生"，这既是一个赞誉也是一个鞭策，我不能永远演民国小生，未来的日子还要去突破自己。不过，溯源我的"民国缘"，还是在上海拍的电视剧《梧桐雨》，工作人员都是来自上影，他们就觉得我穿着长衫很像那个年代的人，我有时也跟我

▲ 电视剧《春去春又回》剧照

妈开玩笑，是不是因为我学了戏曲，长得比较旧？可能就是从小耳濡目染的东西影响了我吧。在这部戏里我和潘虹老师合作，她对我非常友好，我们无话不谈。我演的角色非常悲凉，那时候年轻，拍完之后一度无法自拔，有时候甚至睡不着觉。是潘虹老师安慰了我，她说，把角色创造好不就完了吗？还有下一个角色，你那么年轻，有什么可抑郁的？回去好好睡觉，慢慢就能调过来。有一场戏，我下跪，求她放了我，她说："好！我放你走！"结果出门就给我一枪，我就哭了，她就过来说："孩子，这是演戏啊，要走出来！"我最早看见潘虹老师有些畏惧，因为她有一双非常会说话的眼睛，特别是在《人到中年》里，我又特别喜欢《股疯》，觉得她能把悲喜驾驭得那么好，在我们出行的时候潘虹老师都是负责讲笑话的。在前段时间我又和潘虹老师合作了，她演的角色很落寞，也不化妆，任由头发披散着，化妆要给她补妆，她就说："不用，我都落寞成这样了，这是人物，我要这个乱七八糟的头发。"她是从人物的角度出发的，而不是像很多青年演员，镜子就在手里，不停地补妆。

▲ 电影《剑雨》剧照

我的妈妈是上海人，当然，我也知道北京电影制片厂、长春电影制片厂，但是对上海电影制片厂印象最深刻，上海是中国电影的发祥地，尽管不太爱用"明星"这个词，可我觉得王丹凤老师、孙道临老师、张瑞芳老师、秦怡老师、金焰老师……他们就是我们心目中的明星。在读了大学之后，我对上影就更加了解了，我曾听说，牛犇老师在演《海魂》的时候，把自己绑在桅杆上找感觉；孙道临老师每次都会带着一本新华字典进片场……每当我为了演好角色，抽离自己，感到很痛苦的时候，就会拿他们的例子激励自己。我还特别喜欢冯喆老师，看到他以前的电影《羊城暗哨》《桃花扇》，有时候就会想：自己能演出来吗？

在宋庆龄故居举办的"声·影"诵读会是我第一次参加剧团的活动。我穿了一件白色的中式衣服，进入上影，不管是演戏还是做人，一定要干干净净的。那一天，从进入草坪开始，我就看见梁波罗老师很儒雅地扇着扇子，准备着他的诵读。达式常老师穿着一套非常贴身的蓝色西装，画着淡淡的妆，一点点默词，他在上台前还问我："我有汗吗？"然后健硕地走到草坪中央。佟瑞欣团长穿着一件藏蓝色的西装，一件白衬衫，还有口袋巾，衣着非常大气。我在台下看着，内心非常有感触，所以那天表演的时候，一度有些哽咽：终于来到了向往的大家庭，也是第一次的亮相，等了那么久，在这样的集体，有这样的艺术家，是多么荣幸的事情。离开的时候，我向达老师、王诗槐老

▲2021年，李宗翰与于慧参加"声·影"第六季——"致敬国之瑰宝"名家诵读会

师、佟团告别，我说要赶飞机，回剧组了，一下子，他们给我的眼神，充满了关爱和鼓励。我就默默对自己说："作为一个队伍里的新人，上影演员剧团让我做任何事情，我都是义不容辞的，我一定要努力，要延续老艺术家的品德，一定要为剧团做出自己的贡献。"

像家一样的港湾

◎唐嫣

唐嫣，1983年出生。主要作品：电影《九层妖塔》《梦想合伙人》《赏金猎人》《决战食神》《欧洲攻略》，电视剧《仙剑奇侠传3》《金玉良缘》《何以笙箫默》《千金女贼》《锦绣未央》《燕云台》。

很小很小的时候，就听我的父亲母亲说，在我生活的这个城市，有一个上海电影制片厂；而在梧桐交织、落叶缤纷的徐汇区武康路，有一个上影演员剧团，许多他们崇拜的演员老师都在那里工作。而它的专业与文化底蕴也为众人所向往。在父母的讲述中，"上影演员剧团"在我的童年记忆里逐渐有了一席之地，它也渐渐地成为我的心之所向。

也许是因为深藏在心中的向往，隐隐推动我勇敢为它做出努力，所以，我迈出了"演员"这一步。在全力奔赴的过程中，我发现我是真的喜欢表演。当我第一次完整地塑造了一个角色之后，我能真真切切地感受到创作的意义与其中的乐趣。让自己变成角色中的"她"，感受"她"的人生，与"她"同悲喜、共

▲2021年，唐嫣参加"光影颂歌——电影人永远跟党走"电影音乐会

成长，那种与角色合二为一、情绪共通的感动与澎湃，让我更加坚定自己的信念——要成为一个好演员。

艺术无高低，作品无轻重，每一部作品的诠释，都离不开角色的揣摩、情感的代入、情绪的共鸣，这些必不可少的要素。虽然客观上来讲，《仙剑奇侠传3》让一部分观众知道了"唐嫣"，而《何以笙箫默》又让更多的观众了解了"唐嫣"，但其实对于我来说，每一部作品，都有其闪光之处。它们在我的生命中都有着不同的意义，都值得用心去对待。很少有人能将兴趣转化为职业，但我很幸运，我的兴趣成了我的职业，因此我时常提醒自己：全力以赴，不负期待。

付出终有所获，梦想与现实重合。终于，我加入了上影演员剧团！望着剧团四壁挂着的老艺术家的肖像，我的脑海里浮现了一段段记忆：白杨老师的《祝福》、张瑞芳老师的《李双双》是我们表演课的范本；孙道临老师配音的《王子复仇记》让我无比陶醉；还有王丹凤老师，她在《护士日记》中演

▲ 电视剧《锦绣未央》剧照

▲ 电视剧《燕云台》剧照

唱的《小燕子》，是我儿时最常哼唱的旋律……自豪与激动充斥着我的内心。

在 2018 年纪念上影演员剧团成立 65 周年之际，我有幸参与了央视《向经典致敬》的节目专访。在这次活动中，我可以以剧团晚辈的身份演唱《小燕子》。"小燕子，穿花衣，年年春天在这里"不单单是我童年美好的记忆，更是过去与现在的交汇，是理想走进生活的感动与感恩。聆听台上老艺术家对我们的期许和教导，我更加为自己能成为这个大家庭中的一员而感到荣幸。杨在葆老师说："我们上影演员剧团培养的是优秀的好演员以及一代艺术家。"我对此深受鼓舞，也更加坚定了自己的信念：希望在未来的日子里，能够踏踏实实做一个认真负责的好演员。

剧团的关心与温暖，让我从"刚入团的新人"向"逐渐步入正轨的成员"平稳过渡。2021 年中国共产党建党百年，我十分荣幸能作为剧团演员代表，和前辈牛犇、达式常、梁波罗、朱曼芳、王诗槐、赵静等老师们一起参与"光影颂歌——电影人永远跟党走"庆祝中国共产党成立 100 周年电影音

▲ 2018 年，唐嫣参与央视《向经典致敬——上影演员剧团成立 65 周年》节目录制，演唱《小燕子》

乐会。现场的氛围令人振奋，在国家繁荣富强、艺术百花齐放的环境下，我们有了更加广阔的创作天地。而在上影演员剧团一代代传承下，我们也能学习并汲取更多前辈们的宝贵经验。天时地利均在，而我作为其中的一员，也要努力将更多好作品呈现给大家。

认可与肯定是最让我感动的事情。先后入选"上海市青年文艺家培养计划"，并荣获"上海市青年五四奖章"，让我更加感恩剧团对我的培养与帮助。在未来我也会继续增强意志力、坚忍力、自制力，传承行业优良传统，不断提升修养品格和职业素养，续写演员新篇章；备感荣幸，在学习的道路上继续努力。

上影演员剧团就是我的家，每次回来就像回到了温暖的港湾。在这个有着 70 年历史的大家庭里，很多优秀的前辈都是我前进的目标。多亲近、多交流、多学习，希望能在前辈们的教导下，不断学习与自省，精进自己的业务，为观众带来优秀的作品。

携手共进，情长谊深

1953—2023

▲ 2018 年，上影演员剧团重返武康路 395 号，在剧团楼前合影

▲ 杨在葆书法 "融通天下"

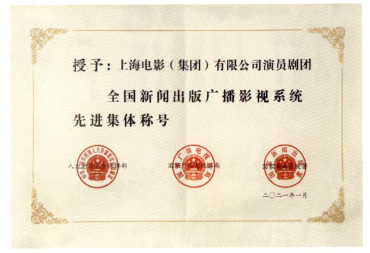

▲ 2021 年 1 月，剧团荣获由人力资源社会保障部、国家广播电视总局和国家新闻出版局授予的 "全国新闻出版广播影视系统先进集体" 荣誉称号

▲ 2017 年 9 月，电影《邹碧华》在北京人民大会堂隆重首映

▲ 2023 年，由剧团几代演员主演，献礼剧团成立 70 周年的影片《父亲在远方》业已杀青，即将奉献给广大观众

德艺双馨、创造卓越是上影演员剧团永远的追求

◎王健儿

王健儿，上影集团党委书记、董事长。

　　每当来到武康路上影演员剧团，见到张瑞芳老师的铜像，我就会想起小时候曾看过她主演的一部电影《泉水叮咚》。瑞芳老师饰演的陶奶奶特别和蔼可亲，让我至今难忘。那时候我就想，如果我也能在这样的奶奶身旁学习生活，每天一定会过得非常充实快

▲2020年剧团重阳敬老活动，王健儿为当年迈入"80后"的达式常、张文蓉颁发证书

乐。我相信，当年这部电影给很多和我年纪差不多的观众都留下了深刻的印象。这些留在脑海深处的记忆，有着"牵一发而动全身"的影响力，我想这源自电影艺术释放出的独特力量，这种影响力是其他形式难以替代的。

我们上影演员剧团诞生了一大批优秀表演艺术家，他们的佳作都曾传遍大江南北，轰动一时。这些经典作品深深地影响着我，也影响了几代中国观众。我认为，这正是上影演员剧团的核心价值所在。鉴往知来，砺行致远，作为上影的党委书记、董事长，规划、培养、壮大上影演员剧团等主创团队，不断创作出反映时代的优秀作品，报答、回馈观众，是我义不容辞的责任。

我和班子成员每年都会去看望老艺术家们。我很喜欢跟老艺术家在一起交流，这让我感到轻松愉快、内心充实。这些年，我曾几次到向梅老师家中，我们敞开心扉，聊了很多心里话，每一次会面都非常开心。但去了那么多次，向梅老师从没跟我提过个人要求。其他老艺术家也如此，永远是在谈工作，

▲ 2021 年，王健儿在央视录制的"上影演员剧团 @《我的艺术清单》"中，带领剧团党员重温入党誓言

▲ 2021 年 6 月 19—20 日，剧团开展庆祝建党百年七一主题活动，上影集团党委书记、董事长王健儿与上影演员剧团支部党员来到中共一大纪念馆，剧团演员牛犇、达式常、梁波罗、佟瑞欣、严永瑄、吴竞、王诗槐、于慧、周国宾、毕远晋、陈龙、孙清、黄丽娅等参加央视综艺频道"上影演员剧团 @《我的艺术清单》"录制

▲ 2021 年新春，王健儿探望老艺术家

谈上影集团、演员剧团的发展，没有一位跟我提过个人方面有什么困难需要单位解决，这让我非常感动。我想，70 年来，剧团能够始终在全国观众心目中保持一个非常美好的形象，正是因为前辈们有如松竹一般的风范。

德艺双馨、创造卓越，是上影演员剧团永远的追求。剧团演员的艺德和业务能力是最首要、最根本的，唯有德艺双馨，才能创造卓越。上影演员剧团之所以成为一块金字招牌，成为上海这座城市的文化名片之一，就是因为这 70 年来，有赵丹、金焰、张瑞芳、孙道临、白杨、刘琼、秦怡等一大批艺术家，朝乾夕惕、砥砺耕耘，不断创造经典、超越经典。

我一直在思考，剧团老艺术家们这种艺术精神该如何去传承？我认为，上影是很适合通过实训的方式来培养年轻接班人的，因为这里有一批经验丰富又能做到言传身教的导师。而上影 70 多年来之所以能够取得这么辉煌的成就，一条重要的经验就是：源源不断地培养接班人。

　　在培养人才方面，上影尝试过很多途径。20世纪90年代，上影和上海戏剧学院、上海交通大学合办过两届全日制的人才班，这批学员到现在仍然是上影的骨干和支柱，意义深远。今天的上影，仍然必须不断加快人才培养的步伐，建立多渠道、多方向、多工种的上影人才库，多措并举、踏踏实实把培养人才的工作做下去、做出成效。只有把老艺术家的艺术精神传承下去、继往开来，上影才能更加根深叶茂、欣欣向荣。

　　上影"十四五"战略中专门有一条提出：要通过"上影学馆百年树人"计划，培养新人，传承上影文脉。我想，除了优选科班出身的青年人才，是不是还可以做这样的尝试：比如说，社会上有一些非常好的演员苗子，但因为种种原因没有机会到专业的艺术院校学习，能不能把这些具有优秀潜质的孩子们招来"上影学馆"参加专业培训，给他们机会，帮助他们实现自己的艺术梦想？一个完备良好的学习环境、一批资深专业的导师，也许能极大程

▲ 2022年，王健儿在《我和上影演员剧团》开机仪式致辞

度发挥他们的天赋，让这些"草根"学员也有机会成为广受大众喜爱的专业演员。科班培养与觅材施教相结合，培育、继承、发扬老艺术家们的艺和德，成就了人才，也成就了上影。这正是上影未来要努力的新方向。

长期以来，上海一直是一座能够吸引众多艺术家来此生活和创作的城市。上影在如何引进和培养优秀电影人方面应该做些什么？我想至少有两点。第一点，"要管具体"。去了解这些青年人的生计生活、工作环境、思想状况，给他们创造必要的条件。如果这些实际问题，不管具体、不抓落实，一定是不利于他们安心创作的，引进来的人才也留不住。第二点，"不要管得太具体"。艺术创作工作有它自身的规律，要给艺术工作者留出自由创作的空间，让他们充分发挥艺术才能，尽情探索艺术世界。作为管理层，最重要的是把握住艺术创作导向，弘扬真善美，传递正能量。在大方向正确的基础上鼓励百花齐放、百家争鸣，这样才能推动电影产业发展更加繁荣。如果真正做到这两点，我想上影会有更强的吸引力，招引全国乃至全球的青年电影人来到这里，来发展我们共同的电影艺术事业。

近年来，在上海市委、市政府、市委宣传部的关心下，上影正在积极创造条件吸引优秀的中青年人才加盟上影，落户上海。包括引进、培养一些优秀的中青年演员加入上影演员剧团。对于上影未来的发展而言，人才始终是关键所在。只有千方百计地聚集人才、培养人才、服务人才，上影才会有更加美好的明天！为此，我们还要再接再厉、共同奋斗，打开更多"人才进上影"的大门。正所谓以初心担使命，以匠心求卓越，以开放促合作，以创新谋未来！

从志愿者到同行者

◎ 王隽

王隽，上影集团党委副书记、总裁。

上海是中国电影的发祥地，上影是中国电影的辉煌代表。在中国电影发展历程中，上海电影表演艺术家作为一个杰出的群体，贡献卓著，成就斐然。

回望上海电影的历程，我们看到题材丰富的作品映照了我们民族深厚的历史纵深，回望上海电影的发展，我们看到艺术家们塑造的生动形象刻画了不同时代印记鲜明的人文风采。

从1953年建团，上影演员剧团走过了70年的非凡历程。我们不会忘记张瑞芳、白杨、赵丹、刘琼、秦怡、孙道临、舒绣文等老一辈艺术家，我们不会忘记上海电影各个发展阶段中风云一时的历代表演艺术家，他们是上海电影的骄傲，更是中国电影永远的记忆！

今天，作为上海电影这个光荣群体的一员，作为

▲ 2021年剧团重阳敬老活动，王隽为当年迈入"80后"的前辈朱曼芳、李守贞颁发证书

与上海电影艺术家们携手共进的同行者，我倍感幸运和自豪。而我和电影艺术家们的最初邂逅，却是开始于一份志愿者的工作。

1993年，作为一名热爱文艺的外语专业学生，我幸运地成为上海首届国际电影节翻译志愿者。每天的工作就是在电影界领导和著名艺术家们身边，为他们担任翻译。

那些曾经只在银幕上看到过的知名导演和表演艺术家，突然就出现在身边，让我不由感到幸运而兴奋！我至今仍然不能忘记，在上海影城大堂举行的盛大活动上，众多国内外的艺术家和明星济济一堂。我们崇敬的白杨老师戴着眼镜，走进会场，优雅大气，和蔼可亲！她询问我们是哪个学校的学生，学什么专业，为什么喜欢电影，就像是家里的老人长辈！我还见到了我们上影著名的导演谢晋、于本正、黄蜀芹、史蜀君……那时没有手机，我就手里拿着照相机，不放过和每一位艺术家拍照合影的机会。

当年上海国际电影节的创办者吴贻弓、马林发、张元民、朱永德等这些老领导、老艺术家，给了我们年轻人很多施展才干的机会；他们的包容和循循善诱，让你感觉自己在这一片天地里完全可以有用武之地。一次电影人酒会前，吴贻弓局长突然对我说："小王，接下来有一个酒会，你跟着我做翻译。"他当时是上海电影界的最高领导，又是声名斐然的大导演，而酒会的场面又相当隆重。接到这个任务，我十分紧张。吴老师（我其实没有资格这样称呼他老人家，但是当时我们都这么称呼他）看出了我的心态，以他特有的儒雅语调和温和声音对我说："哈哈，你别紧张！我们可以一起过一下我在酒会上的致辞和流程。"他就像父亲一样说话，即刻拉近了我们之间的距离。老一辈电影艺术家让我体验到上海电影一种大家庭式的亲切感。

人的一生充满机缘，我能够成为一名文化领域、电影事业的工作者，正是起始于这一届电影节。由于表现还不错，我大学毕业面临择业的时候，吴贻弓老师、朱永德厂长就问我："现在有一个岗位是做国际交流的，你有没有兴趣？"我二话没说，毫不迟疑地答应了，因为热爱电影，因为专业对口，更因为上影浓浓的艺术氛围和大家庭式的温暖。我踏进了上影厂，一干就是 5 年。在之后的 20 多年里，我多次调动工作，但是始终没有离开文化艺术事业和国际交流领域，直到 2019 年底再次回到上影集团。这样的因缘际会，给我的感受是很不一样的：从一个对导演、演员充满好奇的电影爱好者，到进入电影厂成为一名电影事业工作者，再到从事多门类舞台艺术和影视艺术创作和筹划的文化工作者，再回到事业起步的上海电影大家庭，这是怎样幸运的"轮回"啊！

这几年来，我和上影演员剧团共事，既为他们所打动，又为他们感到骄傲。

牛犇老师、梁波罗老师、达式常老师，他们虽然已经退休多年，但是仍旧非常忙碌于文艺创

▲ 2022 年剧团重阳敬老活动，王隽与达式常（左）、牛犇（右）合影

▲ 2022 年重阳敬老活动，王隽为前辈送上鲜花纪念品

作，仍旧关注剧团的发展。牛犇老师不管什么角色，哪怕是一句话，也要精心准备。在拍摄《大城大楼》的时候，牛老师跟我聊他是怎么设计进场的，小道具又是怎么使用的，甚至连剧中可能用上的小钢锸儿他都是自己带来的！牛犇老师把哪怕只有两三句台词的戏，都当作非常重要的创作机会。而他年轻的心态和开朗的个性，又总是能把身边的人拉近！达式常老师为了演播《牛虻》，字斟句酌，咬文嚼字，即使对这样一个熟悉的作品，也做了深入的研究和充分的准备。他演播脚本上的笔记和批注，密密麻麻！这种精益求精，追求完美的精神值得晚辈永远学习。

我们的剧团，在佟瑞欣团长的带领下，在忙碌于电影创作和拍摄的同时，还在舞台剧领域大力拓展创作空间，打出了"声·影"品牌。这既是艺术能力的展现，也是专业素养的训练，更是保持艺术风采常青的有效手段。在新媒体时代，艺术的表现形式，变得更加多元，但不变的核心就是精心的创作态度和精良的创作水平。我可以很自豪地说，无论是在电影银幕上，还是在话剧舞台上，无论是在传统艺术领域，还是在当代多媒体艺术空间，我们剧团的艺术家们，都能毫无愧色地站在前列！

上影演员剧团今天能够成为全中国唯一有建制、唯一还活跃在艺术创作一线的电影表演专业队伍，与我们70年来艺术精神的传承息息相关，与我们艺术家们对于电影事业的热爱和奉献息息相关。现在我们又站在新的

▲ 2021年，王隽探班电影《大城大楼》剧组

起点，挑战巨大，重任在肩。对于集团来讲，重中之重就是推出精品力作；对于演员剧团来讲，重要目标就是不断提升创作力和影响力。我们将用更加宽广的、开放的姿态欢迎和拥抱有潜质的、具有剧团"基因"的青年演员来壮大我们的队伍。

上影演员剧团是表演艺术家们的家，是一个充满了艺术气息、拥有艺术格调、传承艺术精神的优秀团体。我们上影有幸有这么一支队伍，能够在电影创作中始终站在前列，始终成为优质作品的代言人。现在，我们正面临一个新的时代，传承与发展的重任落在我们肩上。我们需要拥抱新时代，担负新使命，努力为建设中华民族现代文明贡献电影力量！

上影演员剧团是上海电影乃至中国电影最可珍贵的财富，真心希望我们的艺术家，不忘初心，树立信心，保持恒心，走向更广更深的文化空间。上海电影人和表演艺术家们有责任成为中国故事的讲述者，成为中国艺术的创作者，成为记录和展现中国现代人文精神的担当者。

上影演员剧团不仅是一个名字，更是一种精神。

上影把我当成了自己人

◎奚美娟

奚美娟，上海文联主席，中国电影家协会副主席。主要作品：电影《假女真情》《蒋筑英》《一棵树》《法官妈妈》《妈妈！》，电视剧《儿女情长》《红色康乃馨》《王贵与安娜》《安家》，话剧《中国梦》《留守女士》《北京法源寺》。

表演艺术是一门艺术
加入文关怀的专业，要版
好做得很不容易。

有些人很年轻就知道
而来正确的路在哪里。
有些人终其一生还在懵懂
之中。

奚美娟
2022.12.2.

我跟上影的渊源有两种，一种就是神交。在我的学生时代，我就看上影的电影，对上影演员的熟悉就是从他们的电影形象开始的。有一次在学校的操场上，看露天电影《李双双》，就对瑞芳老师印象极其深刻，上海电影真的就是中国电影的半壁江山，百花齐放，什么类型都能触摸到，年轻时我甚至觉得，凡是看到的老电影好像都是上影拍的。在跟上影没有实际交往的时候，我对上影就有这么一种向往。

后来在20世纪80年代末、90年代初开始有一些电视剧的拍摄，都是两集、四集那种短剧，此时我在人艺已经演了好多年的话剧，可能在这个过程中，上影的一些导演对我的舞台形象有所熟悉，就来邀请我拍摄电视剧。那个时候中国社会正在转型，创作氛围

▲ 2021 年，奚美娟参加"声·影"第六季——"致敬国之瑰宝"名家诵读会

特别好，我在影视表演的成长过程中，开始接触的基本上都是上影的一些创作人员，包括灯服道效技术部门。

我同武珍年导演拍了一部四集的电视剧，印象特别深，她会拿着初稿来给你看，一定要听你的意见，然后我们就会聊，那时候我也是初生牛犊，说你聊了那么多的情节，最终想要表达什么呢？于是我们就相约第二天到我家，把稿子一场一场捋了，有什么意见就赶紧写下来，到了下午，床上铺满了纸片。这种氛围非常有意思，其实是包括了艺术创作的规律，就是落地实拍之前，导演和主演已经非常清楚要做一部什么样的作品。

后来我和鲍芝芳导演、石晓华导演都有合作，她们的路径大致也是这样，或许是因为被谢晋导演带出来的，工作方法比较相似。很可惜的是，我和黄蜀芹导演没有合作成，黄导在 90 年代中期约我拍一部电影，内容是讲一对夫妻在捡垃圾的过程中看到了一些被遗弃的孩子，就捡回家养大成人。剧本中有一个点其实很有意思，通过这家人捡拾的垃圾来看时代变化，他们慢慢开始捡到可乐瓶、罐头什么的，非常现实主义，又是比较偏的题材，折射出一个时代的发展当中某一类小人物在社会当中的生存状态，这对靠捡拾垃圾为生的夫妻对这些孩子的关爱，没有亲情胜似亲情，表现了很多普通人身上崇高的品质，可惜后来不知什么原因影片没有拍成。总体来说我在上影的女导演群体身上学到很多东西，包括她们对我一种创作观的影响，我跟着她们从熟悉的舞台一点一点到不熟悉的银幕。

记得，张瑞芳老师曾跟我讲过："你现在演的好多角色，我要是年轻也能演的。"大意是可能我和她的戏路有点像，她特意提到过我演的《一棵树》里陕北农村的妇女形象。我就觉得这些老艺术家心里的电影梦始终放不下。就像秦怡老师，90多岁还要筹拍主演自己编剧的电影《青海湖畔》，我和秦怡老师第一次近距离接触是《假女真情》在大光明电影院放映的时候，秦怡老师正好坐在我边上，我那时候还年轻，只有30多岁，和她在一起有点怯场，但是秦怡老师身上有一种特别好的素质，她会让你放松，不会摆架子，会主动跟你聊天说话。所以我觉得张瑞芳老师也好、秦怡老师也好，她们是这么大的艺术家，我刚开始跟她们接触的时候就能慢慢地随意放松下来，是因为她们把自己放平，跟你平等地对话。我觉得这种素养非常值得我学习，从她们身上我经常会反观自己，在有时候和年轻人的一些交流上，我觉得这种素养和影响，实际上就是潜移默化的一种代际关系。

▲ 电影《假女真情》剧照

我还和孙道临老师一起演过话剧《家》，他演高老太爷，我演瑞珏。在这个过程中，他一直很关注我，有一次在后台，他特意过来跟我说洞房的那场独白，先肯定我说得很好，之后又说，以前瑞芳老师在处理洞房这段独白的时候，她一直有一种年轻新娘的紧张忐忑心态，在语气当中能表达出来。孙老师告诉我，你可以借鉴一下瑞芳老师的风格和状态，我印象特别深，很庆幸自己在艺术道路的许多节点上，有这样的前辈提携引导，让我自觉要往一个艺术的高度上靠近。除了这次创作，我跟道临老师有过好几次同台朗诵，他不只是教你舞台台词的处理方式，还有他身上散发出来一种教养，也潜移默化地影响着我们这代人。

我跟上影演员剧团的渊源真是蛮深的，虽然我不是剧团的演员。刚才我说的是接触过的前辈艺术家，往下一代就是达式常老师，再往下就是吴竞、王诗槐、张芝华、吴冕等，都有过合作。记得拍《儿女情长》的那一众演员，几乎都是上影演员剧团的，还有上影的录音师冯德耀，我们那时候还有些不太懂，觉得戏都演得很好，但录音师说因为声音问题要再来一遍，我们有时就有点抵触。但心里也明白，他是为了声音更完美。那时是我第一次同期声

▲ 奚美娟向孙道临表达敬意

▲ 2017 年 3 月，剧团举办纪念世界戏剧日"声·影"第一季——"大师名篇经典诵读"演出。达式常、陈薪伊、乔榛、奚美娟、王诗槐、赵静、张芝华、关栋天、刘磊、佟瑞欣等演绎了国内外经典戏剧片段

拍摄，现在我一直赞成现场录音，因为从表演上来说，现场即兴的气息，那种微妙的东西，全被它收下来是非常好的；后期录音在录音棚，干干净净的，虽然声音很好听，可状态是不一样的，偶尔有时候自己都寻找不回来当时现场的那种鲜活感。所以，我是从最开始的不熟悉这种工作方法，到后来完全赞成，也是有个认识过程的。

很荣幸的是，去年因为电影《妈妈！》，我再次获得了金鸡奖最佳女主角奖，其实我30年前首次获得金鸡奖，就是主演上影和浙影联合拍摄的《假女真情》。过了30年以后，社会生活已经发生了巨大的变化。我记得那年我领完奖回到上海，上影厂开一个年度总结表彰会，因为获了金鸡奖，为上影争得了荣誉，朱永德厂长就代表上影给了我奖励，同时在会上说，上影厂任何部门的人，获金鸡奖也是一样的奖励。一瞬间，我就觉得上影把我当成了自己人。哪怕是现在，上影演员剧团每次活动都会想到我，我每次路过武康路，也总要往里看一眼，实际上我真是受惠于上影，几代艺术家对我都有帮助，有潜移默化的影响。

祝福演员剧团

◎任仲伦

任仲伦，上海电影家协会主席，曾任上影集团董事长。

为人民创作
是我们上影
演员剧团的魂
任仲伦

改革开放初期，中国电影进入解冻复苏和开放发展的历史时期。中国观众如饥似渴观看着电影，满座是当时影院的标志。当时，我在上海师范大学教授文艺理论、美学等课程，不久被掀起的电影热潮裹卷，我和汪天云、梅子涵等成立了中国非专业院校的第一个电影教研室，由此开始电影教学和研究。我和电影缘分是从学术上开始的。

后来，因为导师王纪人教授的推荐，我去《文汇报》社和中国电影评论学会共同创办的《中国电影时报》兼职工作，在著名评论家梅朵指导下，担任影评版主编，后来担任了报社总编。《中国电影时报》在中国电影界负有盛名。由此我见证了中国电影从20世纪80年代到90年代的好时期，认识了很多优秀电影人。

▲ 2016 年，任仲伦参加剧团重阳敬老活动

在这段时间，我与上影厂和上影演员剧团的艺术家接触比较多：像汤晓丹、谢晋、白沉、赵焕章、吴贻弓、黄蜀芹、史蜀君，还有吕其明、黄准等；剧团有白杨、瑞芳、秦怡、孙道临、刘琼、王丹凤、杨在葆等，受益匪浅。交流的主要方式是：采访与约稿，还有就是组织各种电影首映和研讨活动。尊敬和倾听是我的基本姿态。记得1989 年的有个晚上，我倾听道临老师讲述他的人生经历，感慨万千，一直到凌晨 5 点多。他所居住的武康大楼下响起了无轨电车的嘎嘎响声，早晨送牛奶车发出奶瓶"呼呼"声。那年是孙道临老师从影 40 周年，我下决心为道临老师举办系列活动，在《文汇报》的主导下，活动包括了上海大光明电影院的开幕式，浙江嘉善"回故乡"电影展活动，在广州、香港举行《非常大总统》首映活动等。大光明电影院的开幕式特别隆重：时任上海市主要领导的江泽民、陈至立、曾庆红等出席，中国电影界许多著名艺术家纷纷到场祝福。道临老师穿着白色西装，打着红色领带；文娟老师穿着一身新做的旗袍，他们从大光明红地毯款款走来，全场钟声敲响，很有仪式感。我们从内心敬重上影演员剧团的艺术家，因为他们是中国电影的卓越代表。我总会想：他们拥有无数影迷，受到无上崇敬，但是观众无法直接表达这份情感，而我们在他们身边工作，就该把这份敬意和情感变成实际行为。后来我提议创办上海电影博物馆也是源自这份行为逻辑。

到上影集团工作是我一次重要的选择。我于 2003 年 5 月上任，到 2023 年正好 20 年。当时市委主要领导征询我的意见，我毫不犹疑答应了。他的第一反应是：你是个老实人。因为当时中国电影和上影正处于长期困难中，有些候选者因此推辞了。对我来说，服从组织是毫无疑问的，更主要的是我喜爱电影。我觉得知识者有三种境界：一是有思想；二是思想能够传播；三是思想能够实践。从在学校的黑板上教电影，到发表关于电影的著述，再到电影企业主持工作，走的是内心想走的路，所以不在乎困难重重。

其实，电影困难比我想象中还要多。当时全国电影票房只有 9 亿，电影银幕只有 3000 块，从业人员多达 50 万，显然电影养不活电影人，很多二三线城市的电影院基本停业，国有电影制片厂处于惨淡经营，裁员或停工是常见现象。到任伊始，我拜访了许多上影艺术家，其中就有张瑞芳老师。她对

▲ 2018 年，任仲伦参加上影演员剧团"重回武康路"活动

▲ 关心支持剧团工作，任仲伦与佟瑞欣（左一）、达式常（右二）、王诗槐（右一）合影

中国电影困难了如指掌，有遗憾更有信念。她对演员剧团特别有感情，她对我说："小任，不管怎么样，电影再困难，我们上影演员剧团不能散。"我说："我答应您，演员剧团不会散，上影也不会散！"我曾经研究过中国和上海电影史。我觉得：中国电影再困难也不会消失；上海电影再困难也不会退出阵地；上影厂和上影演员剧团再困难，也不会丢失我们的旗帜！上海电影是中国电影的发祥地。我和其他同行交流过，其他城市选择不选择电影是一回事，可以选择也可以不选择；但上海干不干电影，不是任何一个人可以选择或决定的，它是这座城市的选择。上海能放弃电影吗？显而易见是任何时候都不可能的事情。

随着中国电影的变革和发展，上影迎来新的辉煌时期，上影演员剧团也成为中国电影表演团体中一面不倒的旗帜。上影演员剧团是有值得骄傲的历史，也有值得骄傲的今天。我翻阅了20年前上影演员剧团成立50周年座谈会上我的发言，其中有一段说："不久前，张瑞芳老师问我：你说为什么我们演员剧团 50 年没有散？即使别的剧团都散了，我们也没有散！我觉得是创造，一种共同创造的渴望，把大家紧紧地围拢起来。互相尊重、互相成就、共同追求、共同创造，成为上影演员剧团生生不息的优良传统。"我保存着我们演员剧团搬回武康路旧址时的那张合影。我对佟瑞欣团长说："你看，照片上所有人都在笑，这是难得的。"难得的共同创造的历史，难得的共同创造的精神。

子在川上曰：逝者如斯夫。如今，上影演员剧团依然活泼泼地成长，并且迎来它成立 70 周年的光荣时刻。创造，共同创造，依然是它的精神！依靠这种创造精神，上影演员剧团从无到有，在许多经典电影中塑造了许多经典形象，成为中国电影的中流砥柱，赢得了人民的尊敬，也得到了历届党和国家领导人的高度关怀。金焰、赵丹、白杨、刘琼、张瑞芳、孙道临、秦怡、魏鹤龄、吴茵、上官云珠、王丹凤、黄宗英、舒适、李纬、孙景路、仲星火等，这些光辉的名字都属于上影演员剧团，当然更属于中国电影。这每一个名字都是中国电影的灿烂一页。

我在上影工作期间，就共同经历了上影演员剧团新的辉煌时刻。2018 年 6 月 6 日牛犇老师宣誓入党，秦怡和我担任他的入党介绍人。他分别给秦怡老师和我写信表示自己的心愿。当时我在现场领誓，站在牛犇老师身边，他眼眶里全是眼泪。他说："从今天起，我是你们的同志了！"牛犇老师后来在座谈会上说：

▲ 任仲伦与"人民艺术家"秦怡合影

"入党的心愿在我内心蕴藏了很久。结婚的时候，我跟太太拿着团徽相约，让我们努力看谁先加入中国共产党。"他还告诉我，入党那天晚上他面对逝去的夫人相片"报告"了喜讯。他的政治信仰是坚定不移并且刻骨铭心的。我后来把这段经历写成《牛犇——为人民创作是一生追求》文章，发表在《人民日报》，网站阅读量超过一亿，可见群众对他的广泛尊敬。2018 年 6 月 25 日习近平总书记给牛犇写信："你把党当作母亲，把入党当成神圣的事情，60 多年矢志不渝追求进步，决心一辈子跟党走，这份执着的坚守令人感动。"时任上海市委书记李强会见牛犇老师时高度评价，并且说：这是上海党建史的一段佳话。2019 年国庆前，秦怡老师获得"人民艺术家"荣誉。我陪同她女儿在人民大会堂见证了这一光荣时刻。我们把金光闪耀的勋章带回上海，李强书记亲自为她戴上勋章。秦怡老师说："我很激动。但许多人做得比我好！"我们在场的人们同样是激动的。上影演员剧团有许许多多像秦怡和牛犇这样杰出的艺术家，他们像巍峨高山般矗立在中国电影史。坚持为人民创作，这是这些艺术家最为可贵的创作精神，也是上影演员剧团最可宝贵的精神财富，也是所有成为杰出艺术家的力量源泉。

在此，向上影演员剧团成立 70 周年表示由衷祝贺！向所有为此做出贡献的艺术家和同志们表示由衷敬意！

那些难忘的合作

◎于本正

于本正，上影导演，曾任上海电影制片厂厂长。主要作品：电影《难忘的战斗》《漂泊奇遇》《日出》《走出地平线》《生死抉择》，电视剧《千堆雪》《我想有个家》。

上影演员剧团一定会
在中国电影史上留下光辉
以篇章

于本正
2022.11.10

少年时期，我就爱看电影，从电影院回到家以后，我就会去模仿演员在影片中的表演。久而久之，我对演员这一神秘的职业产生了向往之情，应该说，当时的年轻人，大凡是喜欢电影的，演员对他们而言就是最大的吸引，当时，上影演员剧团就是我心目中仰望的殿堂，全国最优秀的演员都集中在上影。后来，我读了高中，慢慢发现原来还有很多优秀的导演，像郑君里，沈浮……他们的名字也经常出现在电影的开头。所以等到要考学的时候，我经过认真考量，觉得自己还是去学导演吧。就这样，我在1960年考取了上海电影专科学校导演系，毕业后分配到海燕电影制片厂，成了一名电影导演。

应该说，自从我走上电影这条道路以来，在我整

▲ 于本正参与导演电影《难忘的战斗》海报　　　▲ 电影《特殊任务》海报

个的导演生涯中，我的作品同上影演员剧团的演员是密不可分的，他们的敬业精神给我留下了非常深刻的印象；现在回想起来，有很多事情至今依然让我感动。

1975年，我拍摄了《难忘的战斗》，这是我第一次担任联合导演，汤晓丹导演、天然导演、我和一名场记组成了导演组。这部戏的演员阵容相当"豪华"：达式常、白穆、焦晃、陈述、顾也鲁、曹铎、陈烨、周国宾、马昌钰、李兰发、吴喜千、张云立、崔月明、徐阜……他们绝大部分都是上影演员剧团的演员，我们剧团有个特点，各式各样的演员一应俱全，生旦净末丑全齐了，搭起戏来不会不好看。

在影片的拍摄过程中，为了抓拍摄进度，我们导演组分成了两组，我被分出去抓另一组的拍摄，这样一来，在我的这个组就缺少场记了。这个时候，剧组的演员崔月明被安排来担任场记，她本是在电影中饰演李兰发演的船夫孟楚虎的妻子，如果拍摄的时候没有她的戏，她大可以去休息，而且她本身也是毕业于上海戏剧学院表演系，并不是导演专业。可就在那么热的天，崔

月明除了完成自己的工作之外，还配合导演完成了工作，凡是安排给她的事情绝不会推辞，我到现在都很感激她。

两年之后，我和徐纪宏导演联合拍摄《特殊任务》，剧团又一次让我

▲ 2016 年，于本正担任第二届上海公益微电影节评委会主席

感动。当我到位于大木桥路的剧团去选演员时，时任团长的张瑞芳老师把所有的年轻演员都集合起来，热情地对我说："你看谁合适？随便你选！"当时我也只是个青年导演，但瑞芳老师给了我那么大的支持和鼓励，我最后选了马冠英、卢青等演员。在《特殊任务》这部电影里，还有前辈梁明老师，她在《羊城暗哨》中扮演梅姨给人留下深刻印象，当时梁老师年龄也不小了，但跟着我们在海南岛海边工作了 4 个月，勤勤恳恳没有任何抱怨。

我拍《漂泊奇遇》的时候要找个偏瘦的演员，带有书生气息，十分难找，结果偶然间看到了王诗槐，惊喜得不得了，他非常符合剧本里人物的气质，王诗槐演戏非常认真，后来我们在《日出》中再度合作，十分融洽。《漂泊奇遇》也是剧团的班底，让我记忆最为深刻的是请李纬老师扮演舵把子，我当时并没有导演过很多戏，面对李纬老师这样资深、出色的表演艺术家，难免也会有些忐忑。让我没想到的是，李纬老师一口答应了，而且还担任了演员组的组长，负责为年轻演员排戏，提高了整部电影的质量。在拍摄过程中，我们的摄制组还面临了一些事情，是李纬老师出面调解，让我们平稳地解决问题，顺利地继续拍摄。我深深感受到，我们剧团的演员具备非常可贵的品

▲ 2018 年，于本正在纪念上影演员剧团成立 65 周年"上影之夜"活动发言

质，他们除了完成自己的本职工作，为剧组能出多少力就出多少力，他们想的是集体、创作，而不是个人。

我还想提一下《走出地平线》这部电影，最开始我选肖荣生来演男主角的时候，他有些顾虑，觉得自己不像农民。我就说，试试看吧。等到试了妆之后，我就告诉肖荣生，头发不要经常洗，乱糟糟的就像农民了。我们拍戏的时候，为了符合 20 世纪 70 年代的农村，戏服都是从农民的箱子里翻出来的，上面还有虱子跳蚤，这些衣服连农民自己也不穿了。肖荣生也没有什么顾忌，从早到晚穿着一件老棉袄，头发也不冲。这就充分体现了我们剧团演员对待表演兢兢业业，想办法克服困难，为了角色一丝不苟。

应该说，我们剧团从老一辈艺术家开始就有非常优秀的传统，一代代继承下来，发扬光大。现在，我每一次参加剧团的活动也会有一种回家的感觉，这跟佟瑞欣团长善于团结、善于组织是分不开的。如今，上影演员剧团作为电影厂的演员剧团，在全国屈指可数，在某种程度上可以代表上影，一个部门可以代表它的母体，这种情况是非常少的，上影应当为剧团感到光荣。

第一考虑剧团的演员

◎鲍芝芳

鲍芝芳，上影导演。主要作品：电影《黑蜻蜓》《午夜两点》《江城奇事》《第一诱惑》《风雨十二年》，电视剧《杨贵妃秘史》《离婚前后》。

祝上影演员剧团
永远年轻！
为中国电影留下好的作品，
我爱上影演员剧团！！

鲍芝芳
2022年11月10日

上影演员剧团也是我们这些导演的家，因为导演跟演员接触比较多，每次拍戏找演员，我首先就是考虑演员剧团，想想哪些演员能演，有没有什么年轻的苗子？有没有哪些老年角色可以请老艺术家？只有在实在找不到合适的演员的情况下，才去外厂借。

▲ 电影《金色的指甲》工作照

我是上海人，从小就看了很多上影的电影，后来报考上海电影专科学校导演系，学习了 3 年。我们导演系就这么一届，徐伟杰、石晓华都是我们同班同学，上影厂的导演赵明老师既是我们老校长，也是我们的班主任。电影专科学校前后办的时间不长，我们毕业之后还有一个动画班，之后电影专科学校就并入北京电影学院了。其实，我小的时候也梦想成为演员，后来当导演，那也是另一种方式的实现。

毕业之后，我们也不是马上就能下组拍片的，要先下生活，到部队、工厂、农村都转了一圈。后来就跟前辈导演，从场记、副导演开始做起。譬如谢晋导演，我就跟着他拍了《牧马人》和《秋瑾》，能够和谢导一起工作是很幸福的，他会教给你很多。还有汤晓丹导演，我跟他拍了《傲蕾·一兰》上下集。汤导不大言语，但是很扎实，他会放手让我们大胆地干。我们那时候

▲ 2022 年 11 月 10 日《我和上影演员剧团》录制当天，剧团为鲍芝芳过了最后一次生日；2023 年 9 月 5 日，在上影演员剧团 70 周年成立日的第二天，鲍导远行了，她将最后的祝福留在了武康路 395 号上影演员剧团

虽然是副导演，但和剧团演员的关系非常好，像刘琼老师，他真是我们下一辈学习的典范，他也当过导演，工作很认真，只要是拍戏，什么都不管。

当我们刚开始独立拍片时，找剧团的前辈老师当演员，心里总有一点忐忑不安，毕竟我们是晚辈学生。在请凌之浩老师拍《第一诱惑》时，说实话有点战战兢兢。他没有多少戏，也不是主要或重要角色，会不会不愿意拍？没想到老师非常支持我。他们老一辈演员来参加我们这些小导演的戏，不在乎角色大小，就是重视专业，从来没有说你这个小导演靠边站。后来拍了很多戏，和许多老演员合作，他们从来没有在我们面前摆一些大演员的架子，这让我受到很大教育，学到了很多高尚的品格，也更加坚定了自己无论如何要拿出所有力量拍好电影作品的信心。我们为什么对电影那么热爱，每次拍戏都很自觉很认真，就是因为老一辈的身教。他们不会说我们，但是他们的工作态度，对艺术的热爱，拍戏时候的认真，我们看在眼里记在心里。所以，有时候工作组的人会跟我说："导演，你的要求太高了！"我就说："我要求不高，那么各个部门的要

▲ 2021年，鲍芝芳参加"声·影"第六季——"致敬国之瑰宝"名家诵读会，现场讲述电影《风雨十二年》幕后故事

求都不会高，怎么拿到市场上去呢？"

　　我在上影导的电影，用了很多剧团年轻人，因为我信任剧团，与演员剧团有感情。佟瑞欣团长的第一部戏就是我导演的《江城奇事》，后来他又与他的兄长佟瑞敏主演了我的《情海浪花》。《奥菲斯小姐》我则找了肖荣生和宁静主演；包括《风雨十二年》，我找了周莉演宋庆龄先生，当时也有人质疑，我就说："当时宋庆龄也很年轻，周莉跟宋先生年龄相符，外形、气质也有接近的地方，她的戏也可以，为什么不能用？"现在我已经退休多年，平时不大出门，但剧团的各种活动都会叫上我，让我感到非常浓厚的人情味，每一次我都能见到很多老老少少的朋友。只要是上影演员剧团的活动请我，我就一定要去，我和剧团有几十年的感情。

　　在此，希望上影演员剧团多出作品，多出新人，永远年轻！

美的力量

◎陈薪伊

陈薪伊，戏剧家，上影演员剧团话剧表演艺术顾问。主要作品：话剧《商鞅》《红楼梦》《雷雨》《霓虹灯下的哨兵》《吁天》《吁地》。

舞台艺术
是时间艺术，
时间艺术就是
生命！

陈薪伊
2022.
12.8.

2016 年上海国际艺术节约我做红军长征的纪念演出，我选择用马勒的《大地之歌》伴奏苦难的中华民族遭遇不幸，伟大的毛泽东从低谷走向胜利，将震惊世界的一次万水千山的跋涉命名为《吁地》。我把《吁地》定位为话剧交响剧诗。交响乐团现场伴奏，对于演员的要求当然很高。我首先想到由佟瑞欣来扮演毛泽东，王诗槐扮演王稼祥。但是佟瑞欣像一个家长一样给我提了一个严苛的要求——必须要由上影演员剧团全体演员参加。他这一颗赤子之心打动了我，我毫不犹豫地答应了，他借给我排练场地，给我安排好后勤，我调整剧本以适应他们全体演员，那是一次非常愉快的合作。

于是从 2016 年的《吁地》（《长征——不朽的丰

▲ 话剧交响剧诗《长征——不朽的丰碑》剧照

碑》）开始，我就和上影演员剧团结下了不解之缘，之后是两季"声·影"先后在上戏端钧剧场和巴金故居的朗诵活动。2019年，剧团为庆祝中华人民共和国成立70周年，创排了建团以来首部原创话剧《日出东方》，也邀请我担任了这部戏的艺术顾问。其实，我之前一直和剧团的老老小小都有过合作，孙道临、秦怡、向梅、达式常、潘虹、王诗槐、顾永菲等。

佟瑞欣荣升上影演员剧团团长后，聘我为话剧表演艺术顾问，我除了觉得万分荣幸之外，也逐渐理解了上影演员剧团的建团目标，希望话剧表演给电影演员注入空间表演的意识。在我的认知里，许多优秀的电影表演艺术家都是从话剧舞台甚至戏曲舞台走上银幕的，包括佟瑞欣、王诗槐。

佟瑞欣有许多朋友，很多人都愿意无偿地帮助他，可谓得道多助，除了他的情商和智商之外，我想说他是一个真诚的人，情商、智商加真诚足够构成一个人的个人魅力。

2004年，明星版话剧《雷雨》，选达式常扮演周朴园，潘虹扮演繁漪，那真是绝配，完全是因为他们二位的《人到中年》，那一份美的力量，让人不能忘怀。《雷雨》也是我初识佟瑞欣，请他扮演鲁大海，一般的，鲁大海都会塑造得比较鲁莽，但我跟佟瑞欣讲，鲁大海血管里流着贵族的血液，他瞪着两只大眼睛聆听着……给我印象最深。以戏会友哇，到了《吁地》我们就亲

▲ 佟瑞欣为陈薪伊颁发上影演员剧团话剧表演艺术顾问聘书

密无间了，在排《吁地》的时候，正要为国家大剧院的《哈姆雷特》选演员，我就带着"毛泽东"和"王稼祥"闯进了国家大剧院。果然，我的选择是对的，佟瑞欣和王诗槐两人的对戏非常精彩，克劳蒂斯和哈姆雷特交锋的时候那种演员之间的默契微妙之极！他们是话剧演员出身，节奏感很强，在很强的律动中，透视到他们内心的交锋。

但是非常不幸，在创作开始的将近一个月的日子里佟瑞欣一直折磨着我，他说他没有自信，我觉得他是从毛泽东的灵魂里走不出来了，他无法走进哈姆雷特，王诗槐、关栋天、玖妹以及远在上海的夏菁，用尽方法鼓励他、帮助他，仍是一股冥顽不化的样子……加之他刚从美国回来，疲劳、倒时差，在美国还得了肺炎。

我的《哈姆雷特》是从患肺结核的朱生豪翻译《哈姆雷特》拉开序幕的，两个人物若干次转换身份，距离演出还有20多天的时候，他给我一张病假条，要退出？那怎么可能！佟瑞欣跟我说他感到"绝望"！这两个字一出口，我突然有了希望，那一双绝望的眼睛正是哈姆雷特的！我觉得他在体验人物，我确信，他能够走进我的两个主人公。无巧不成书呀，他进组前得了肺

▲ 话剧《哈姆雷特》剧照

炎，整日咳嗽，恰好全剧的第一个听觉形象就是朱生豪的咳嗽……这两种生理和心理体验驱使他终于进入这两个都有病的人物的灵魂！

后来他跟我说，就是这种绝望让他走进了哈姆雷特的灵魂。

至此，我断定佟瑞欣是一个绝对的，体验派的演员。

小佟折磨了我整整 40 天，这使我体会到母后被儿子折磨的感情。后来在"声·影"的演出中，我扮演母后乔特鲁德，和小佟酣畅淋漓地合作了一次，享受那一份被折磨的"幸福"。

是的，那种折磨是一种享受，孤独、恐惧以及相互意识到的一种爱的情感的满足。

应该说，我是看着电影长大的，中国那个时代的电影都是上海出品的。

在我小学三年级的时候，全班同学要写一篇作文——《我的理想》，题目是老师出的。我作文里的第一句话："我的理想是当电影明星和侦探……"那是因为我在电影院看了上海出品的侦探电影《天字第一号》《血溅姊妹花》，当然这并不是第一次看电影，但它确实影响着我的人生观。第一次看电影是在陪都重庆国民政府机关大院里放映的《渔光曲》，知道了会唱歌的电影明星王人美，《王老五》知道了喜剧明星韩兰根，那时候我还在上幼儿园。上海出的电影我几乎没有没看过的，几乎没有一个电影明星我叫不出名字，没有一个电影插曲不会唱……4 岁就跟妈妈一起唱《渔光曲》。青年时期最让我着迷的上海的三位帅哥明星——舒适、刘琼、张伐！舒适的高贵气质，刘琼和张伐的悲怆，还有美丽大方的秦怡，神秘的白光、欧阳莎菲……我在成了话剧演员之后，最佩服的大明星是石挥、童芷苓和舒绣文，两位话剧演员，一位京剧演员。现在也有很多优秀的影视演员是戏曲演员出身——徐帆、袁泉、秦海璐、陈小艺等。

20世纪60年代初我就看过张瑞芳老师在话剧《保尔·柯察金》里扮演的冬妮娅，那一份天真无邪的贵族小姐的脾气至今记忆犹新。后来我们得知，她创作过程中忍受着巨大的痛苦。从4岁开始，至今81年，还记得这些电影明星，这是什么力量啊？话剧表演艺术顾问这个头衔让我对佟团长给我的任务有了一份理解，对上影演员剧团多了一份关爱，隐隐约约有一种血缘感。是的，血缘……

我的生母徐曼和张瑞芳、秦怡老师同期为上影演员剧团的演员。1958年，我是西安电影制片厂演员剧团的第一批演员，是年上影厂支援西影厂调来一部分演职员，其中有一个演员被分配在我的宿舍。谁知同宿舍住了3年的同事，我们也曾在电影里同框，在舞台上扮演过母女，竟是我日日夜夜思念和寻找的我的生身之母……这件事情西影厂和上影厂应该无人不知。1986年我带《奥赛

▲《哈姆雷特》上海巡演后演员与观众在舞台上合影

▲ 2017年，陈薪伊参加"声·影"第一季——"大师名篇经典诵读"演出

罗》到上海演出，孙景路老师专门托人找到我，约我到枕流公寓见面。她见到我眼泪夺眶而出，拉着我的手告知："你的妈妈是我的好朋友，只有我知道她有你这样一个女儿……你们母女能够20年之后再相见，真的感到高兴！"乔奇老师摸着我的头说："你跟妈妈很像。"

我定居上海之后真想见见我青年时代崇拜的那些大明星，当然，不再是年轻时候的迷恋，而是一种仰慕。可惜有些人永远见不到了……倒是和瑞芳老师、秦怡老师有时会见见面，谈谈过去，那也已经是往事了。真的没有想到，我这个影迷，年轻时候梦想见到的不但见到了，还扯出一串情缘，不但扯出了一串情缘，居然还有了合作的机会……对我来说这是一种满足，应该不能算虚荣心的满足，那只是时代演变的结局。

2000年新世纪开始，我一直在探索一种新的演剧样式——交响剧诗，做了京剧交响剧诗《梅兰芳》、粤剧交响剧诗《花月影》。源头是年轻的时候读张庚先生的书，得"剧诗"一词，我虽然不完全明了其深刻含义，但饶有兴趣。"交响"当然是交响乐，但又不仅是交响乐，是整个的舞台交响、律动、比兴，这也不是今天的主题，不必赘述。

2007年，中国话剧运动百年，上海话剧艺术中心和北京儿艺约我在北京人民大会堂做一台纪念演出，于是就有了第一部话剧交响剧诗《吁天》。我选喻荣军作文本，以《黑奴吁天录》交织中国话剧运动百年的精英们，为自由而战的勇敢而悲惨的故事双向比兴，德沃夏克的《自新大陆》为主要交响乐共鸣。我用了六代有成就的话剧表演艺术家"明星"。为了能让我从小迷恋的秦怡老师参加演出，特别设置了汤姆叔叔的妻子。非常意外，她当时刚动完手术，但还是坚持要参加。我们在北京住在一个宾馆，我知道她克服了多大的困难。然而我预先没有估计到，人民大会堂的舞台很宽很大，

▲《保尔·柯察金》中张瑞芳扮演冬妮娅

秦怡老师不可能自己走出场，更不可能走到台中央与汤姆（王铁成）见面，还要唱一首英语黑人的歌。怎么办？30米啊，她肯定完成不了这个调度，她站立都很困难，开演前我请来了徐小莉、王昭懿两位著名儿童剧表演艺术家扮演他们的儿女，搀扶着秦怡老师出场，台下两万多观众期待她（等待丈夫归来的妻子）。她刚一出场，雷鸣般的掌声迎接她……有的观众情不自禁地站立起来鼓掌，30米走了30多秒，掌声一直不停。秦怡老师的美温暖了六代观众和同行……更是那颤颤巍巍的歌声回响在人民大会堂的穹顶，陶冶了两万多个灵魂……

老人河呀，老人河，

你知道一切却总是沉默，

啊，你滚滚奔流，

总是不停的流，

这悲惨的生活，

何时到尽头？

……

▲ 话剧《吁天》剧照

我真的是非常幸运，由于叶惠贤的赏识，我们连续制作了多部明星版话剧，除了《霓虹灯下的哨兵》《雷雨》，还有《家》。没想到孙道临老师（原本《家》里的大少爷）很愿意接受我们的邀请，出演高老太爷。

他那会儿腿脚倒还灵便，耳朵不行，记忆力减退，台词记不住。我就安排关栋天（五爸）和许承先（四爸）跟着他，在他耳边提词。

让我特别感动的是，我跟道临老师提出，希望他在谢幕的时候唱一下主题歌，这首歌是我在导演台本里加的，三少爷临走时送给大少爷的一张黑胶唱片《阳光宝贝》。道临老师太棒了，大幕一拉，一群娃娃簇拥着他，他用他一贯甜美的声音，用纯正的英语唱了《阳光宝贝》。

阳光宝贝，

你是天使派来，

当天空布满乌云，

我不介意，

你让他们心花怒放，

我亲爱的阳光宝贝。

是谁在唱？三弟吗？还是大少爷？真有一种叠影的感觉：此刻面前的高老太爷，就是当年电影里的大少爷。哦，原来是巴金在唱。

巴金，就是那个阳光宝贝！

《霓虹灯下的哨兵》我第一次和达式常、向梅、陈述老师合作，年轻时看《渡江侦察记》就对这个"坏蛋"印象特别深，一定要找他。明星版《雷雨》

▲ 明星版话剧《家》剧照

▲ 明星版《雷雨》剧照

这部剧中还有达式常演周朴园，还有顾永菲、潘虹、田海蓉，等于也是上影的班底。

想想和剧团那么多年的交往，其实我也没干什么，可是，团里每次都会来关心我的近况，有什么好事也都会想到我，这是剧团最难能可贵的品质，有人情味，不忘记任何一个朋友。我喜欢上影演员剧团，喜欢这个大院，喜欢我所有合作过的演员，喜欢佟瑞欣！

佟瑞欣也是一个阳光宝贝。

最是喜欢秦怡老师的《老人河》、孙道临老师的《阳光宝贝》……

旋律美，

歌词美，

还有

……

两位老人的美

……

明天会更好

◎ 陈东

陈东，上海市委宣传部原副部长，上海大学海派文化研究中心主任。

回望过去，上影演员剧团是星光熠熠
展望未来，上影演员剧团将星光满天

陈东
2023.6.14

我对上影的回忆非常美妙。想起 6 岁的时候，妈妈给了我一张音乐会的入场券，我从虹口公园搭上有轨电车，第一次来到了上海音乐厅欣赏音乐会。走进音乐厅的情景就像电影镜头般无数次在我脑海里回放，我看到了当年周恩来总理亲自评定的"新中国二十二大明星"巨幅肖像，虽然是去听音乐会，但电

▲ 陈东与孙道临（中）、王文娟（左二）、吴贻弓（右一）等合影

影明星的照片却让我感到很震撼。这些德艺双馨的艺术家，奠定了我热爱电影的基础，等于就是结缘了。当然我也没有想到，此生会有那么多的机会和这些艺术家们在一起。

在上大学之前，我在厂里工作，工厂在大柏树，与电影技术厂隔了一条路，我就经常跑到那里看内部片，还记得，技术厂有时会有电影演员出入。再后来，我就调入统战部，在那里工作了13年，1985年的时候成立海外联谊会，我是副秘书长。这段时期，我跟谢晋导演一直接触，他是海外联谊会文化体育委员会主任，我担任主任秘书5年，曾经协助谢导举办多部影片的首映礼，还多次陪同接待香港银都机构的夏梦和台湾的李行导演、白景瑞导演等电影同行。

还记得拍摄《最后的贵族》的时候，主演濮存昕、潘虹不太会跳舞，谢导就打电话给我，让我找一个民国范儿的，在仙乐斯、百乐门跳过舞的教练，要在一个星期里把他们训练成专家。我就动脑筋，找到了我们国标的秘书长，他是黄埔军校同学会的，来给演员做了一个星期的封闭强化训练。白先勇先生来看他们，"哇，很有范儿！"谢晋导演就很得意。"我有秘密武器！"谢导一直秉持着艺术真实，要贴近民众，他的一丝不苟给我留下了非常深刻的印象。

1986年的时候，香港邀请秦怡老师和刘琼老师去香港，刘琼老师说，他曾经在香港狮子山和其他爱国演员用身体围成了五颗星，被港英当局驱逐了，现在有两个选择，要么回归后再去，要么港英政府向

▲ 陈东与秦怡合影

▲ 陈东与王丹凤合影

他道歉。刘老师没成行，我就陪着秦怡老师去，我们俩住在一个套间11天，我住次卧，她睡主卧。有个很有意思的情节：我们在香港中文大学对面的咖啡厅喝咖啡，她马上要在中文大学做讲座。这时，有一个大学生背着包走过，看见秦怡老师，冲进来就问："您是秦怡老师吗？"秦怡老师平时很低调，有时候别人认出她，她总是说认错了。但这一次，秦老师很爽快地承认了。"那您等我一会儿！"这个学生飞快地跑出去了，过了一会儿，拿来一个崭新的照相机，当场开封装上胶卷，"我刚买了一个相机，就想和您合个影。"秦怡老师非常感动，立马和他拍照。这件事情让我印象很深，秦怡老师在香港也很受大家欢迎。

上影演员剧团的老艺术家我还接触过很多，留下了许多珍贵的合影。像张瑞芳老师、孙道临老师，我们过去每年都会去探望他们。王丹凤老师20世纪80年代去香港，我帮他们办理手续，他们家我去了很多次。还有仲星火老师，有一次电影发布会，他第一个到现场，我们吓死了，以为都迟到了，其实是老人家早到。仲老很敬业，他的戏其实不多，凡是要他表演，都会认真对待。我还记得纪念赵丹先生90周年的时候，黄宗英老师、秦怡老师、牛犇老师都来了，牛犇老师就说，赵丹老师想演鲁迅，没拍成，就把自己闷在房间里，学鲁迅的神态，有一句话叫活到老，学到老，我们的老艺术家就是这样，他们心中有一个电影的火苗不会熄灭，他们对于电影的热爱是刻在骨子里的。

近些年，我在上海大学海派文化研究中心从事一些工作，通过对海派文化的研究，我发现我们现在所说的文化的主体性、连续性、创新性在上海电影里就得到很突出的体现。从历史上来看，我们不仅有党领导的左翼电影，也有一些表现市民生活的电影。2005 年电影百年诞辰，我坐在人民大会堂就觉得很自豪：电影百年，前 80 年几乎都是上海的电影和上影的演员，相信以后的百年，也将是上海电影和上影演员大展宏图的新时代。

回望过去，我们是银幕上的星光熠熠；展望未来，我们依旧是星光满天。我们的标杆旗帜永远在前面引领，演员剧团的明天会更好。

星火燎原　瑞草芳华

◎ 江平

江平，电影导演、制片人，曾任中国电影股份有限公司总经理。主要作品：电影《真情三人行》《寻找成龙》《康定情歌》《少年邓恩铭》《三个未婚妈妈》。

几十年前，我还是个年轻的副导演时，就经常往我们武康路上影演员剧团跑。为什么？来借演员。我们剧团的管理和其他的剧团不太一样，墙上有一个大板，挂满了各种标牌，上面写着张瑞芳、秦怡等老前辈的名字，小一辈的包括向梅、梁波罗、达式常、张文蓉，再到更小的张芝华、陈鸿梅、周国宾、于慧、李婷……全都有，拍戏、在团、外出，一目了然。后来才知道，这是剧团的老演员陈述老师用软笔书法一字一字写的。

那个时候，我和剧团的联系特别多。当然，我小时候就对团里的老艺术家非常熟悉，可以说是如数家珍，而且和他们绝大部分都有些交往。

1997 年，我创意拍摄《今天我休息》的续集《今

▲《今天我休息》原班人马合作《今天我离休》(左起：仲星火、编剧李天济夫人陈锡珍、马骥、江平、赵抒音、陈述、曹铎、王苏江、孙永平)

天我离休》，希望能表现上影精神的传承。遥想 1959 年，仲星火老师还是一个普普通通的经常演配角的演员，厂里决定让他演男一号马天民，而且厂领导还说，希望几代演员都能上，红花绿叶嘛！所以在《今天我休息》中，我们能看到中国第一代电影演员洪警铃、黄耐霜、宣景琳，第二代的关宏达、上官云珠、吴茵，再到之后的高正、李浣青、强明、史原、马骥、赵抒音……他们大多只有一两场戏，像孙景路老师，就演一个公交车的售票员，一句词，类似于"哪位同志给让个座？"那种情形真是让人感动。

所以，续拍时，我与仲星火老师一拍即合，所有的演员都是原班人马：仲星火老师再演马天民、赵抒音老师演刘萍、马骥老师再演姚大姐、强明再演老所长、李保罗老师再演老丈人、陈述老师再演剃头匠、曹铎再演花花爸爸、孙永平再演小李子、王苏江再演小组长、吴云芳再演小护士……当时，孙景路老师已经去世了，她老伴儿、我们演员剧团的"女婿"乔奇老师也客串了一个角色，还有茂路、梁波罗、高淬、张莺、路珊、柳杰、严永瑄等老师都参加了。我还找了小陈龙演小警察。那场戏陈龙和仲星火老师每人五六句词，我记得，那天上午因为有位老艺术家身体不太舒服，原定中午拍的戏，我们下午 4 点才赶到。陈龙很早就来了，衣服换好，一直在那儿等我们。现在再看这部片子，唉，很多前辈都不在了……

我认识仲星火老师纯属偶然。那年深秋，天已经凉了，我从南通老家带了 40 斤新米到武康路，想送给铁牛老师，因为他刚刚演了一部我导演的《死神舞步》。当时已经晚上 6 点了，剧团下班了，我就跟门房说，能不能把米寄放在这里，门房说不行，因为他怕东西少了，讲不清。这时，忽然有人在背后问我："小伙子，你是找铁牛吗？"我回头一看，这不是仲星火老师吗？我说我是南通话剧团的，和铁牛老师合作过，想给他送点大米。"哦，咱们是同行！这样吧，你把米放到我的自行车上，我驮着，我帮你捎过去。他跟我楼

▲ 2018 年，江平为剧团回归武康路创作书法

上楼下，你要是信不过我，就跟我一起去。"

我很感动："怎么能跟您说信得过信不过呢？我也挺想见见铁牛老师。""好啊，那你跟我走，就是委屈了，这自行车也坐不了。"仲老师笑呵呵地说。

我们一起走到了大木桥49弄上影宿舍。楼道里，看到了冯奇老师站在门口跟人聊天，仲老师又问我："冯奇你认识吗？""认识啊！""那你这米是给铁牛的，从冯奇门口经过，你们又认识，会尴尬……这样，先到我家去，我把铁牛喊过来拿米。"

我庆幸遇到了仲老师这么一个替他人着想的好人。到了他家，师母特别热情地给我倒水，还硬是留我吃晚饭，我记得是百叶结红烧肉，师母的菜做得特别好吃。从此，我就和仲老师老两口成了忘年之交。

我们团里还有很多这样的善良前辈。

我曾给白杨老师写过信。那是1980年秋天，赵丹老师去世，我看到白杨老师写了几篇回忆赵丹的文章，就根据她的回忆，编写了一篇关于赵丹、白杨创作友谊的文章，发表在香港的《中外影画》杂志上。我给白杨老师去信并附上了杂志和30元稿费，她很快通过挂号信向我表示感谢且把钱退我。之后，受南通市委宣传部的邀请，白杨老师到南通作学术报告。我当时在外地演出，起个大早赶回来，到了开会

▲ 江平为白杨75岁生日贺寿

的地方，人家跟我要请柬，我没有，只能说是话剧团的演员。看门的脸一拉："那不行，你们团也就团长和老艺术家能进。"无奈之下，我只好翻墙，可没想到，到了第二道关，还是要请柬。我只能趴在窗口听白杨老师做报告，脑袋还不敢伸出来，怕被人看见给赶出去。结束之后，大家前呼后拥，里三层外三层围着白杨老师朝面包车走去。也巧，我本来溜边的，不知怎么正好迎面遇上，我就脱口而出："白杨老师，你好！"她很热情，也可能是出于礼貌，白杨老师主动上前握了我的手。

我一高兴，紧接着说："我叫江平，跟您通过好多信！""啊？就是你啊！你们别拦他，他是我朋友！"白杨老师这么一说，正要拦我的人没辙了，我也顿时感觉腰杆挺起来了。白杨老师提出，单独和"小江平"合个影。

若干年后，我和白杨老师很熟悉了。我们像母子又像祖孙，经常在丁香花园散步，后来她坐轮椅了，我时不时还推着她，顺着华山路的夕阳余晖，穿过梧桐林荫，去静安面包房吃红宝石蛋糕……

秦怡老师也一样，我就像她家里的孩子。一次过年小聚，她悄悄跟我说，要拍个电影，叫《青海湖畔》，让我给当监制，还想叫我演一个地质局局长。我说："您发话叫我做事，我必须来！"拿到剧本一看，是个挺重要的角色，我就说，上影演员剧团那么多人，找个好演员吧，我就跑个龙套。"不行，小弟走了，我演戏，你在身边，我就会觉得小弟还在。"

秦怡老师特别可爱，拍完戏，给

▲ 秦怡客串电影《那些女人》

我 20 万报酬，她说："江平，你平时对我们好，经常自己花钱帮我们老同志。你说当干部不能拿钱，但是我问过了，演戏是可以拿酬金的。你不拿我就不开心了。"我说："我绝对不能拿您的钱，拿了我就不是您儿子！"这么一说，她不吱声了。

结果过了一阵，秦怡老师忽然主动来找我，"听说你马上要拍戏了，有没有适合我的角色？"我说没有了，都定好了。秦怡老师看了剧本，说："那你加个闪回，我给你叙述不就可以了吗？你免费演了我一个戏，我也给你义务演一个！"

2022 年我回到武康路，正好是孙道临老师铜像落成仪式，我说，我欠孙老师一张机票。有一年，我和道临老师去埃及参加电影节，他 74 岁。当时我也一心想为公家省钱，就没和他商量，订了一张经济舱。买完之后我才硬着头皮和他说："委屈您了，没给您买头等舱，不过，一来一回为国家省了 3 万多块钱。"他连忙点头："就买普通舱，便宜。"

后来一算，这 3 万块钱正好是索菲亚·罗兰参加上海国际电影节的机票钱。这以后，道临老师经常会跟我开玩笑："小子，索菲亚·罗兰是我请的，不是你请的。"

道临老师去世时，王文娟老师第一时间给我打电话，我立刻跟相关领导汇报，所以组织上很快就来关心安排了。道临老师的电话我现在还能记住，因为我们来往很多……

我写过一本书，叫《我与电影人

▲ 江平与孙道临出访埃及

▲ 电影《那些女人》剧照

的亲密接触》，其中收入了一百多位老一辈的电影艺术家，上影演员剧团的前辈占了相当一大部分，如赵丹老师、瑞芳老师、刘琼老师、舒适老师、丹凤老师、白穆老师、李纬老师……我和上影演员剧团的接触、交往、回忆、情感，真是太多太多了。

前些年我拍《那些女人》，上影演员剧团几乎倾团出动，佟瑞欣团长和肖荣生挂帅主演，牛犇、张云立、吴云芳、严永瑄、张文蓉、孙栋光、赵静、吴海燕、崔杰、王景春、朱顺良、陈龙、孙清……都来了。90 多岁的张莺老师、柳杰老师几乎是别人架着拍的，没有一句台词。我们上影就是有这么一个传统，每一个人都不计名利，不计报酬，不计得失，哪怕是一个房客、一个路人、一个匪兵乙。他们的循规蹈矩通过几十年的磨炼，形成了一种匠人精神，形成了认认真真演戏，清清白白做人的传统。

上影演员剧团 70 年，灿烂、辉煌、坎坷、艰辛、徘徊、努力、奋进、开脱、进取、胜利！我们还有更多的 70 岁生日可过，但是我们永远过 17 岁的生日，因为我们有 18 岁的天空！

传统赓续影人欣

◎许朋乐

许朋乐，曾任《上影画报》杂志社总编辑、上影集团副总裁。

七十朱祀献祥瑞
诠典名许铸丰碑
传统廣赓影人欣
花开草我曾志任
许朋乐

我与上影演员剧团有着不解之缘。

1981年，我参加了《上影画报》复刊，1984年开始主编这本杂志。作为上影主办的电影刊物，宣传上影的创作生产，介绍上影艺术家的演艺经历和神采风貌，是《上影画报》责无旁贷的任务，而上影演员则成了它关注的主要对象。我们通过"专访""上影群星谱""影坛轶闻往事"和"银幕外的镜头"等多个栏目，几乎让演员剧团的所有演员都在画报上和读者见了面，架起了他们之间交流的桥梁，也让我认识了他们，结下了深厚的友谊。1996年起，我担任上海电影电视集团的副总，剧团又成了我分管的部门，与剧团的关系更紧密了，和许多演员成了哥们、家人。

20世纪80年代是上影历史上最辉煌的时期，饱经磨难的老艺术家青春焕发，学养丰厚的中青年演员崭露头角，一朵一朵小花含苞欲放；每年拍的电影

▲《上影画报》1983 年第 11 期，封底人物为达式常

数量、质量，或是在观众当中的影响，在全国都首屈一指。当年跟现在不一样，宣传报道的主要媒体是报刊，尤其是《上影画报》这种发行量超百万的电影杂志，更受读者的喜爱，也被电影人青睐，那时候演员能够上杂志封面是很了不起的。为了尽快把杂志送到读者手里，我们还在沈阳和福州开设了分印点，让它在远离上海的北方和南方城市传播得更快一点，让观众更早看到他们喜爱的明星，让电影明星近距离地融入他们的生活。20 世纪 80 年代，文化生活还是比较简单，但观众的需求很强烈，他们喜欢看电影杂志，喜欢收集电影演员的资料，许多年轻人的房间里都会贴上自己喜欢的明星画页。

回想起来，上影演员剧团的老艺术家：白杨、刘琼、张瑞芳、秦怡、王丹凤、孙道临、杨在葆、达式常、朱曼芳……都上过我们的封面；年轻人当中，有龚雪、张瑜、陈烨、张闽、毛永明、马冠英、卢青、王伟平等，他们是上影的名片，是电影的品牌。宣传上影一定要满足观众的需求，重点宣传上影的传统、希望和未来，只要是上影的演员演主角，我们毫不犹豫把他们请上封面，一方面扩大影片的影响，一方面也通过这些明星的帅型靓影，为《上影画报》增色添彩。可以说那时的《上影画报》与演员剧团，荣辱与共，相伴而行。

1993 年，我参与了上海国际电影节的创办。电影节的成功与上影演员剧团艺术家的作用密不可分。现在想想很不可思议，尽管我们硬件设施做了准备，造了银星皇冠假日酒店，又有影城，但是跟柏林、戛纳等电影节比，还是有很大差距。加上第一次办，没有经验。现在回头想想，我们的成功，除了领导的组织决策，重要的支撑是我们上海电影的家底。所谓的家底就是我们上

▲《上影画报》1983 年第 12 期，封面人物为秦怡、张瑜

影演员剧团的演员阵容，这是一个非常重要的因素。凡是需要接待、交流等一些重要的电影活动，如果没有重量级的很有威望的人物，要去的效应可能相对困难。所以那个时候，瑞芳老师、秦怡老师、王丹凤老师、道临老师，等等，他们一出面，外国人一看，全是三四十年代的名演员，都有经典佳作，相当有分量，自然也就有了不一般的感受。再说国内的电影人和观众冲着谁来？也是他们，诸如陈强老师、于洋老师、于蓝老师、田华老师……他们就是冲着上海这些老朋友来的，大家过节聚会，交流相欢，奏响了电影界的欢乐颂。试想，如果以我们电影节组委会官方的名义去请，那么起到的作用、收到的效果，肯定跟他们出面不一样。第一届国际电影节的嘉宾阵容非常强，这跟上海是中国电影的发祥地也非常有关系，上海电影的历史确实辉煌，为什么辉煌？那就是我们的老艺术家，他们的作品，对全国乃至世界影响很大。

过去的电影工作者很多都是上海出来的，包括 1958 年的时候全国建电影厂，他们都是白手起家，上影演员剧团就去支援建设。上影演员对中国电影的影响和作用已经被载入史册。

上影演员剧团是一个有造诣、有品质、有情操、有追求的艺术团体，也是一个尊老爱幼、和睦团结的大家庭。对艺术热爱，讲艺术品位，这是我们上海电影演员的特点，而不是把拍戏作为养

▲《上影画报》1983 年第 3 期，封底人物为赵静

家糊口或者获取名利的手段。为什么一代一代下来，演员剧团的架构没有散，人心还是那么齐，依然是上影的一个品牌。因为剧团的演员多信仰、少名利，多性格、少脾气，多学习、少浮躁，多艺德、少架子，这是上影的家规，也是上影传统作风。无论到什么地方，上影的演员都会受到赞誉，都会被充分肯定。这应该是我们引以为傲的。我这里想说一下几位老艺术家：刘琼老师，站有站相，坐有坐相，哪怕骑个自行车，也是不一样的，你说他这个大明星，20 世纪 30 年代就有名了，来来去去就骑自行车。顾也鲁老师，91 岁了，还骑辆自行车，把他写的书送给我。白杨老师，我们去新加坡演出，她一定要把台词背出来，还要做各种动作。陈述、程之、曹铎，他们一直演坏人，但是机会很多，因为他们会说相声、写字、画画，就是有素养。于飞老师是我的老邻居，老远看到他就点头打招呼，不管你是谁，和和气气的。秦怡老师，

她承担了多少事情，金焰老师长期生病，她毫无怨言，再忙也要把金老师照顾好，到了耄耋之年还坚持拍了《青海湖畔》。还有丹凤老师，退休后到香港去了，我们只要去香港她就安排我们去她的素食馆吃饭；丹凤老师到了那里不仅做了大量统战工作，重新创业，和丈夫柳和清开辟了新的天地，这就是上海电影的精神。这些老演员真的是做人做得好，搞艺术特敬业。他们对人真诚，对生活真诚，对艺术真诚，最后在艺术上把这种真诚展现出来，去影响观众。当然，我们的中青年演员也是棒棒的。他们除了演好戏以外，乐于奉献，经常承担一些其他工作。我在担任电影集团和电影家协会领导工作时，这些演员都是有求必应、有需则来，严格要求，认真工作，不计报酬，做了许多无名无利的事。集团开新片发行会，赵静、毛永明等演员亲自到会，为那些远道而来的发行公司的朋友端茶倒水，给大家送去了感动。电影家协会举办活动，只要一声招呼，演员们纷至沓来，给大家留下美好印象。这些点点滴滴都深藏在我心中。

我曾经主编过一本书，叫《海上电影溯源》，其中历数了上海电影在中国电影里的许多个第一。今天我还想说，上影演员剧团是在全国电影演员剧团中，年龄最长、辈分最全、得奖最多、艺术氛围最浓、办公楼最牛的剧团。希望我们再牛下去，在艺术创作上后继有人！

"七十华诞献祥瑞，经典名片铸丰碑。传统赓续影人欣，花开草茂春常在。"我为这一生能和上影演员剧团有这种缘分感到骄傲和欣慰。

我心中向往的上影演员剧团

◎ 刘诗兵

北京电影学院教授，曾任中国电影表演艺术学会副会长、秘书长。

2021 年底，中国电影表演艺术学会在青岛开年会，我和佟瑞欣团长有所接触，他说："上影演员剧团成立 70 年纪念，你应该写篇文章吧。"话音刚落，就引起了我对上影演员剧团的一系列回忆，我马上表示我要写些我和上影演员剧团以及上影人的回忆。

上海电影是中国电影的发源地，20 世纪 30 年代的影片《马路天使》《十字街头》《大路》等和其中的扮演者赵丹、白杨、金焰等早在国际上享有盛誉。中华人民共和国成立后，以这些演员为核心和来自部队、解放区的演员们组成了上影演员剧团，由金焰担任第一任团长。剧团秉承了我国表演的现实主义优良传统，在表现工农兵新人物上有所建树和发展。上影初期拍摄的《农家乐》《南征北战》《团结起来到明天》《上饶集中营》《翠岗红旗》《渡江侦察记》等影片和其

▲ 刘诗兵与张瑞芳合影

中的演员张瑞芳、冯喆、秦怡、白杨、高博、张伐、孙道临、仲星火、铁牛等展示了上影演员剧团的创作实力。

1957 年之前，我是个电影表演的爱好者。我常从《大众电影》上了解上影演员剧团的信息，记忆深的是在上影演员剧团院里的草坪上，张瑞芳与剧团演员们进行讨论的照片；有了《上影画报》后，更多地了解到了上影演员剧团白杨、金焰、秦怡、孙道临等的学术活动和信息。

1957 年考入北京电影学院后，我成为电影队伍中的一员，似乎和上影演员剧团也逐渐有了联系；1959 年，剧团演员孙道临、张伐等在北京演出的话剧《共产主义凯歌》《枯木逢春》中的表演极为轰动，北京电影学院院长章泯就表示，学生应该多看看上海的话剧演出；1960 年，学院的毕业生吴贻弓、李康尔、钱国民等分配到上影；之后学院毕业生周康渝、达式彪、富恒智、翟乃社、张晓林、张康尔、严晓频等分配到上影演员剧团，北京电影学院和上影的联系更加紧密。尤其是 1959 年起，剧团的演员孙道临、白杨、秦怡、赵丹、张瑞芳及上影导演谢晋等先后到北京电影学院开展表演艺术讲座,传递丰富的创作信息、座谈创作经验,我和他们有了短暂的接触;1978年,赵丹、张瑞芳也曾到学院看表演系《最后一幕》的演出。

1985年春,"八团一系"(北影、上影、长影、西影、珠影、峨嵋、潇影、八一演员剧团及电影学院表演系)在广州举行了盛大的电影表演艺术研讨会后,成立了中国电影表演艺术学会,出席的同行一致推举张瑞芳为首届中国电影表演艺术学会会长。制定了学会章程和每两年一届的"电影表演艺术学会奖",瑞芳会长号召建立我国"德艺双馨"的电影演员队伍,使得我国电影演员队伍的建设走上一个新阶段。上影演员剧团也和北京及全国电影界的演员联系得更紧密。

1991年春,第三届电影表演艺术学会奖评委会在上海召开,瑞芳老师主持了评奖,初评会后,我对结果有些想法,径直找她谈了个人意见。我认为

▲ 刘诗兵(后排右二)与张瑞芳(前排中)、杨在葆(后排左五)、何麟(后排左四)等参与第六届电影表演艺术学会奖评选

目前按各剧团人数分配比例名额来评奖的权威性不大，并在此基础上提出可增补当年在影视创作上有影响的李雪健（《焦裕禄》《渴望》）、陈道明（《围城》）、陈宝国（《老店》）、赵君（《血色清晨》）等四人候选。她觉得有道理而开会复议，结果四人获得通过，李雪健、陈道明、陈宝国、赵君等四人都在第三届获得了电影表演艺术学会奖。这使得第三届学会奖颁奖活动更为成功，也改变了以往按剧团地区分配名额的评选方法。此后，瑞芳老师向我提出应多关心学会，做些具体工作，我有些踌躇，她有些生气地说：你们年轻人不接班，难道让我们一直干下去？就这样，在第五届学会奖换届后，我正式接任了副秘书长的工作，随后作为学会的工作人员又担任过副会长与秘书长，我尽了自己的努力干了一段时间。其间，和上影演员剧团同志们的接触更多了些，工作中和几任领导班子白穆、吴鲁生、严永瑄、何麟、丁嘉元、陈鸿梅、崔杰、张晓林、佟瑞欣等都有所接触，他们都热情支持学会的工作。我也去过上影演员剧团的旧址永福路 52 号，在张晓林的接待下参观了虹桥路广播大厦的上影演员剧团大厅，去张瑞芳、仲星火、舒适、凤凰等老艺术家的家里看望问候，更和历届参加学会活动的上影演员剧团几代演员刘琼、秦怡、孙道临、王丹凤、沙莉、凌之浩、钱千里、牛犇、孙永平、杨在葆、徐才根、谈鹏飞、梁波罗、达式常、徐才根、王诗槐、赵静、张芝华、吴冕、肖荣生等有过进一步的接触交谈。更荣幸的是，我两次到上海参加张瑞芳的纪念会和学术研讨活动，一同去"南京路上好八连"联欢等，参加秦怡纪念馆的开幕式活动和其他学术活动，又多次接触上影演员剧团的朋友们。上影人待人热情，办事认真、好客，给我留下了深刻印象。

由于我国文化管理体制的不断变化，各个电影厂改制，各制片厂演员剧团纷纷解体，中国电影表演艺术学会的各分支机构也按规定解体，目前仅有

▲ 张瑞芳赠与刘诗兵著作并题字

上影演员剧团，是我国唯一健在并有着青春活力的电影演员剧团，且仍能以剧团为中心开展一些影剧表演创作活动，在业界颇有影响。当前上影演员剧团领导有方，剧团的凝聚力和灵活的管理方法使得几代演员都将剧团当成自己温馨的家。

上影演员剧团是演员们向往栖身的地方，也是中国电影表演艺术学会组织专业活动的坚强后盾。

上影演员剧团已经有着70年的辉煌历史，它是当年我作为青年演员曾想成为其中一员的专业团体。祝愿我心中的"演员之家"长久存在下去，永葆青春，充满活力，健康发展！

剧团的老朋友

◎李丁　殷丽华　张敏

我记得著名表演
艺术家赵丹老师的一句名言：
化妆师除了不能在我
头上钉钉子,怎么做都行
这是对我们化妆师的信任,
和对艺术的追求.

李丁 殷丽华
2022.12.6.

表演和化妆是姊妹艺术，镜头前真实、生动的表演往往能给化妆师带来新的灵感，而准确、动人的造型也能给演员带来莫大的帮助。上影的化妆师、服装师与上影演员剧团的演员有着深厚的友谊，他们共同创作，塑造了许多令观众难忘的形象。参与此次访谈的李丁、殷丽华、张敏三位老师作为代表，不仅参与了上百部上影出品的电影，更是在近年来的剧团活动中频频出力，称得上是真正的幕后英雄！

李丁：有需要，随叫随到

李丁，上影化妆师。主要作品：《傲蕾·一兰》《非常大总统》《先驱者》。

我是 1976 年从上海戏剧学院舞美系毕业进上影厂，参加的第一部电影叫《朝霞异彩》，紧接着就是

▲电影《非常大总统》剧照

▲李丁为佟瑞欣做毛泽东主席造型

20世纪70年代号称拍摄经费投入百万的大片《傲蕾·一兰》，我跟着化妆前辈乐羽侯老师学习。当年拍戏非常艰苦，我们到东北拍摄外景时大家就分散住在老百姓的家里，仲星火老师是演员组长，每天早上来叫演员起床。那时候上影拍戏主要都是剧团的演员，几十年来的拍摄工作让剧团的老老少少和我们化妆组互相非常熟悉，他们都非常敬业。我给仲老化妆，为了拍摄效果，他就躺在地上配合完成身上的特效化妆。孙道临老师我也合作过，他对人物造型非常重视，那是在广州拍电影《非常大总统》，道临老师扮演孙中山，因为形象上有距离，造型很复杂，我们要为道临老师做模型，毕竟两人外形上还是有距离的，道临老师二话不说就和我们一起到北京，反反复复试装造型，直到满意为止，上影剧团的很多演员都是这样，电影化妆不只是为了漂亮，而是为了人物，要从角色出发。这让我想起赵丹老师流传的一句名言，化妆师除了不能在我脑袋上钉钉子，其他怎么做我都能接受。这是对化妆师的信任，也是对他扮演的角色负责。这些前辈的好品德给我们留下了深刻的印象。

一眨眼，我从影40多年了，退休的时候有点小失落，总想还能再做些什么，这个时候上影演员剧团找到了我。那时剧团还在虹桥路广播大厦，要排《长征——不朽的丰碑》，让我负责化妆，来了我就感觉，剧团的创作氛围很浓，这点要归功于佟瑞欣团长，这些年很多演员拍电影少了，他就把剧团的演员组织起来演话剧。还把我们这些已经退休的化妆师、服装师

▲ 话剧《长征——不朽的丰碑》剧照

也找来，能够重新聚在一起演出工作，十分亲切。

佟瑞欣团长演戏也非常认真，现在剧组为了抢时间，经常是头天晚上很晚收工，于是佟团长第二天早上一拿到拍摄通告就赶紧背词，在去拍摄现场的车上还在背，一直到化妆间还边化妆边背词。所以说，除了天赋就是不懈努力，佟瑞欣团长能够把主席扮演得惟妙惟肖，形神皆备，得到大家的认可。

自从剧团搬到了武康路之后，佟团长又特地安排了化妆间，我们工作上更方便了，剧团的办公室主任严琳每次都非常热情周到，来到剧团就像回到家里一样。上影演员剧团有着非常好的传统，希望一直保持下去，只要工作上需要我们随叫随到，能够发挥余热，我感到非常高兴。

殷丽华：我的成绩离不开大家的配合

殷丽华，上影化妆师。主要作品：《驯狮三郎》《开天辟地》《三毛从军记》。

▲ 电影《驯狮三郎》剧照

▲ 电影《三毛从军记》剧照

　　我进上影比较早，是在 1973 年，还是作为学徒进厂的。当我第一次看到上影厂门口还有解放军站岗，一种神圣感便油然而生，又看到全国闻名的艺术家和普通工作人员一样工作、生活在厂里，就有了要为电影事业做出自己贡献的理想。刚到厂里，我在精工车间工作，后来又到宣传科待了 3 年，到 1979 年才进入化妆间，在老师们的引领下，在自己的努力下，我很快就有了下摄制组工作的机会。我跟的第一部戏是《笔中情》，学到了很多化妆的技艺，掌握了对化妆品运用的方法，更重要的是了解不少化妆创作的流程。

　　1984 年的时候，我独立拍戏了，担任了影片《驯狮三郎》的化妆师，这部电影是立体电影，拍了两个多月，我印象蛮深的。第一次独立拍戏，我带了一个助理，到哈尔滨出外景，戏中演员多，化妆工作量大，我们化妆组只有两个人，演员要一个个排队化妆，大家都很支持、也很配合，没有任何人会说闲话。剧组年轻人多，氛围很好，大家都有一种创作冲动。男主角毛永明当时已经很有名了，走在街上人家都认识，到了公园人家叫他签字，他也来者不拒。毛永明全身心扑在拍摄之中，拍这部电影危险很大，要和真的狮子打交道，时常会出现意外，有一次，照明工在笼子旁边吊灯，狮子爪子探出笼子，一爪子就把他的裤子划破了，露出了屁股；还有一个照明师，背着狮子说话，裤子的下面全部被划破了。演员要天天和活狮子一起拍戏，危险和困难可想而知。在全体工作人员的共同努力下，影片拍摄得很成功，上映后也很卖座。

《非常大总统》也给我留下了很深刻的印象。道临老师追求艺术的完美，可以说到了无以复加的地步，我帮他戴假胡子，两天就要换一副，我几乎每天把所有的业余时间都用在了他的胡子上。因为这次合作有幸结识，道临老师之后拍摄《詹天佑》的时候，指名道姓叫我参加。当年孙道临老师80高龄，拍长城，拍东北外景，天气寒冷，环境艰苦。我们拍摄了几个月，每天凌晨12点起来，2点给演员刮头、化妆，然后还有4个小时的车程到长城的山脚下，再爬2个小时上山的路，孙道临老师每天和我们一起爬长城，蹬高山、踏风雪，亲临第一线，给我们留下了榜样。

后来，我参加了《开天辟地》的拍摄，这是一个全新的领域，我们面临肖像化妆的挑战，我和我们的同事们克服了种种困难，取得了成绩。那时候，我们的演员，职业素养也相当高，积极配合化妆，也不跨戏，给化妆创造了许多便利。大家都拧成了一股绳，非常团结。终于，电影获奖了，我们的化妆也获得了金鸡奖最佳化妆奖提名。我又在《三毛从军记》的拍摄中接受了塑形化妆的挑战，做出了成绩，登上了金鸡奖最佳化妆奖的领奖台。这和我们上影演员的大力配合是分不开的。

▲ 殷丽华在《青海湖畔》剧组为秦怡化妆

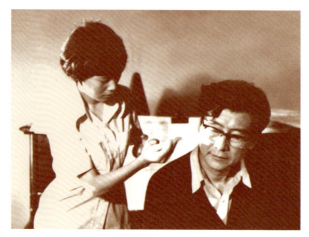

▲ 殷丽华为凌之浩化妆

回顾几十年来，虽然为电影化妆做出了一点贡献。但感觉还远远不够，现在看到年轻一辈人，都在取得成就，我衷心祝愿他们共同把电影事业的金光大道铺向永远的未来。

张敏：为剧团再出点力

张敏，上影服装师。在《阿Q正传》《夜半歌声》《血囚》等多部影片中担任服装师。

我是1980年高中毕业后进厂，因为我的父亲是上影厂服装仓库的，他去世了我就来接班。后来我到道具仓库去了快一年，他们要我留在那边，可我想着

▲ 剧团的老朋友，化妆师李丁、殷丽华，服装师张敏共同为剧团题词

▲ 电影《血囚》剧照

下剧组做服装。

我的第一部戏是 1981 年的《阿Q正传》，后来几乎每年跟一部戏，《张衡》《华佗与曹操》《夜半歌声》……不是古装戏就是民国戏，我们称作"大戏"，非常累。我们最开始都有一个服装组长带着，等我独立了，参与的第一部电影是《血囚》。基本来说，是根据导演的意图，但是有时候有自己的想法，也可以跟导演说，他也会思考。这部电影是部群戏，全是剧团的演员，有丁嘉元、周国宾、朱顺良、毕远晋……一群演员演囚犯，身上要加工，弄得很脏，他们也不嫌脏，但先会跟我开玩笑，不让我化，我就追着他们化……剧团的演员在一起都是非常开心的，他们不会考虑服装好不好看，也不会迟到，会自己记住自己每一场戏的服装。

现在，武康路上影演员剧团还有一个小的服装间，挂着包括话剧《日出东方》和各时期的一些服装，剧团给了我一个家，我也要为它出点力。

上影演员剧团建团大事记

1953 年 9 月 4 日，上影演员剧团正式成立。团址南京西路铜仁路，后迁至武定路 1498 号。团长张望，副团长金焰、汤化达、刘琼。剧团演员一方面学习斯坦尼斯拉夫斯基表演体系和现实主义的创作方法，一方面排练话剧进行锻炼和实践。

剧团演员参加《斩断魔爪》《妇女代表》《鸡毛信》等 4 部电影拍摄。排演话剧《英雄阵地》等。

1954 年 剧团由武定路迁至瑞金一路 150 号。剧团演员参加《伟大的起点》《渡江侦察记》《淮上人家》《山间铃响马帮来》等电影拍摄。排演话剧《雷雨》《幸福》。

1955 年 剧团演员参加《宋景诗》《天罗地网》《南岛风云》电影拍摄，并选派演员去北京电影学院表演进修班，向苏联专家学习。

1956 年 剧团演员参加《家》《铁道游击队》《为了和平》等电影拍摄。排演话剧《家》《北京人》《风雪夜归人》等。

1957 年 上海电影制片厂改为上海电影制片公司，辖海燕、江南与天马三个厂。演员也分派到三个厂的演员组。江南厂由白杨、李明负责；海燕厂由张瑞芳、孙道临负责；天马厂由白穆、铁牛负责。在保证电影拍摄的前提下，为提高演员的表演水平，决定在拍摄电影之余排演话剧。

成立了上海电影演员业余剧团，属上海电影制片公司领导，团长金焰，副团长汤化达、刘琼、吴朝炜，党支部书记柏李。长江剧场划为专用的演出剧场，并从上海市工联文工团吸收数位演员进入剧团。

剧团演员参加《海魂》《羊城暗哨》《女篮 5 号》《护士日记》等 16 部电影拍摄。排演话剧《骆驼祥子》《第十二夜》等。

1958 年　剧团演员参加《长虹号起义》《林冲》《林则徐》等 29 部电影拍摄。因为电影生产任务增加，使用演员数量增大，业余剧团无法保证正常的演出。故 1958 年年底，演员又分别回到三个厂的演员组。

1959 年　为支援华东六省成立电影制片厂，部分演员抽调出去。

1 月 28 日，江南厂撤销，余下的人员分别并到天马、海燕两个厂。天马厂团长白杨，副团长兼支部书记铁牛，副团长金乃华；海燕厂由张瑞芳、孙道临、智世明负责演员组。

上海电影专科学校成立，演员剧团有多位同志调去任教，直至 1963 年学校撤销。

4 月，中央在上海召开七中全会，两厂演员重排话剧《第十二夜》，受到了周恩来、陈毅和陈丕显的接见，部分演员还到锦江俱乐部见到了毛泽东主席。

剧团演员参加《聂耳》《万紫千红总是春》《今天我休息》《地下航线》《黄浦江故事》《春满人间》等 14 部电影拍摄。

为庆祝中华人民共和国成立 10 周年，两厂演员与上海戏剧学院、上海人艺联合演出话剧《关汉卿》《大雷雨》《日出》等。

同年从工厂和学校吸收了新演员。

1960 年　8 月 8 日，天马电影制片厂调整机构，白杨任天马厂演员剧团团长，金乃华、穆宏任副团长。

剧团演员参加《红色娘子军》《风流人物数今朝》《摩雅傣》等 7 部电影拍摄，并与上海人艺联合演出话剧《李善子》。

1961 年　4 月，天马、海燕两厂的演员合并重新建团，共有演员 108 人，直属电影局领导。团长白杨，副团长张瑞芳、孙道临、魏鹤龄、柯刚（兼党支部书记），后由布加里担任党支部书记兼副团长。

剧团演员参加《51 号兵站》《枯木逢春》《春催桃李》等 4 部电影拍摄。

7月1日，为庆祝党的生日演出话剧《星火燎原》。周总理观看了此剧演出。年末演出话剧《镀金》。

1962年 剧团演员参加《女理发师》《李双双》《球迷》等5部电影拍摄。演出话剧《雷雨》《上海屋檐下》。

剧团演员赵丹、白杨、张瑞芳、孙道临、秦怡、上官云珠、王丹凤当选"新中国二十二大明星"。

1963年 剧团由瑞金一路150号迁至天马厂。

剧团演员参加《飞刀华》《北国江南》《红日》《金沙江畔》《蚕花姑娘》等6部电影拍摄。演出话剧《战斗的青春》《幸福》。上海电影专科学校表演系毕业生分配来团。

1964年 秋季，剧团由天马厂迁至永福路52号。

剧团演员参加《青山恋》《家庭问题》等4部电影拍摄。演出话剧《红色宣传员》《年青的一代》《李双双》。

1965年 剧团演员参加《李善子》《血碑》《年青的一代》等9部电影拍摄，演出话剧《南海长城》《女民兵》，独幕剧《三月三》《相亲记》《柜中缘》等。

1966年 "文化大革命"开始，剧团演员回上影厂参加运动。

1969年 11月5日，全厂演员至奉贤县干校学习、劳动。

1971年 开始陆续回厂。

1972年 部分演员去工厂参加战高温劳动。

1973年 第三次建团，属上海电影制片厂领导，团长兼党支部书记铁牛，其他负责人有苏伟、智世明、王静安。

剧团演员参加《渡江侦察记》《年青的一代》（重拍）电影拍摄，同年，排演了话剧《春苗》《第二个春天》。

1974年 剧团迁至大木桥路41号。

演员参加《火红的年代》等 4 部电影拍摄。

1975 年　剧团演员参加《春苗》《一月的汽笛》等电影拍摄。

1976 年　剧团从社会各个行业中吸收青年演员 24 名，举办培训班，由张瑞芳、铁牛负责。

剧团演员参加《难忘的战斗》《江水滔滔》《征途》等 7 部电影拍摄。

1977 年　剧团演员参加《连心坝》《青春》等 5 部电影拍摄，排演话剧《万水千山》。

1978 年　剧团领导班子调整。团长张瑞芳，支部书记兼副团长铁牛，副团长秦怡、白穆。

剧团演员参加《风浪》《大刀记》《儿子、孙子和种子》《平鹰坟》《东港谍影》《失去记忆的人》《特殊任务》《沙漠驼铃》等 8 部电影拍摄，排演话剧《飞吧，足球！》《镀金》《曙光》。

1979 年　剧团演员参加《于无声处》《从奴隶到将军》《她俩和他俩》《曙光》《苦恼人的笑》《雪青马》等 10 部电影拍摄。

1980 年　剧团演员参加《庐山恋》《等到满山红叶时》《珊瑚岛上的死光》《天云山传奇》等 18 部电影拍摄。排演话剧《甜蜜的事业》《于无声处》。

剧团开始拍摄电视剧，至 1984 年扩建为电视部，直属上影厂。其间拍摄电视剧《新郎之死》《父亲》《卖大饼的姑娘》《藏金记》《喜中缘》《卖瓜不说瓜甜》，并获奖多项。

1981 年　剧团演员参加《月亮湾的笑声》《检察官》《小街》等 5 部电影拍摄。

1982 年　剧团迁至武康路 395 号。

剧团演员参加《牧马人》《飞向太平洋》《笔中情》《泉水叮咚》《石榴花》等 20 部电影拍摄。

1983 年　剧团演员参加《不平静的旅程》《女大学生宿舍》《大桥下面》《小小得

月楼》《漂泊奇遇》等 20 部电影拍摄。演出话剧《青春圆舞曲》。拍摄电视剧《长夜行》。

1984 年　向梅任团长，严永瑄任副团长兼支部书记，吴鲁生任副团长。

剧团演员参加《月亮湾的风波》《姑娘今年二十八》等 16 部电影拍摄，拍摄电视剧《上海屋檐下》《凶手》。

自此以后开办了多期短期表演培训班。后又因业务需要，改建录音棚，并开始配音工作。

1985 年　剧团演员参加《流亡大学》《绞索下的交易》《夜半歌声》《美食家》等 14 部电影拍摄，拍摄电视剧《大树底下》《传奇夫人》《风雨海峡情》《结婚进行曲》《青春无悔》《特殊的战斗》《洋泾浜兄弟》等。

1986 年　剧团演员参加《拦灵车的人》《非常大总统》《T 省的 84、85 年》等 15 部电影拍摄。参加拍摄电视剧：《惨案之后》《烟云》《金蔷薇》。

1987 年　剧团演员参加《女人的故事》《午夜两点》《阿星，阿新》等 16 部电影拍摄。拍摄电视剧《这里也是战场》《阿林的婚事》。

剧团部分演员随中国明星艺术团出访新加坡，并担任演出任务。

1988 年　剧团演员参加《生死之间》《死亡客栈》《第三个男人》等 13 部电影拍摄。拍摄电视剧《在地层深处》。

1989 年　剧团行政领导调整，团长吴鲁生，支部书记兼副团长严永瑄，后配专职书记曹玉新。

剧团演员参加《上海舞女》《侠盗鲁平》《夜幕下的黄色幽灵》《地狱·天堂》《大丈夫的私房钱》等 15 部电影拍摄，拍摄电视剧《马经理外传》。

1990 年　剧团演员参加《燃烧的婚纱》《月随人归》《天王盖地虎》等 7 部电影拍摄。

1991 年　剧团演员参加《千里寻梦》《有情人》《血战落魂桥》《烛光里的微笑》

《夜半惊魂》等电影拍摄。

1992年　剧团演员参加《沂蒙山人》《走出地平线》《偷拍的录像带》《卧底》《香港浴血》等18部电影拍摄，拍摄电视剧《上尉警官》。

1993年　剧团演员参加《梦非梦》《诈骗犯》《黑狮行动》《都市情话》等14部电影拍摄。

1994年　上影厂深化改革，何麟任团长兼支部书记，丁嘉元任副团长，1996年配专职书记刘金法。

年底，剧团组织全团演员赴浙江嘉兴南湖瞻仰中共一大会址，并召开总结大会。从此，每年都举行"重阳敬老活动"和"六一儿童节爱幼活动"，年终召集全团演员进行"总结表彰"鼓励先进、发扬成绩，加强剧团凝聚力。

剧团演员参加《椰岛情仇》《铁汉娇娃》《红帽子浪漫曲》《悲情枪手》《血囚》等12部电影拍摄。为多提供演员拍摄机会与东方电视台联合拍摄情景剧《在列车上》《家庭轶事》《在那个年代》等。

1995年　剧团演员参加《枪神无畏》《笑傲云天》《谈情说爱》等8部电影拍摄。

剧团领导为走出影视创作低谷，谋求演员创作机会决定自寻题材、自筹资金、自组班子，带领创作人员深入生活，在市委政法委综治办的支持下，创作出电视连续剧《何须再回首》，并于1996年播映，反响强烈。

为纪念中国电影诞辰90周年，剧团演员金焰、赵丹、魏鹤龄、刘琼、孙道临、上官云珠、白杨、张瑞芳、秦怡入选广电部电影局、中国电影家协会、北京市委宣传部、中国电影出版社联合评选的"中国电影世纪奖"；剧团演员洪警铃、王汉伦、宣景琳、金焰、赵丹、魏鹤龄、吴茵、刘琼、白杨、舒适、秦怡、李纬、张瑞芳、王丹凤、韩非、上官云珠、牛犇、张伐、康泰、孙道临、仲星火、杨在葆、达式常入选国家文化部评选的"中华影星"。

1996年　剧团演员参加《红河谷》《紧急救助》《捕狼人生》《律师与囚犯》等电影拍摄。

1997 年　陈鸿梅任团长助理。

剧团演员参加《燃烧的港湾》《危情血案》《我血我情》等 6 部电影拍摄。

1998 年　剧团演员参加《伴你高飞》《上海纪事》等电影拍摄。

在市综治办领导的牵线下，剧团与市司法局基层处及嘉禾影视公司联合创作电视连续剧《人生有缘》，得到好评，并获嘉奖。

剧团获上海市"社会治安综合治理先进集体"称号。

1999 年　剧团演员参加《女人的天空》《死刑宣判之后》电影拍摄。

2000 年　为适应市场经济需求，深化改革，决定成立上影演员经纪有限责任公司。剧团选定 6 位同志参加经纪人资格培训，并参加了考核，获得资质。

在市司法局领导的支持、帮助下，剧团组织创作人员深入监狱生活，与上影电视剧制作公司及嘉禾影视公司联合创作了电视连续剧《人生有情》。

剧团演员参加《家在树德坊》《飞天舞》电影拍摄。

2001 年　剧团演员参加拍摄电影《风雨十二年》《真情三人行》等。

剧团与上海市卫生局健康教育所联合创作摄制"公益卫生小品"54 集。当年演员剧团不再从艺术院校招聘演员，演员经纪公司正式聘用签约演员。

剧团演员参加纪念党的八十诞辰大型演出活动。

2002 年　剧团演员参加《面对生命》《暖冬》等电影拍摄。

剧团与电视剧制作公司在市打假办的帮助下，再次组织创作 22 集电视连续剧《真的不容易》剧本。

剧团拟复排话剧，历时半年，几经反复，最后与上海戏剧学院表演系共同创作演出小剧场话剧《情感派对》。

2003 年　4 月 10 日，剧团迁至虹桥路 1376 号 18 楼。

剧团演员参与抗击非典的大型活动和电视台的转播节目。

2004 年　剧团配合上影集团完成转企改制。

剧团演员参加《邓小平·1928》《做头》《自娱自乐》《青花》等电影拍摄。

2005 年　严峻任上影演员剧团党支部书记，张晓林任副团长。为纪念中国电影诞辰 100 周年，剧团演员张瑞芳、秦怡、孙道临、仲星火被国家人事部、广电总局授予"国家有突出贡献电影艺术家"；王丹凤、舒适、顾也鲁、陈述、牛犇、杨在葆、达式常被授予"优秀电影艺术家"；上官云珠、王丹凤、白杨、刘琼、孙道临、吴茵、张瑞芳、李纬、金焰、赵丹、秦怡、舒适、魏鹤龄、仲星火、杨在葆、宁静等入选中国电影表演艺术学会评选的"中国电影百年百位优秀演员"。

2006 年　1 月，崔杰担任剧团第九任团长。

剧团演员参加《上海伦巴》《第 601 个电话》等影片拍摄。

2007 年　剧团创作演出大型音乐情景诗剧《军魂》，以此庆祝中国人民解放军建军 80 周年。

剧团演员参加《东方大港》等电影拍摄。

剧团演员张瑞芳获中国电影金鸡奖终身成就奖。

2008 年　剧团参加 2008 年奥运火炬传递上海站活动。

剧团演员参加《对岸的战争》等电影拍摄，排演《今天你解套了吗》《蜘蛛网》《华尔街》等话剧。

2009 年　剧团参加了汶川大地震 1 周年慈善义演。

剧团参与举办秦怡从艺 70 周年活动。

剧团演员参加《高考 1977》《可爱的中国》等电影拍摄。

剧团演员秦怡获中国电影金鸡奖终身成就奖。

2010 年　剧团参与举办张瑞芳从艺 70 周年活动。

剧团演员参与上影电视剧《孽债 2》拍摄。

2011 年　剧团举办了纪念孙道临诞辰 90 周年诗歌朗诵会。

剧团演员参与电影《辛亥革命》和电视剧《开天辟地》拍摄。

2012 年　剧团演员参与电影《周恩来的四个昼夜》和电视剧《心术》《儿女情更长》等拍摄。

2013 年　剧团演员参与了电影《神奇》《怨灵人偶》和电视剧《宝贝》等拍摄。

2014 年　12 月，佟瑞欣担任上影演员剧团副团长。

剧团举办首届上海公益微电影大赛。

2015 年　4 月，崔杰兼任上影演员剧团党支部书记，徐文任副书记。

6 月，剧团参加上海国际电影节红毯，老中青三代演员齐聚红毯。

10 月，由剧团承办的首届上海公益微电影节开幕。

2016 年　佟瑞欣担任上影演员剧团第十任团长，刘磊、朱曦担任上影演员剧团团长助理。

6 月，上海电影集团文化经纪有限公司成立。剧团参加上海国际电影节开幕式红毯，经纪公司新签约演员与剧团演员一同闪耀电影节。

7 月，参与联合摄制电影《邹碧华》。

8 月，上影演员剧团参与上影股份上市演出活动。

10 月，演出《长征——不朽的丰碑》。由剧团承办的第二届上海公益微电影节开幕。

2017 年　3 月，剧团出品纪念世界戏剧日"声·影"第一季——"大师名篇经典诵读"演出；达式常、陈薪伊、乔榛、奚美娟、王诗槐、赵静、张芝华、关栋天、刘磊、佟瑞欣等演绎了国内外经典戏剧片段。

5 月，由剧团承办的第三届上海公益微电影节开幕。

6 月，剧团演员参加上海国际电影节红毯。"声·影"第一季在哈尔滨大剧院演出获得圆满成功。

7月，剧团出品"声·影"第二季——"向红色经典致敬"庆祝中国人民解放军成立90周年专场演出。牛犇、杨在葆、向梅、梁波罗、陶玉玲、袁岳、王诗槐、马冠英、崔杰、赵静、何政军、张晓林、周国宾、肖荣生、于慧、刘磊、吕洋、佟瑞欣等用电影人的独特方式向人民子弟兵致敬。剧团前辈王丹凤现场观看演出并登台与观众见面。

9月，电影《邹碧华》隆重首映，剧团参与出品话剧《大世界》演出获得圆满成功。剧团演员牛犇获"中国文联终身成就电影艺术家"荣誉称号。

12月，由剧团承办的第三届上海公益微电影节举行闭幕颁奖盛典，同时也举行"蓝天下的至爱"慈善公益活动启动仪式。

2018年　3月，徐文担任上影演员剧团党支部书记，刘磊任副团长。

5月，剧团参加央视《向经典致敬——上影演员剧团成立65周年》专题节目录制。

5月31日，剧团党支部接收牛犇同志为预备党员。习近平总书记给牛犇同志写信，勉励他发挥好党员先锋模范作用，继续在从艺做人上作表率，带动更多文艺工作者做有信仰、有情怀、有担当的人，为繁荣发展社会主义文艺贡献力量。

6月16日，剧团参加第21届上海国际电影节开幕式红毯，并在上海国际电影节期间"上影之夜"隆重举行上影演员剧团成立65周年纪念活动。

10月29日，剧团正式回迁至武康路395号，剧团表演艺术家张瑞芳铜像在武康路落成。

11月25日，剧团与巴金故居联合主办"声·影"第三季——"今天是您的生日"巴金、萧珊作品诵读会。梁波罗、达式常、陈薪伊、奚美娟、王诗槐、赵静、佟瑞欣、于慧、杨晨、贺根启尔等参与诵读，钢琴演奏家孔祥东现场伴奏。

2019年　2月17日，剧团演员王景春荣获第69届柏林国际电影节最佳男演员奖。

6 月 15 日，剧团参加第 22 届上海国际电影节开幕式红毯。

7 月 15 日，为庆祝中华人民共和国成立 70 周年、上海电影制片厂成立 70 周年，剧团首部大型原创史诗话剧《日出东方》在上海大剧院首演。

9 月 17 日，剧团著名表演艺术家秦怡被授予全国电影界唯一的"人民艺术家"国家荣誉称号。

11 月 23 日，剧团演员杨在葆获"中国文联终身成就电影艺术家"荣誉称号。剧团演员王景春荣获第 32 届中国电影金鸡奖最佳男主角奖。

12 月 10 日，剧团著名表演艺术家赵丹先生铜像落成仪式在武康路 395 号剧团院内举行。

2020 年 2 月 22 日至 3 月 18 日，剧团与《新民晚报》共同推出线上"声·影"第四季——"申声传情"音频节目 20 期。牛犇、达式常、梁波罗、佟瑞欣、宁静、龚雪、奚美娟、王诗槐、崔杰、何赛飞、张芝华、马冠英、韦国春、吴冕、于慧、田海蓉、何琳、陈龙、赵静、刘磊等参与录制。

6 月，电影《邹碧华》获中央组织部颁发的第十五届"全国党员教育电视片观摩交流活动"特别奖。

7 月，剧团积极参与第 23 届上海国际电影节活动，20 位演员分不同场次参与电影节"一带一路"电影周影片推荐。

12 月，大型史诗话剧《日出东方》作为开幕大戏在苏州湾大剧院上演。

2021 年 1 月，剧团荣获由人力资源社会保障部、国家广播电视总局和国家新闻出版局授予的"全国新闻出版广播影视系统先进集体"荣誉称号。

1 月 25 日至 2 月 10 日，剧团推出线上"声·影"第五季——"春之声"系列。剧团演员梁波罗、崔杰、赵静、佟瑞欣、于慧、孙清、张芝华、王诗槐、周国宾等参与录制。

5 月 10 日，为纪念宋庆龄先生逝世 40 周年，剧团与上海宋庆龄故居纪念馆联合举办"声·影"第六季——"致敬国之瑰宝"名家诵读会。达式常、梁波罗、朱曼芳、王诗槐、佟瑞欣、龚雪、奚美娟、赵静、于慧、孙清、李宗翰等参与诵读宋庆龄讲话、书信、文稿以及友人撰诗文等精选篇目。

6月19日至20日，剧团开展庆祝建党百年七一主题活动，支部党员到中共一大纪念馆，重温誓词，以电影人的方式，向百年前的革命先烈致敬。剧团演员牛犇、达式常、梁波罗、佟瑞欣、严永瑄、吴竞、王诗槐、于慧、周国宾、毕远晋、陈龙、孙清、黄丽娅等参加央视综艺频道"上影演员剧团 @《我的艺术清单》"录制。

7月6日，剧团演员达式常、梁波罗、朱曼芳、王诗槐、佟瑞欣、赵静、于慧、孙清、王亚楠、陈龙、唐嫣等参加"光影颂歌——电影人永远跟党走"上海电影集团庆祝中国共产党成立100周年电影音乐会。

8月27日，由剧团参与联合摄制，佟瑞欣担任艺术总监并主演，剧团演员谢润、刘磊、崔杰、马冠英、毛永明、陈鸿梅、徐才根、严永瑄、朱顺良等参演的电影《龙井》登陆全国院线。

9月，为庆祝中国民主同盟成立80周年，剧团推出"声·影"第七季——"致敬民盟先贤"名家诵读活动。剧团演员达式常、梁波罗、佟瑞欣、朱曼芳、洪融、吴冕、张晓林、肖荣生、何琳等参与录制。

9月29日，剧团举行"盛世华诞，祥瑞安康——2021年重阳敬老活动"。由剧团全体演员共同参与录制的有声剧《牛虻》录制完毕，达式常等为参与录制的演员颁发了"台词进修班"结业证书。

2022年 4月，剧团承制的《民主之澜——纪念张澜先生诞辰150周年》诵读专题片，在"见贤思澜——京沪渝川民盟四省市文化精品联展"开幕式上亮相。达式常、梁波罗、佟瑞欣、赵静、马冠英、夏菁、林麟等参与录制。

9月30日，剧团著名表演艺术家孙道临先生铜像落成仪式在武康路395号剧团院内举行。同日，"岁月如歌 光影永驻"——2022上影演员剧团重阳敬老活动于武康路395号剧团院内举办，剧团三代演员齐聚一堂，欢度重阳。为庆祝剧团成立

70 周年，口述历史专题资料片《我和上影演员剧团》举行开机仪式。

2023 年 1 月 17 日，为庆祝剧团成立 70 周年，剧团演员牛犇、宏霞、佟瑞欣、赵静、于慧、张晓林、陈龙、黄奕、唐嫣等参与东方卫视春晚录制，致敬中国电影。

3 月 28 日，由剧团联合摄制，剧团演员佟瑞欣主演，达式常、赵静、王维维、赵雅莉、林麟、孙清等参演的电影《父亲在远方》在新疆开机。

5 月 9 日，在上海文艺会堂举行"德艺双馨·艺术常青——人民艺术家秦怡同志纪念座谈会"。剧团演员牛犇、佟瑞欣在座谈会上发言，致敬秦怡同志的艺术精神和人格风范。

注：（1）1958 年 10 月—1961 年 4 月因故建制撤销。

（2）"文化大革命"期间停止活动，1985 年 6 月张瑞芳任名誉团长。

后　记

　　我们怀着对电影的真诚，对一代又一代上影演员剧团艺术家的敬意，力图将纪念上影演员剧团成立70周年的访谈文集《我和上影演员剧团》编撰工作做得更好，为那么多年来关注、热爱上海电影的广大观众奉献银幕之外的另一道风景，也为致力于研究电影史和从事表演艺术的同行、专家提供些许参考。

　　70年前，怀着对新中国电影事业的无限向往，许多前辈艺术家选择了上影，上影也选择了他们。这么多年过去了，相信他们依然没有忘记观众，观众更不会忘记他们！为此，收入已故前辈生前留下的文章也是非常有必要的。在此，感谢这些前辈的家属、后人为本次《我和上影演员剧团》的编撰提供支持和帮助。由于年代久远、资料浩繁，再加上时间紧迫，还有许多前辈的资料求之未得，在此希望得到他们及家属后人的谅解。

　　《我和上影演员剧团》拍摄录制历时一年半，那些参与访谈的剧团演员、领导和剧团的老朋友，为了其口述在整理成文章后能够更加真实、严谨、生动，更是仔细斟酌反复推敲。有些前辈再次动情阐述，试图更好体现出上影演员剧团的精神，也有前辈不顾80多岁高龄冒着酷暑多次到武康路剧团，只为让文章能与之前的访谈相比更有新意，让读者了解更多不为人知的故事。还有好几位前辈，他们都已年至耄耋，我们在他们寄回的文稿上发现，他们都以手写的方式逐字修订批改；更有前辈另起炉灶，寄来了满满 7 页的手写稿……剧团的晚辈，平时都在各个剧组忙碌，为了拍摄访谈特地赶来，拍完之后又赶飞机返回，在确认稿件时也完全配合，毫无怨言。还有几位，远在大洋彼岸的异国他乡探亲，为了与我们联系，算好时差语音沟通。他们的认真、虔诚，让我们的访谈更加精彩。

当然，挂一漏万，在上影演员剧团的辉煌星河里，还有许多人的名字没有出现在此次《我和上影演员剧团》文集中，但相信，他们塑造的形象和做出的贡献，同样被观众和同仁铭记。我们也希望在剧团今后的活动、文献、图册中能见到他们的身影。

真是"事非经过不知难"，所幸在文集编撰的过程中得到上影集团的重视，董事长王健儿、总裁王隽予以各方面的支持、帮助与协调；世纪出版集团总裁阚宁辉给予大力支持；学林出版社付出了大量心血，不断丰富完善文集的最终呈现；剧团前辈牛犇老师特地为书名题字；夏菁、刘磊、罗俊、刘威、贺根启尔、孙振华为《我和上影演员剧团》访谈顺利拍摄提供帮助；朱木乔将每一位讲述者内容整理成文字；还有每一位参与拍摄录制和后期制作的上影演员剧团工作人员，这本书是大家共同努力的结晶。

在此谨致以最衷心的感谢！也希望所有的疏漏和不足能得到宽宥。

上影演员剧团

2023 年 8 月

图书在版编目(CIP)数据

我和上影演员剧团/上影演员剧团编. —上海：
学林出版社,2023
ISBN 978-7-5486-1953-6

Ⅰ.①我… Ⅱ.①上… Ⅲ.①电影演员-访问记-中
国-现代 Ⅳ.①K825.78

中国国家版本馆 CIP 数据核字(2023)第 148861 号

责任编辑 许苏宜 王 慧
装帧设计 谢定莹

我和上影演员剧团

上影演员剧团 编

出 版 **学林出版社**
　　　　(201101 上海市闵行区号景路 159 弄 C 座)
发 行 上海人民出版社发行中心
　　　　(201101 上海市闵行区号景路 159 弄 C 座)
印 刷 上海颛辉印刷厂有限公司
开 本 720×1000 1/16
印 张 24.75
字 数 32 万
版 次 2023 年 9 月第 1 版
印 次 2023 年 9 月第 1 次印刷
ISBN 978-7-5486-1953-6/J·155
定 价 99.00 元

(如发生印刷、装订质量问题,读者可向工厂调换)